신탁법상 수익자 보호의 법리

신탁법상 수익자 보호의 법리

李 縯 甲 지음

경인문화사

머리말

민법을 공부하고 가르치는 사람으로서 신탁법을 처음 접했을 때의 느낌은 신기함 자체였다. 그러나 신기함의 매력은 잠시 후에 당혹감으로 대체되었다. 신탁법의 여러 규정 중에 우리 민법의 일반적인 법리로 잘 설명되지 않는 부분이 많이 있음을 발견하게 되었기 때문이다. 우리나라는 대륙법계에 속하는 민사법을 가지고 있으면서도 영미법계 민사법의 핵심적인 제도를 법전의 형태로 계수하였다. 이는 무엇보다도 거래계의 필요에 힘입은 바가 컸다. 이러한 상황에서 학자의 역할은 신탁법을 민법의 개념과 논리에 맞게 이해하고 설명하는 것이 될 수밖에 없다. 그러나 원래 영미법의 개념과 논리에 따라 만들어진 것을 대륙법의 그것에 의해 이해하기가 말처럼 쉽지 않다. 신탁을 만든 영국 형평법의 정신을 무시하고 우리 신탁법을 우리 민법만의 개념과 논리에 의해 설명하다 보면 신탁제도 원래의 의미를 살릴 수 없게 될 수도 있다. 그렇다고 영미법의 개념과 논리로 우리 신탁법을 설명하는 것은 맞지 않는 조각을 억지로 끼워 넣는 식이 될 수밖에 없다. 결국 신탁제도의 기능과 맥락에 따라 영미신탁법을 이해하고, 그 기초 위에서 우리 신탁법 독자의 개념과 논리를 갈고 다듬어야 하는 것이다. 이 책은 그러한 작업의 일환으로 쓰인 것이다.

이 책은 지난 2010년 서울대학교 법학연구소의 지원사업에 의해 계획된 것이다. 계획대로라면 2010년 가을에는 출간이 되었어야 하는데, 그 무렵 신탁법의 전면개정이 논의되기 시작하여 필자도 신탁법 개정위원회의 일원으로서 그 작업에 관여하였다. 개정 신탁법은 2012년 여름부터 시행되었는데, 구법의 내용을 바꾼 것이 많아 원래의 논문을 그대로 출간하기는 어렵다고 생각되었다. 그리하여 개정된 법령과 논문 집필 이후의 문헌과 판례를 반영하려고 하다 보니 많이 늦어지게 되었다. 또 원래 학위논문의 분량이 출간하기에는 너무 많다는 지적이 있어서 논문을 다시 정리하는 데에도 상당한 시간이 소요되었다. 이 책의 발간에 지원해 주신 서울대학교 법학연구소에 사죄의 말씀과 감사의 말씀을 함께 드린다.

  이 책을 내면서 배움이 얕고 재주도 없는 필자를 사랑으로 이끌어 주신 스승님들께 감사드리지 않을 수 없다. 특히 필자가 석사논문을 쓸 때부터 길잡이가 되어 주신 梁彰洙 대법관님의 學恩은 갚을 길이 없다. 또 영미법의 세계로 필자를 인도해 주신 安京煥 교수님에 대한 감사의 念은 말로 표현할 수 없다. 마지막으로 박사학위논문을 제출할 때 지도교수를 맡아 주시고 그 후에도 필자에게 귀중한 도움을 주시는 金載亨 교수님께도 감사드린다. 이 책이 필자의 스승님들에게 누가 되지나 않았으면 하는 마음 간절하다.

2014년 1월
신촌 연구실에서

차   례

III. 수탁자의 의무와 그 이행의 강제

x

I. 서 론

1. 대륙법계 국가에서 신탁제도의 의미

　우리나라에 영미의 신탁제도가 도입된 것은 1910년경 당시 일본 신탁업계의 예를 본받아 신탁을 영업으로 하는 기업이 출현한 무렵부터이고,[1] 1931년부터 일본 신탁법이 우리나라 신탁에 적용되었다. 광복 후에도 계속 일본 신탁법이 의용되다가 1961년 신탁법이 제정되었는데, 그 내용은 대체로 당시 일본 신탁법의 골격을 유지한 것이었다. 이 신탁법은 그 후 약 50년간 거의 그대로 유지되다가, 2011년 전면개정에 의해 대폭 손질되었다.

　이와 같이 우리 신탁법은 일본의 신탁법을 본받아 제정되었고, 일본의 신탁법은 영미 신탁법을 계수한 것이다. 그런데 비교법적으로 보면 대륙법계 국가에서 영미 신탁법을 계수한 예는 많지 않다. 예컨대 독일은 아직까지 영미식의 신탁제도를 규율하는 일반적인 법률을 가지고 있지 않으며, 프랑스는 여러 차례의 시도가 있은 후 2007년에 들어서야 비로소 영미식 신탁제도를 도입하였다.[2] 영미의 신탁제도에 대하여 대륙법 학자들도 오래 전부터 관심을 가지고 연구하였으나, 그 제도의 규율을 위한 법률의 제정에 진통이 계속되는 이유는 신탁제도가 영국 특유의 사법제도 및 물권법 질서와 긴밀히 결합되어 있기 때문이다. 이러한 이유로 기이르케(Otto von Gierke)와 같은 위대한 학자조차 신탁을 "도저히 이해할 수 없는 제도"라고 고백할 정도였고,[3] 신탁제도를 대륙법국가에 수입하는 것은 불가능한

---

1) 서울신탁은행, 서울신탁은행삼십년사, 1989, 115면.
2) 이에 관한 국내 문헌으로는 정태윤, "프랑스 신탁법," 비교사법 제19권 제2호 (2012), 941면 이하; 심인숙, "프랑스 제정법상 '신탁' 개념 도입에 관한 소고," 중앙법학 제13권 제4호 (2011), 257면 이하 참조.
3) F. W. Maitland, *Equity*, A. H. Chayter, W. J. Whittaker eds., *Equity also The*

작업이라고 여겨졌다.4) 그럼에도 불구하고 대륙법국가인 우리나라에서 영미의 신탁제도를 계수한 데 따른 이론적 모순 내지 충돌이 그다지 부각되지 않은 것은, 지금까지 가족간의 재산이전을 위한 민사신탁이나 금융기관 또는 신탁회사 외의 자를 수탁자로 하는 경우가 거의 없고, 신탁이 상거래에서 이용되는 제도에 머물러 있었기 때문이다.

그러나 최근 우리나라의 법률실무에서도 상속을 대신하는 재산이전의 방법으로 신탁제도를 이용할 수 있는지에 관한 관심이 늘고 있고, 사채원리금 지급대행계약을 제3자를 위한 예금계약으로 본 원심을 파기하고 이를 신탁계약으로 판단하여 신탁에 관한 법리를 적용한 대법원 판례도 등장하였다.5) 이들 사안은 신탁업법의 규제를 받는 자를 수탁자로 하고, 투자목적으로 이용되는 지금까지의 신탁과 달리, 사법의 보다 일반적인 영역에서 신탁을 인정할 수 있는 가능성을 보여준다는 점에서 주목할 만하다. 최근 일본에서는 고령자의 재산관리로서 신탁제도를 이용할 수 있다는 주장도 제기되고 있는데,6) 이는 고령사회로 진입하고 있는 우리나라에서도 무시할 수 없는 논의라고 생각된다.7) 이와 같이 변화하고 있는 사회적 환경을 반영하여, 지금까지 상거래의 영역에 머물러 있던 신탁을 민법의 한 제도로서 이해하려고 하면, 신탁의 이질성이 전면에 부각되게 된다.

그러나 지금까지 우리나라에서는 신탁이 우리 사법체계에서 이질적인

Forms of Action at Common Law, Cambridge U. Press, 1929, p. 23.
4) Maurizio Lupoi, *Trusts: A Comparative Study*, Cambridge U. Press, 2000, p. 267.
5) 대법원 2002. 7. 26. 선고 2000다17070 판결(공 2002하, 2025).
6) 新井 誠, 信託法(第3版), 有斐閣(2008)(이하 "新井誠(第3版)"으로 인용), 459-508면.
7) 65세 이상 인구가 전체 인구의 7% 이상인 사회를 고령화사회, 전체 인구의 14% 이상인 사회를 고령사회라고 한다. 우리나라는 2000년 65세 이상 노령인구 비중이 7.2%로서, 이미 고령화사회에 진입하였다. 2005년의 인구총조사결과에 의하면 65세 이상 인구는 4,365,218명으로서, 전체 인구 47,041,434명의 9.27%에 이른다. http://www.nso.go.kr 통계청 고령자통계자료 참조.

존재라는 점에 관한 문제의식을 보여주는 연구가 많지 않았다고 생각된다. 물론 이미 실정법의 하나로 신탁법이 제정되어 있는 이상, 이를 이질적인 것으로 보는 것은 타당하지 않다는 견해도 있을 수 있다. 그러나 민법을 사인간의 여러 이익과 가치를 조정하는 기본법으로 위치시킨다면, 민법체계와 정합적으로 신탁법을 이해하고 그에 맞는 지위를 부여하는 것이 필요하게 된다. 이 경우 결국 민법체계와 모순 없이 신탁법리를 체계화하기 위해 어느 정도나 민법의 법리가 양보할 수 있는가의 문제가 생긴다. 이미 신탁법이 존재하고 있다는 이유로 민법체계가 무원칙하게 무시된다면 그로 인한 파급효과로 미리 예측하지 않았던 나쁜 결과가 생길 위험도 있다. 이 책은 신탁의 법적 구조와 신탁법이 정하는 수익자 보호를 위한 여러 규정들이 대륙법의 민사법리와 어떻게 모순되고, 이를 어떻게 이론적으로 극복할 수 있는가 하는 문제의식에서 출발한다. 우리나라도 이제 영미법과 대륙법의 긴장관계의 원인을 분명하게 드러내고, 이를 기초로 해서 우리 사법체계에서 신탁법의 한계를 확인한 다음, 우리 사법체계에 맞는 신탁법리를 발전시켜 나가는 것이 필요한 시점에 있다. 이 책은 이 작업을 위한 서론적 시도라고 할 수 있다.

2. 영미신탁법리와 대륙법계의 민사법리

영미의 신탁법리를 대륙법의 일부로 받아들이는 문제에 관해서는 20세기 초부터 많은 학자들에 의해 활발한 논쟁의 대상이 되었다.[1] 아래에서는 그 주된 쟁점에 관하여 검토한 다음, 우리 신탁법이 이 문제를 어떻게 입법적으로 해결하려고 하였는지에 관하여 서술하기로 한다.

---

1) 이 문제에 관하여 일반적으로 다음 문헌을 참조하라. K.W. Ryan, *The Reception of Trust*, Int'l & Comp. L.Q., vol. 10 (1961), p. 265; Ralph A. Newman, *Trusts, Civil Law Concepts and Legal Realism*, Inter-Am. L. Rev., vol. 3 (1961), p. 379; Vera Bolgár, *Why No Trusts in the Civil Law?*, Am. J. Comp. L., vol. 2 (1953), p. 204; Peter Hefti, *Trusts and Their Treatment in the Civil Law*, Am. J. Comp. L., vol 5 (1956), p. 553; Rainer Becker, *Die fiducie von Québec und der trust*, Mohr Siebeck 2007, S. 369ff.; Stefan Grundmann, *Trust and Treuhand in the 20th Century*, Richard Helmholz & Reinhard Zimmermann eds., *Itinera Fiduciae*, Duncker & Humbolt 1998, p. 469; Tony Honoré, *Obstacles to the Reception of Trust Law? The Examples of South Africa and Scotland*, Harry and Michael Sacher Institute for Legislative Research and Comparative Law, *Aequitas and Equity: equity in civil law and mixed jurisdictions*, Hebrew University of Jerusalem, 1993, 793ff.; Archie J. Allen, *Notwendigkeit und Einführungsmöglichkeiten des Trust in Continentalen Rechtssystemen*, 1961, S. 25ff.; L.A. Wright, *Trusts and the Civil Law - A Comparative Study*, W. Ontario L. Rev., vol. 6 (1967), p. 114. 학자들은 영미신탁법리를 대륙법계 국가에 수용할 때 장애가 되는 법리로서 대륙법의 소유권개념, 물권법정주의, 공시원칙, 대위금지, 물권의 양도제한 금지, 유류분, 상시 감독이 가능한 법원의 부재, 유럽대륙의 사회주의적 경향, 생소한 개념에 대한 두려움 등을 들고 있다. 본문에서는 이 중 이론적 관점에서 의미가 있는 몇 가지에 관하여만 검토하기로 한다.

가. 대륙법의 소유권 개념

(1) "이중소유권(double ownership)" 관념의 수용 문제

대륙법의 소유권 개념은 여러 학자들에 의해 영미신탁법리를 대륙법계 국가에 계수하는 데 가장 극복하기 어려운 장애물이라고 여겨지고 있다.[2] 이는 영미신탁에서 수탁자에게 커먼로상 소유권(legal ownership)이, 수익자에게 에퀴티상 소유권(equitable ownership 또는 beneficial ownership)이 속하는, 이른바 이중소유권(double ownership)의 관념이 대륙법계 국가에서 인정되기 어렵다는 문제의식에서 출발한 논의이다.

대륙법계의 소유권 개념은 원칙적으로 하나의 소유권이 분할되어 두 사람에게 속하는 것을 인정하지 않는다. 예컨대 프랑스민법 544조는 소유권(proriété)을, 법령에 의해 금지된 용법으로 사용하지 않는 한, "절대적인 방법으로 물건을 사용, 수익, 처분할 수 있는 권리"라고 정의한다. 이는 재산권을 천부의 권리 중 하나로 선언하고,[3] 구체제 하에서 인정되었던 토지에 관한 모든 봉건적 부담을 폐지하고자 하는 혁명정신의 구체적 표현이었다.[4] 또한 독일민법은 제903조에서 소유자의 권능에 관하여 정하고 있는

---

2) Wright(주 1), 116; J.M. Milo & J.M. Smits, *Trusts in Mixed Legal Systems,* in *Trusts in Mixed Legal Systems* 11 (J.M. Milo & J.M. Smits eds., Ars Aequi Libri 2001); M.J. de Waal, *The Uniformity of Ownership, Numerus Clausus and the Reception of the Trust into South African Law,* in *Trusts in Mixed Legal Systems,* 45; C.H. van Rhee, *Trusts, trust-like concepts and ius commune,* in *Trusts in Mixed Legal Systems,* 88; Donovan Waters, Convergence and Divergence: Civil Law and Common Law, David Hayton ed., *Extending the Boundaries of Trusts and Similar Ring-Fenced Funds,* Kluwer Law International 2002, p. 80; Maurizio Lupoi, The Development of Protected Trust Structures in Italy, in *Boundaries,* p. 85; Bolgár(주 1), p. 210.
3) 인간과 시민의 권리 선언(1789년 8월 26일) 제17조.

데, 이에 따르면 물건의 소유자는 적극적으로는 물건을 임의대로 처리할 수 있고, 소극적으로는 타인의 어떠한 간섭도 배제할 수 있다.[5] 이는 즉 소유권이 물건에 대한 포괄적인 권리로서, 그 소유자에게 모든 사실상 또는 법률상의 지배행위를 할 수 있음을 말한다. 그러므로 소유권은 여러 권능의 집합이 아니고, 완전하고 전면적인 지배권이며(전면성), 영속적이고(영구성), 분할할 수 없고(혼일성), 언제나 동일한 내용을 가진다(추상성). 소유권은 그 권능 중 일부가 타인에게 이전될 경우에도 소유권으로서 계속 존재한다. 소유권에 속하는 권능이 분할되는 경우에도 이 분할은 언제나 일시적인 것으로 여겨지며, 타인에게 이전된 권능이 소멸하면 소유권은 원래의 상태로 복귀한다(탄력성). 소유권에 속하는 권능이 분할되는 것은 제한물권의 형태로서만 가능하다.[6] 이처럼 완전성과 배타성을 내용으로 하는 절대적 소유권 관념은 유스티니아누스 대제에 의해 정리된 로마법의 전통을 이어받은 것이다. 이와 같은 로마법적 소유권 개념을 고수하는 한, 소유권이 둘로 나뉘는 것처럼 보이는 영미신탁의 기본적 특징은 이해하기 어려운 것이 될 것이다. 신탁재산의 소유권은 수탁자에게 속하거나, 아니면 수익자에게 속하거나 둘 중의 하나여야 하지, 소유권이 둘 모두에게 동시에 속할 수는 없기 때문이다.

(2) 수탁자의 "보통법상 권원(legal title)"의 수용 문제

영미신탁에서 신탁재산의 "보통법상 권원"은 수탁자에게 있다. 수탁자

---

4) Claude Léwy, *The Code and Property,* Bernard Schwartz ed., *The Code Napoleon and the Common-Law World*, New York U. Press 1956, pp. 162-163; Bolgár(주 1), p. 210.
5) MünchKomm-Säcker, § 903 Rn. 5.
6) Staudinger/Hermann, Vor §§ 903ff., Rn. 2.

는 신탁재산의 불법점유자를 배제할 수 있으며, 신탁재산을 적법하게 제3자에게 양도할 수 있는 권리를 가진다. 이 점에 착안하여 수탁자의 "보통법상 권원"이 대륙법상 소유권에 유사한 것으로 이해하려고 할 때, 다음과 같이 법리적으로 어려운 문제에 봉착한다.

(가) 타인의 이익을 위해서 행사하는 소유권

영미신탁의 수탁자는 신탁재산을 자기를 위하여 사용·수익하거나 처분할 수 없다. 즉 신탁재산으로부터 생기는 이익은 오로지 수익자의 것이고, 신탁재산의 관리·처분에 따르는 모든 의무와 책임은 수탁자의 것이다. 이처럼 수탁자의 소유권은 수탁자 자신의 이익을 위해서 행사될 수 없는 소유권이다. 여기에서, 타인을 위해서만 행사할 수 있는 권리를 소유권, 더 나아가 권리라고 할 수 없다는 주장이 제기된다.[7]

권리(subjektives Recht)가 무엇인가에 관하여는 사비니와 빈트샤이트의 의사설(Willenstheorie)과 예링의 이익설(Interessentheorie)이 한때 대립하였으나, 지금은 절충설이 지배적인 견해로 되었다. 이에 따르면, 권리란 "법적으로 보호되는 이익의 만족을 위하여 법질서가 개인에게 부여한 법적 힘(Rechtsmacht) 또는 의사의 힘(Willensmacht)"이다.[8] 이는 각자에게 자기의 삶을 자기가 결정할 자유를 보장하는 기능을 하고, 구체적으로는 타인에 대하여 이를 주장할 자유, 타인에 의해 존중되는 행위범위 내에서 이를 자기를 위하여 이용할 자유, 그리고 이를 처분할 자유를 보장한다.[9] 이 자유

---

7) Pierre Lepaulle, *An Outsider's View Point of the Nature of Trusts*, Cornell L.Q., vol. 14 (1928-1929), p. 14; Madeleine Cantin Cumyn, *La propriété fiduciaire: mythe ou réalité?*, R.D.U.S, vol. 15 (1984), p. 1 등.

8) Karl Larenz & Manfred Wolf, *Allgemeiner Teil des Bürgerlichen Rechts*, 9. Auflage, C.H. Beck 2004(이하 "Larenz/wolf"로 인용) § 14 Rn. 1, 11.

9) Larenz/Wolf, § 14 Rn. 4-9.

는 개인의 의사에 근거를 둔 것이므로, 의사지배(Willensherrschaft)는 여전히 권리의 중요한 요소인 것이다. 따라서 대리권(Vertretungsmacht)은 권리가 아니다. 대리권은 법적인 가능(rechtliche "Können"), 즉 법적 힘(Rechtsmacht)을 의미하기는 하지만, 그것은 대리인이 아니라 본인을 위해서 부여되는 것으로, 단지 보조기능(Hilfsfunktion)만을 할 뿐이기 때문이다.[10] 타인을 위한 법적 힘은 power(pouvoir)일 뿐이지, right(droit subjectif)이라고 할 수 없는 것이다. 이에 따르면 수탁자에게 부여된 법적 힘은 타인을 위한 것으로서 권리라고 할 수 없다는 주장이 가능하게 된다. 또한 르폴(Pierre Lepaulle)에 의하면, 소유권은 자유를 의미하고, 이 자유는 소유물을 마음대로 할 수 있다는 것을 의미한다. 어떤 토지의 소유자는 그 토지를 잘 돌보지 않을 자유가 있고, 그에게 그 소유의 토지를 생산적인 상태로 유지할 의무는 없다. 그러나 수탁자는 그 토지를 보전하고 잘 경작하여 생산적인 상태로 유지할 의무가 있다. "소유권과 신탁은 서로 배치되는 철학적 기초를 가지고 있다."[11] 따라서 수탁자의 소유권과 같이 오로지 타인을 위하여 행사되어야 하는 제한이 붙은 소유권은 소유권이라고 할 수 없고, 소유권의 안티테제(l'antithése d'un droit de propriété)일 뿐이라는 것이다.[12]

(나) 수탁자의 채권자의 공취에서 자유로운 재산

영미신탁법상 수탁자의 일반채권자는 신탁재산에 대하여 강제집행할 수 없고, 수탁자가 파산하더라도 신탁재산은 수탁자의 파산재단을 구성하지 않는다. 이는 수탁자 명의로 되어 있는 재산이 그의 일반채권자를 위한 책임재산이 되지 않는다는 것을 의미한다. 그런데 대륙법에서는 원칙적으로 어떤 자가 소유하는 물건은 모두 그의 채권자를 위한 책임재산이 된다고

---

10) Larenz/Wolf, § 46 Rn. 12.
11) Lepaulle(주 7), 58.
12) Cantin Cumyn(주 7), 12.

설명한다.13) 여기에서, 수탁자의 채권자가 압류할 수 없는 재산에 대하여
이를 수탁자가 소유한다고 할 수 있는지 하는 의문이 제기된다.14)

　프랑스 민법에서는 사람, 물건, 권리 외에 재산(patrimoine)이라는 개념이
매우 중요한 의미를 가지고 있다. 여기서 재산은 어떤 사람의 현재 및 장래
의 적극재산 및 소극재산을 모두 포함하는 의미이다. 재산은 그에 포함되
는 개별 물건 또는 권리, 의무를 담는 관념적인 그릇(contenant)과도 같다.
프랑스민법의 고전적인 재산이론(théorie du patrimoine)에 의하면, 재산은
개인의 자유의 표현이자 속성이다. 즉 재산은 인격의 발현(émanation de la
personnalité)으로서, 인격과 분리될 수 없다. 이와 같이 재산을 그 보유자의
인격과 결합한 결과, 다음의 세 가지 원칙이 도출된다. (1) 모든 사람은 하
나의 재산을 가진다. 따라서 재산은 타인에게 양도될 수 없다. (2) 모든 사
람은 단 하나의 재산을 가진다. 따라서 재산은 분리될 수 없다. 채무자는
자신의 재산 전부로써 채무에 대한 책임을 진다.15) (3) 모든 재산은 어떤
사람에게 속하여야 한다. 따라서 소유자 없는 재산은 존재할 수 없다.16) 한
편 독일민법에서는 프랑스에서처럼 재산과 인격이 밀접히 결합되어 있다

---

13) Larenz/Wolf, § 21 Rn. 27; F.H. Lawson & Bernard Rudden, *The Law of Property*, 3rd ed., Clarendon Press 2002, 91(이하에서 "Lawson & Rudden"으로 인용).

14) Honoré(주 1), 810; George L. Gretton, *Trust and Patrimony, in Scots Law into the 21th Century*, 188 (Hector L. MacQueen ed., W. Green & Son 1996).

15) 프랑스민법 제2092조 참조.

16) 이와 같은 고전적인 재산이론은 1839년에 초판이 출간된 총 5권으로 이루어진 대작 *Cours de droit civil français*에서 Aubry와 Rau에 의해 정립되었다고 보는 것이 정설이다. Christopher B. Gray, *Patrimony*, 22 C. de D. 81 (1981), 101. Aubry와 Rau의 이른바 주관적 재산이론과 이에 대한 비판으로 일반적으로 다음 문헌을 참조. Jean Carbonnier, *Droit civil. 3, Les Biens*, 11-14 (19e éd., Presses universitaires de France 2000); Louis Bach, *Droit civil*, Tome 1, 367-373 (13e éd., Sirey 1999); Francois Terré & Philippe Simler, *Droit civil : les biens*, 4-12 (5e éd, Dalloz 1998); Jean-Luc Aubert, *Introduction au droit et themes fondamentaux du droit civil*, 210-214 (7e éd., Armand Colin 1998).

는 관념이 강하지 않기는 하지만, 채권자에 대한 책임재산으로서의 재산
(Vermögen)은 원칙적으로 하나이다.[17) 이와 같이, 어떤 사람이 소유하는
재산은 그 전부가 그 채권자의 책임재산이 되어야 한다는 원칙을 유지하는
한, 영미신탁법에서와 같이 자기의 채권자를 위한 책임재산이 되지 않는
신탁재산을 수탁자가 "소유한다"고 할 수 없게 된다.

나. 공시원칙과 물권법정주의

영미신탁법상 수익자는 수탁자가 신탁위반으로 신탁재산을 처분한 경우
그 처분의 상대방이 선의유상취득자가 아닌 한, 그에 대하여도 그 처분된
재산이 신탁재산임을 주장할 수 있다. 또한 수탁자의 일반채권자가 신탁재
산에 대하여 강제집행하는 경우 그 일반채권자에 대하여, 수탁자가 파산한
경우 그 파산관재인에 대하여, 각 신탁재산임을 주장할 수 있다. 즉 영미신
탁법상 수익자의 권능은 수탁자에 대해서 뿐만 아니라 그 외의 제3자에 대
해서도 주장될 수 있다. 대륙법계 국가의 법률가가 볼 때 이와 같은 권능은
채권이라기보다는 물권에 대하여 인정되는 속성이다. 물권의 공시원칙과
물권법정주의 원칙이 채택되어 있는 것은 물권이 이와 같이 제3자에 대하
여도 주장될 수 있는 권리이기 때문이다. 따라서 대륙법에서 영미신탁법리
에서 인정되는 것과 같이 대세적 효력을 가지는 수익권을 인정하려면, 수
익권이 공시되고 물권의 하나로 법률에 규정되어야 한다. 여기에서 학자들
은 대세적 성질을 가지는 수익권을 인정하려면 공시원칙 및 물권법정주의
원칙과 충돌하는 문제가 생긴다고 지적하였다.[18)

---

17) Larenz/Wolf, § 21 Rn. 31.
18) Wright(주 1), 116; Hendrik Verhagen, *Ownership-based Fund Management in*

(1) 공시원칙

공시원칙(Publizitätsprinzip)은 물권의 지위와 변동이 거래당사자 외의 제 3자에게 공개되어야 한다는 원칙을 말한다.[19] 공시원칙이 요구되는 이유는 법적 명확성 및 거래안전의 보호에 있다고 설명된다.[20] 동산에 대하여는 점유, 부동산에 대하여는 등기부에의 기재가 공시의 방법이다. 부동산에 대하여는 공시원칙이 엄격히 관철되지만, 동산의 경우는 거래의 신속성과 유연성, 은밀성 등 거래상의 요구와 충돌하는 측면이 있기 때문에, 예외가 인정되고 있다.[21] 간이인도(독민 929조 후문), 점유개정(독민 930조), 반환청구권의 양도(독민 931조)에 의한 동산소유권의 양도가 그 예이다. 공시원칙은 선의취득(독민 932, 892조), 권리추정효(독민 1006, 891조)의 기초가 되기도 한다.

영미신탁법의 원칙에 따르면, 수탁자가 신탁재산인 동산을 점유하고, 토지의 소유자로 등기되어야 한다. 그러므로 외관상으로는 수탁자가 신탁재산의 소유자로 나타난다. 그러나 수익자의 권리의 존재는 외부에 나타나지 않으므로, 제3자가 이를 알 수 없다. 그럼에도 수익자는 앞서 본 바와 같이 대세적으로 자기의 권리를 주장할 수 있다. 대륙법에서 수익권에 이와 같은 성질을 인정하려면, 수익권을 물권의 한 유형으로 인정하여야 한다.

한편 수익권 자체를 공시하지 않고, 수탁자가 소유하고 있는 재산이 신탁재산이라는 사실을 공시할 수 있다면, 이는 간접적으로 수익자의 권리를 공시하는 것과 마찬가지의 효과를 거둘 수 있을 것이다. 독일의 경우, 1930

the Netherlands, in Boundaries, 102; de Waal(주 2), 45-47; Hefti(주 1), 573; Allen(주 1), S. 49ff.; Becker(주 1), S. 395f.; Bolgár(주 1), 212.

19) Staudinger/Seiler, Einl. zum Sachenrecht Rn. 56; MünchKomm-Rinne, Einl. zu Buch 3, Rn. 21.
20) Staudinger/Seiler, Rn. 56; MünchKomm-Rinne, Rn. 21.
21) Staudinger/Seiler, Rn. 56.

년대 초반까지만 하더라도 신탁재산인 토지의 등기부에 신탁의 표시를 부기하는 것이 허용되었다.[22] 그러나 1933년의 베를린 고등법원 판결[23] 이후로는 이것을 허용하지 않는 것이 실무이다. 그 이유는 수탁자의 소유권은 채권적으로만 제한되는 것이므로, 이를 등기부에 기재하면 등기의 명확성을 해친다는 이유에서였다.[24] 그러나 이에 대하여는 독일의 신탁법리에서도, 신탁의 수탁자에 대한 파산 또는 강제집행절차가 개시된 경우, 수익자에게 신탁재산임을 주장할 수 있으므로, 신탁재산인 사실을 등기할 수 있는 것으로 보아야 한다는 주장이 제기되고 있다.[25]

한편 동산에 관하여는 위에서 본 바와 같이 수탁자가 이를 계속 점유하므로, 이 공시에 따른 효력은 모두 수탁자에게 귀속된다. 그러나 동산에서 점유의 공시기능은 이미 다른 제도에 의해 약화되어 있다. 즉 양도담보와

---

22) Helmut Coing, *Die Treuhand Kraft privaten Rechtsgeschäfts,* C.H. Beck 1973 (이하 "Coing"으로 인용), S. 120ff.

23) KG JW 1933, 2464. 베를린 고등법원은 토지채무의 채권자와 이 채권의 수탁자인 연금재단 사이의 신탁관계를 표시하기 위해 등기부에 "수탁자로서"라는 부기등기를 하는 것은, 당사자의 의사에 의하여 수탁자인 연금재단이 대리인이 아니라 대외적으로 완전한 채권을 취득하므로, 토지등기부에 대하여 무의미하다고 판단하였다. 같은 취지의 판결로 OLG Düsseldorf DNotZ 1955, 640(신탁지위는 채무법적인 구속에 의거하므로 등기할 수 없다) 참조.

24) Coing, S. 122; Becker(주 1), S. 401 fn. 143. 한편 프랑스는 2007년 개정된 민법 제2019조 제1항에서, 신탁계약서를 서명일로부터 1월 내에 세무서에 등록하지 않으면 신탁계약을 무효로 한다고 정하여, 신탁의 등록을 강제하고 있다. 또한 같은 조 제2항은 신탁재산이 부동산인 경우는 부동산소재지의 저당권보존소에 등록하도록 하고 있다. 또한 같은 법 2020조는 이 등록에 의하여 얻은 정보에 기하여 전국적인 신탁등록제도가 의회의 명령에 의하여 설치되도록 정하고 있다. 프랑스민법 제2019, 2020조 참조.

25) Coing, S. 123; Becker(주 1), S. 402. 반면 위탁자의 권리는 채무법적인 성질을 가지는 데 불과하고, 신탁관계는 토지등기부에 대하여 법률행위에 의한 처분제한으로서는 독일민법 제137조에 의해 무의미하며, 소유자로서 등기되고 있는 자가 제3자의 수탁자인 사실을 내용으로 하는 부기는 등기부에 등기될 수 없다는 견해도 있다. Karl Haegele, *Der Treuhänder im Grundbuchrecht,* KTS 1960, 145.

같은 비점유담보권에서는 담보설정자가 목적물을 점유하지만, 제3자는 이 목적물이 이미 양도담보에 제공되었는지 여부를 알 수 없다. 또한 용익권 (Nießbrauch)을 행사하는 자는 목적물을 점유, 사용할 수 있지만, 제3자는 이 물건이 그의 소유가 아니라는 사실을 알 수 없다. 그러나 이와 같은 공시원칙의 예외를 수익권에 대하여도 확대할 수 있을 것인지는 분명하지 않다.

(2) 물권법정주의

채권법에서 계약자유의 원칙에 따라 당사자가 자유로이 법률관계를 형성할 수 있는 것과 달리, 물권법의 영역에서는 법률에 의해 미리 정해진 수의 물권 외에는 당사자가 임의로 창설할 수 없다. 이를 물권법정주의라고 한다. 물권법정주의는 대부분의 대륙법 국가에서 인정되고 있는 원칙이다.26) 이 원칙이 인정되는 현실적인 이유는 거래안전의 증대에 있다. 소유

---

26) Staudinger/Seiler, Rn. 38; MünchKomm-Rinne, Rn. 11; Fritz Baur, *Lehbuch des Sachenrechts*, 15. Auflage, C.H.Beck 1989, S. 3; Becker(주 1), S. 396 fn. 115; Thomas W. Merill & Henry E. Smith, *Optimal Standardization in the Law of Property: The* Numerus Clausus *Principle*, Yale L.J., vol. 110 (2000), pp. 4-5. 한편 Bolgár(주 1), 214는 물권법정주의를 실질적인 효용이 없는 원칙으로서 폐기하여야 한다고 주장하지만, 다소 지나친 주장이라고 생각된다. Kötz, *Trust und Treuhand*, S. 168. 영미법에서도 최근 물권법정주의에 관한 논의가 활발하게 이루어지고 있는데, 주로 법경제학적 관점에서 이 원칙의 기능성이 강조되고 있다. Henry Hansmann & Reinier Kraakman, *Property, Contract, and Verification: The Numerus Clausus Problem and the Divisibility of Rights*, J. Legal Studies, vol. 31 (2002), p. 373 (확인비용-verification costs을 감소시키는 기능); Merrill & Smith, *ibid.*(공시기능과 정보비용-information cost을 감소시키는 기능). Sarah Worthington, *The Disappearing Divide Between Property and Obligation: The Impact of Aligning Legal Analysis and Commercial Expectation*, Tex. Int'l L.J., vol. 42 (2007), pp. 925-926은 영미에서는 물권법정주의 원칙이 인정되지 않고, 인정된다고 하더라도 매우 탄력적이라고 한다.

권 외의 물권은 소유권에 대한 부담 내지 제한을 의미한다. 즉 소유자는 자기 물건 위에 있는 물권을 존중하여야 하고, 소유자의 채권자 역시 강제집행 또는 환가에 있어서 일정한 제한을 받게 된다. 따라서 어떤 물건의 소유권을 취득하려는 자는 그 물건에 다른 물권의 부담이 있을 위험을 고려하여야 한다. 만약 어떤 물건에 대한 물권이 법률에 의해 일정한 수로 제한되어 있다면, 이 위험은 그만큼 감소할 것이고, 그 물건의 유통가능성은 증대될 것이다.27) 법체계적으로 보면, 독일민법은 절대적 소유권 개념을 인정하고, 물권법을 채권법과는 독립된 체계로 구성하였으므로, 소유권을 제한하는 권리의 유형을 미리 확정해 둘 필요가 있게 된다.28)

물권법정주의 원칙에 어긋나지 않으려면, 수익권은 이처럼 법률 또는 관습법에 의해 인정된 일정한 수의 물권 중 하나에 해당하여야 한다. 그러나 현행 독일민법상 법률 또는 관습법으로 인정되는 물권 중에는 영미신탁법의 수익권과 같은 내용의 것이 없다. 예를 들면, 부동산에 대한 제한물권인 지역권(Grunddienstbarkeiten)은 서로 다른 두 토지 소유자 사이의 관계에서 성립하는 것인데(독민 제1018조), 수익자가 토지에 대하여 소유권을 가진다고 할 수는 없다. 또한 제한적 인역권(beschränkte persönliche Dienstbarkeit)도 양도, 상속, 압류가 허용되지 않는데(독민 제1090조 제2항, 제1061조, 제1092조 제1항, 독민소 제857조 제1항, 제857조 제1항), 수익권은 그 양도, 상속, 압류에 제한이 없으므로, 수익권이 제한적 인역권에 해당한다고 할 수도 없다. 용익권(Nißbrauch) 역시 양도, 상속, 압류가 제한되므로(독민 제1059, 1061조, 독민소 제851조 제1항, 제857조 제1항), 영미신

---

27) Becker(주 1), S. 397; Wolfgang Wiegand, *Numerus clausus der dinglichen Rechte. Zur Entstehung und Bedeutung eines zentralen zivilrechtlichen Dogmas, in Wege europäischer Rechtsgeschichte: Karl Kroeschell zum 60. Geburtstag dargelegt von Freunden, Schülern und Kollegen*, 637-637 (Gerhard Köbler ed., Frankfurt/M. 1987).

28) Wiegand(주 27), S. 625-637.

탁법의 상속권이 용익권에 해당한다고 할 수도 없다. 수익권은 독일민법이
정하는 담보물권 중 하나에도 해당하지 않는다. 질권은 질권자의 점유를
요건으로 하는데(독민 제1205조), 영미신탁의 수익자는 특별한 정함이 없
는 한 신탁재산을 점유할 권리가 없다. 수익권을 저당권으로 보는 경우, 수
익자가 직접 제3자에 대하여 수익권을 주장하여 신탁재산의 반환을 구할
수 있는 법리를 설명하지 못한다. 또한 토지채무(Grundschuld)나 물적 부담
(Reallast) 등은 토지에 대하여만 인정되고(독민 제1191, 1105조), 소유자가
그 권리자에 대하여 충실의무를 부담하는 것이 아니므로, 수익권이 이들
물권에 해당한다고 할 수 없다. 판례에 의해 인정되는 물권적 기대권
(dingliche Anwartschaftrecht) 역시, 판례가 그 성립을 인정하는 예는 제한
되어 있으므로,29) 수익권이 여기에 해당한다고 보기도 어렵다. 다만 법률
로 수익권을 물권의 한 유형으로 새로 인정하는 것은 가능할 것이지만, 이
는 해석론이 아니라 입법론의 문제이다.

다. 물권의 양도성

영미신탁법리의 계수에 장애가 되는 대륙법의 또 다른 원칙으로 물권적
처분을 금지하는 약정의 효력을 인정하지 않는 원칙이 거론된다.30) 이것은
독일민법 제137조 전문과 관련하여 문제된다. 이에 의하면, 양도할 수 있는
권리를 처분하는 권한을 법률행위에 의해 배제하거나 제한하는 것이 금지

---

29) Larenz/Wolf, § 15 Rn. 98.
30) Wolfgang Siebert, *Das rechtsgeschäftliche Treuhandverhältniss*, Marburg 1933,
    S. 418ff; Allen(주 1), S. 38ff, 54ff; Wright(주 1), 116-117; Becker(주 1), S.
    411; William F. Fratcher, *Trust*, in *International Encyclopedia of Comparative
    Law*, vol. VI, Morh 1970, p. 88.

된다. 따라서 만약 신탁행위에서 신탁재산의 처분을 금지하고 있다고 하더라도, 수탁자가 이를 처분하는 것을 막을 수 없다. 그런데 영미신탁법에서는 수탁자가 신탁설정행위에서 처분을 금지한 재산을 임의로 처분한 경우, 수익자가 그 처분의 상대방이 선의유상취득자가 아닌 한 그로부터 신탁재산의 반환을 구할 수 있다. 이 한도에서 수탁자의 처분의 자유는 제한되는 것이라고 할 수 있다. 그러므로 만약 수익자에게 이와 같은 권한을 부여하는 형태로 신탁제도를 수용하려고 하면, 독일민법 제137조 전문과 충돌하는 문제가 생긴다.

독일민법 제137조의 목적에 관하여 학자들은, 이 규정이 사실상 물권법정주의를 개인의 합의에 의하여 변경할 수 없게 하는 것이라고 한다.[31] 또한 이 규정의 목적은 채권자 보호, 특히 강제집행의 실효성 확보에도 있다.[32] 당사자 사이의 합의에 의하여 재산을 집행의 대상에서 배제하는 것을 금지하는 것이다. 마지막으로 당사자 사이의 합의에 의하여 어떤 물건의 유통성을 박탈하는 것을 막고자 하는 기능(Orientierungssicherheit) 역시 이 규정의 목적으로 제시되고 있다.[33] 이 원칙에 대하여는 지상권자가 지상권을 양도할 때 토지소유자의 동의를 얻도록 한 것(§ 5 ErbbauVO), 기명주식의 양도에 회사의 동의를 얻도록 정관에 정할 수 있다고 한 것(§ 68 Abs. 2 AktG) 등의 예외가 인정되고 있다.[34] 그러나 이와 같은 명시적인 예외가 없는 한, 물권의 양도성은 제한될 수 없는 것이 원칙이다. 그리하여 독일신탁법상 소유권이나 소유권적 기대권을 수탁자에게 양도할 때에도,

---

31) MünchKomm/Mayer-Maly/Armbrüster, § 137 Rn. 5; Staudinger/Kohler, § 137 Rn. 7.
32) MünchKomm/Mayer-Maly/Armbrüster, § 137 Rn. 6; Staudinger/Kohler, § 137 Rn. 11.
33) MünchKomm/Mayer-Maly/Armbrüster, § 137 Rn. 7; Staudinger/Kohler, § 137 Rn. 8.
34) MünchKomm/Mayer-Maly/Armbrüster, § 137 Rn. 22-24; Staudinger/Kohler, § 137 Rn. 13.

물권적 효과를 가지는 처분제한의 합의는 허용되지 않는다는 것이 판례이고 다수설이다.[35]

그러나 이 규정의 적용을 회피할 수 있는 방법이 없는 것은 아니다. 판례에 의하면 동산을 해제조건부로 처분하였다가 해제조건이 성취되면 당연히 원래의 소유자에게 소유권이 복귀되는 것은 독일민법 제137조에 반하지 않는다고 보고 있다.[36] 따라서 위탁자는 해제조건을 붙여 재산을 수탁자에게 이전하고, 일정한 사실이 발생하면 수탁자로부터 신탁재산을 회복할 수 있다. 이는 실질적으로 수탁자의 처분권을 제한하는 효과를 가져오는 것이다.[37] 그러나 부동산에 대하여는 이 방법을 쓸 수 없기 때문에 (독민 제925조 제2항), 그 효용은 크지 않다.

---

35) BGHZ 11, 37; BGH NJW 1968, 1471; Staudinger/Kohler, § 137 Rn. 24; MünchKomm/Mayer-Maly/Armbrüster, § 137 Rn. 18.

36) BGHZ 134, 182, 186f. 소외 A등이 공증된 계약에 따라 그 딸인 B 및 C에게 각각 토지의 공유지분의 10분의 4를 양도하였다. B와 C는 양친인 A등의 생존하는 동안 그 동의 없이는 지분을 처분하지 않겠다는 의무를 서로 부담하고 있다. 위반의 경우에 대하여 계약을 취소하고 지분의 반환을 청구할 권리가 A에게 유보되어 있다. 이 청구권을 담보하기 위하여 당사자들은 반환의 양도합의(Auflassung)의 가등기를 양친을 위하여 인정하고, 신청하였다. 이에 대하여 등기청은 양수인의 권리승계자에 대한 반환청구권이 가등기에 의해 담보될 수 없다고 이의를 진술하여, A, B, C와 등기청이 가등기의 효력을 다툰 사건이다. 이에 대하여 연방대법원은 가등기의 유효성에 관하여 다음과 같이 판시하였다. "가등기가 채무법적인 처분제한의 위반에 기한 반환청구권을 담보하는 때, 그 등기는 독일민법 제137조 제1문에 의해 인정되지 않는 회피라는 견해가 주장되고 있다. 이 견해에는 독일민법 제137조 제1문의 규제목적에 비추어 찬성할 수 없다. 콜러가 설득력있게 주장한 것처럼, 독일민법 제137조 제1문은, 인격적인 자유의 보호를 목적으로 하고 있지 않다. 독일민법 제137조 제2문에서, 처분권한에 관한 법률행위에 의한 행동의 구속이 일관되게 가능한 것이 명백하다. 오히려 본질적인 규범목적은 물권법정주의와 강제집행의 보호에 있다. 처분의 부작위계약의 당사자가 물건의 취득자에게 유효한 재양도를 금지하기 위하여, 법률이 인정하고 있는 법적형태를 사용할 때, 이것은 당연히 인정된다."

37) Siebert(주 30), S. 214.

라. 물상대위

영미신탁에서는 신탁재산에 속하는 재산이 멸실·훼손·침탈된 경우의 代償, 또는 신탁재산에 속하는 권리의 행사로 취득한 금전 또는 물건, 신탁재산에 속하는 금전을 대가로 취득한 물건도 신탁재산에 속한다. 이와 동일한 효과를 대륙법에서도 얻으려면, 신탁재산이 수탁자의 고유재산과 분리되어야 할 뿐 아니라, 분리된 재산에 대하여 물상대위(dingliche Surrogation)가 인정되어야 한다.38) 그러나 대륙법에서는 물상대위의 법리가 매우 제한적으로만 인정되어 왔다.39)

독일의 경우, 물상대위에 관한 일반규정이 없고, 판례 역시 독일민법에서 일반적인 원칙으로서 물상대위가 인정될 수 없다고 하고 있다.40) 그러나 여러 개별 규정에서 물상대위가 인정되고 있다. 예컨대 속구부 부동산(Grundstück mit Inventar)의 임차인이 속구를 보존 내지 보충하기 위해 조달한 물건은 속구에 편입됨으로써 임대인의 소유가 된다(독민 제583a조). 또한 토지가 속구를 포함하여 용익권의 목적이 된 경우, 용익권자가 속구물을 보충하기 위해 조달한 물건도 속구에 편입됨과 동시에 귀속주체의 소유가 된다(독민 제1048조 제1항 후문). 이미 존재하지 않거나 무가치하게 된 물건에 대신하여 조달된 가재도구는 그 물건이 귀속되는 배우자의 소유가 된다(독민 제1370조). 선위상속인이 상속재산인 토지에 속구물을 편입한 경우, 이 속구물도 상속재산에 속한다(독민 제2111조 제2항). 이들은 물

---

38) F.H. Lawson, *A Common Lawyer Looks at the Civil Law*, Reprinted ed., Greenwood Press 1977, p. 198.

39) *Ibid.* 프랑스민법은 부부재산제와 부담부증여/유증에 관한 규정에서만 물상대위에 관한 규정을 두고 있다. 프랑스민법 제1407, 1537, 1065-1068조 참조. 일반적으로 Terré/Simler(주 16), 334-337.

40) RGZ 94, 305; 153, 370.

건의 집합(Sachgesamtheit)에 대하여 물상대위가 인정되는 예들이다.

한편 특별재산(Sondervermögen)에 대하여 물상대위가 인정되는 예를 보면, 조합재산(Gesellschaftsvermögen)에 속하는 권리에 기하여 취득한 것 또는 조합재산에 속하는 목적물의 멸실, 훼손 또는 침탈에 대한 대상으로 취득한 것도 조합재산에 속하고(독민 제718조 제2항), 부부의 일방이 그 유보재산(Vorbehaltsgut)에 속한 권리에 기하여 유보재산에 속하는 물건의 멸실, 훼손 또는 침탈의 배상으로 또는 유보재산에 관한 법률행위에 의하여 취득한 것도 유보재산이 된다(독민 제1418조 제2항). 또한 부부의 합유재산(Gesamtgut)에 속하는 권리에 기하여 합유재산에 속하는 물건의 멸실, 훼손 또는 침탈의 배상으로서 또는 합유재산에 관한 법률행위에 의하여 취득한 것은 합유재산으로 된다(독민 제1473조 제1항). 자의 부모의 관리권이 미치지 않는 재산에 속하는 권리에 기하여, 그 재산에 속하는 물건의 멸실, 훼손 또는 침탈의 배상으로 또는 그 재산에 관한 법률행위에 의해 취득한 것에도 부모의 관리권은 미치지 않는다(독민 제1638조 제2항). 나아가 유산에 속하는 권리에 기하여, 유산중의 물건의 멸실, 훼손 또는 침탈의 배상으로서 또는 유산에 관한 법률행위에 의하여 취득된 것은 유산에 속한다(독민 제2041조). 선위상속인(Vorerbe)이 상속재산에 속하는 권리에 기하여 상속재산에 속하는 재산의 멸실, 훼손 또는 침탈에 대한 대상으로서 또는 상속재산에 속하는 금전을 써서 법률행위에 의해 취득한 것은, 그 취득이 수익으로서 선위상속인에게 귀속하지 않는 한, 상속재산에 속한다(독민 제2111조 제1항).

독일의 판례는 앞서 말한 바와 같이 물상대위는 법률의 규정이 없는 한 인정될 수 없다는 것이지만, 학자들은 물상대위를 법률로 정하지 않은 경우에도 유언집행, 유산관리, 그리고 도산절차 등 법률로 물상대위가 인정된 경우와 유사한 이익상황에 대하여는 유추적용할 수 있다고 주장한다.[41]

---

41) Larenz/Wolf, § 21 Rn. 49. 프랑스의 학설은 일반적인 물상대위원칙을 인정하려

또한 판례도 유언집행에 관하여 독일민법 제2041조의 유추적용을 인정한 바 있다.[42] 신탁에 관하여 판례는 물상대위를 인정하는 법률의 규정이 없으므로, 신탁재산이 매각된 경우 그 매각대금은 신탁재산이 되지 않는다고 하고 있다.[43] 그러나 어떤 학자들은 신탁에 대하여도 물상대위가 인정될 수 있다고 주장한다.[44] 공동상속(독민 제2041조) 또는 선위상속(독민 제2011조)에 공통되는 법적 사고는 그와 유사한 사안에 대하여도 관철되어야 한다는 것이다. 이들 규정의 목적은 상속재산의 일체성을 유지하고지 하는 데 있다. 즉 공동상속에서는 상속재산의 최종적인 귀속이 결정될 때까지 상속재산을 그 가치의 관점에서 변동하지 않는 상태로 유지하고자 하는 것이고, 선위상속에서는 후위상속이 개시될 때까지 상속재산의 가치를 유지하고자 하는 것이 물상대위를 인정하는 목적이다. 이러한 법적 사고는 신탁에도 원용될 수 있다고 한다. 수탁자는 신탁재산이 최종적으로 수익자에게 이전될 때까지 신탁재산을 보전하여야 하기 때문이다. 이처럼 신탁에 대하여 상속법상의 물상대위 규정을 유추하여야 한다는 견해에 대하여는, 독일민법은 물건과 권리의 개별적 이전을 원칙으로 하고 있으므로 물상대위는 가급적 예외적으로만 인정되어야 하고, 물상대위의 규정들은 모두 각각 그 적용범위를 달리하고 있다는 이유로, 유추적용을 부정하는 견해도 있다.[45]

판례를 따라 신탁에 물상대위가 인정될 수 없다는 견해를 취하더라도, 위탁자와 수탁자 사이에서 대위에 관한 채권적 합의를 할 수도 있다. 다만 이 경우는 위탁자가 대위물에 대하여 직접 권리를 취득하는 것이 아니라,

---

는 경향이다. Terré/Simler(주 16), 336; Carbonnier(주 16), 117-118.
42) RGZ 138, 133.
43) RGZ 94, 305.
44) Larenz/Wolf, § 21 Rn. 49; Kötz, *Trust und Treuhand*, S. 137; Coing, S. 118.
45) Baur(주 26), S. 571(이것이 지배적인 견해라고 한다); Sorika Pluskat, *Der Trust im Recht von Québec und die Treuhand*, Logos 2001, S. 349.

수탁자에 대하여 대위물의 인도를 구할 채권적 청구권만 취득할 뿐이다.[46]

마. 유류분

　대륙법의 유류분 제도도 영미신탁법리를 대륙법에 계수하는 데 장애물
이 되는 요소들 중 하나로 거론되고 있다.[47] 유류분은 프랑스민법 제913조
이하, 독일민법 제2303조 이하 등에 규정되어 있다.[48] 프랑스의 경우는 피
상속인이 생전증여 또는 유증의 방법으로 처분할 수 있는 재산의 범위를
총재산의 일정한 비율 내로 한정하고(프민 제913조), 이를 초과하여 증여
또는 유증된 경우 상속인이 반환청구 내지 감액청구를 할 수 있게 하는 방
식으로 규정하고 있다(프민 제920조). 반면 독일민법은 피상속인이 한 처
분의 물권적 효과는 그대로 둔 채, 유류분권자에 대하여 법정상속분의 가
치의 1/2에 대한 채권적인 금전청구권을 부여하는 방식으로 규정하고 있다

46) Pluskat(주 45), S. 349.
47) Pierre Lepaulle, *Trusts and the Civil Law*, J. Comp. Legis. & Int'l L., vol. 15
(1933), p. 3; Allen(주 1), S. 57ff.; Newman(주 1), p. 384.
48) 전통적으로 영미에서는 유언의 자유(testamentary freedom)가 인정되고 있다고 설
명하는 것이 보통이다. 그러나 오늘날에는 영미에서도 피상속인과 일정한 관계에
있는 자에 대하여 상속재산에 대한 권리를 인정하고 있다. 영국은 1938년 상속법
[Inheritance (Family Provision) Act of 1938]에 의하여, 일정한 요건(예컨대 경제
적 곤란 등)이 충족되는 경우 상속인에 대한 부양청구권을 가진 자의 신청에 의하
여 그에게 법원의 자유재량으로 상속재산에 속한 금전 또는 물건의 인도를 명할
수 있는 제도를 신설하였다. Megarry & Wade, The Law of Real Propety, 6th
ed., Sweet & Maxwell 2000, pp. 585ff. 미국의 유언제도 역시 유언의 자유를 법
률에 의하여 제한하는 것이 널리 인정되는데, 특히 잔존배우자에게 상속재산의 1/3
또는 1/2까지 권리를 인정하고, 유언에 의해 이를 배제할 수 없도록 하고 있다. 일
반적으로 Restatement (Third) of Property, §§ 9.1, 9.2; Melanie B. Leslie, *The
Myth of Testamentary Freedom*, Ariz. L. Rev., vol. 38 (1996), p. 235.

(독민 제2303조 이하, 제1924, 1931조).[49] 따라서 법적인 관점에서 보면, 피상속인은 자기의 재산에 대한 처분권에 아무런 제한도 받지 않는다.

설령 프랑스의 유언제도와 같이 피상속인의 처분권이 재산의 일정한 범위로 제한된다고 하더라도, 적어도 그 범위 내에서는 신탁설정이 가능하므로, 유류분 제도가 신탁법리를 대륙법에 계수하는 데 장애가 된다고 할 수 없다. 다만 처분가능한 범위를 넘어 신탁을 설정한 경우에는 유류분권리자에게 신탁재산을 반환하여야 하므로 신탁이 그 목적을 달성하지 못하고 종료될 수는 있게 될 것이다.[50] 한편 독일의 경우와 같이 유류분권자에게 채권적 금전지급청구권만을 인정하게 되면, 일단 성립된 신탁재산이 물권적으로 유류분권자에게 속하게 되는 일은 없게 된다.

바. 논의에 대한 평가

이상 대륙법에서 영미신탁법을 수용할 때 문제되는 대륙법의 법리 내지 제도에 관하여 살펴보았다. 대륙법과 영미법 사이의 차이를 신탁만큼 현저하게 드러내 보이는 제도는 많지 않다. 형평법관은 신탁재산이 누구에게 귀속하는지, 수익자에게 물권을 인정할 것인지 채권을 인정할 것인지를 고민하였던 것이 아니라, 개별적인 상황에 비추어 수익자를 보호하는 것이 타당한지를 고민하였고, 그 과정에서 수익자 보호의 법리가 형성되었다. 또한 계약법리가 제대로 자리잡기 이전에 신탁법리가 발전하였던 역사적

---

49) 독일민법의 유류분제도에 관한 간략한 입법사와 그 평가에 관하여는 Münch-Komm/Lange, § 2303 Rn. 1, 2 참조.

50) 다만 프랑스민법에서는 유류분제도의 잠탈을 피하기 위하여, 증여 또는 유증의 수단으로 설정된 신탁은 공서에 반한다는 이유로 무효로 하고, 법인만이 신탁을 설정할 수 있도록 하였다. 프랑스민법 제2013, 2014조.

우연에 의해, 계약과는 구별되는 독자적인 법영역을 차지하여 왔다. 재산권의 양도(conveyance)에 의해 비로소 신탁관계가 성립하고 이 점에서 소유권법 내지 물권법(property law)의 한 분야로 분류되며, 계약은 신탁관계가 성립하는 하나의 계기 내지 도구에 불과하지만, 그렇다고 해서 신탁이 계약법리와 완전히 동떨어진 곳에 고립되어 있는 것도 아니다. 영미의 신탁법리는 논리적으로 일관된 설명이 어렵고, 그 때문에 이론적으로 덜 세련되었다고 할 수 있지만, 영미의 법률가들은 신탁법의 이론화에 그다지 관심을 가지지 않는다. 그럼에도 불구하고 영미에서 신탁은 가족의 부양에서부터 대규모 개발사업에 이르기까지 매우 다양한 용도로 활발히 이용되고 있다.

　논리성과 일관성, 사색을 통한 법리의 체계화를 중시하는 대륙법학자의 눈에, 이와 같은 현상이 기이하게 보인 것은 너무나 당연하다고 할 수 있다. 대륙법에서 영미신탁법의 입법적 계수에 소극적이었던 것은 앞서 설명한 이론적 장애물 때문이기도 하지만, 보다 근본적으로는 실제적 필요를 중시하는 영미법의 태도와, 논리와 체계를 중시하는 대륙법의 태도의 차이, 내지는 법문화의 차이에 기인한다고 할 수 있다. 법개념은 수입할 수 있을지 모르나, 법문화는 수입할 수 없다. 법문화는 그 사회에서 오래 동안 축적된 전통이 반영되어 있기 때문이다. 영미신탁을 법률로 받아들인 국가에서 신탁이 여전히 외래의 제도로서 여겨지고, 신탁제도의 남용에 대한 경계를 늦추지 않는 것도 같은 맥락에서 이해할 수 있다. 이 점에서 신탁법의 대륙법화(civilize)는 일정한 한계가 있을 수밖에 없다. 이것은 우리 신탁법의 해석에 있어서도 유념하여야 할 것 중의 하나라고 할 수 있다.

사. 우리 민법의 법리와 신탁법에 의한 입법적 해결

대륙법에서 영미신탁법리를 계수하는 데 대한 장애물들은 대륙법계에 속하는 우리 민법에도 마찬가지로 존재한다. 우리 민법에서도 소유권의 내용이 되는 물적 지배의 권능은 물건이 가지는 사용가치와 교환가치의 전부에 전면적으로 미치고(전면성), 여러 권능의 집합이 아니라 혼일한 지배권능이며(혼일성), 제한물권에 의한 제한이 해소되면 원래의 상태로 돌아가고(탄력성), 존속기간의 제한이 없는 등(항구성), 독일을 거쳐 로마법을 계수한 소유권 개념이 물권법질서의 기초에 자리잡고 있다.51) 한편 판례는 양도담보,52) 명의신탁,53) 그리고 재단법인에 대한 출연재산의 귀속54) 등

---

51) 郭潤直, 물권법(제7판), 博英社(2005), 168면; 金曾漢, 물권법강의, 博英社(1984), 185-86면(포괄성, 항구성, 제한가능성을 소유권의 성질로 들고 있다); 金基善, 한국 물권법, 法文社(1979), 176-179면; 金容漢, 물권법론, 博英社(1975), 252-54면; 高翔龍, 물권법, 法文社(2001), 251-53면; 李英俊, 물권법(민법강의 II), 博英社 (2001), 382-83면(그러나 동, 386은 양도담보에 관하여 담보권자에게 처분소유권을, 담보설정자에게 이용소유권을 인정하는 것이 실체에 부합한다고 주장한다); 李銀榮, 物權法(제4판), 博英社(2006), 424-25면; 李相泰, 物權法(五訂版), 法元社(2007), 193-94면; 郭潤直 편집대표, 民法注解 제5권, 29-39면(金相容); 朴駿緖 편집대표, 註釋民法 物權(1), 432-34면(鄭權燮).

52) (대내관계)대법원 2001. 12. 11. 선고 2001다40213 판결(공 2002, 263)(일반적으로 부동산을 채권담보의 목적으로 양도한 경우 특별한 사정이 없는 한 목적부동산에 대한 사용수익권은 채무자인 양도담보 설정자에게 있는 것이므로 설정자와 양도담보권자 사이에 양도담보권자가 목적물을 사용·수익하기로 하는 약정이 없는 이상 목적부동산을 임대할 권한은 양도담보 설정자에게 있다);(대외관계) 대법원 1971. 3. 23. 선고 71다225 판결(집 19-1, 243)(양도담보에 의하여 소유권을 취득한 사람은 그 점유취득 여부나 그 청산적인 여부에 관계없이 제3자에 대하여 소유권을 취득한 사실을 주장할 수 있으므로 제3자이의의 소를 제기할 수 있다). 다만 대법원 1988. 4. 25. 선고 87다카2696, 2697 판결(집 36-1, 186)(부동산의 양도담보권설정자는 그 부동산의 등기명의가 양도담보권자 앞으로 되어있다 할지라도 그

의 문제에서 소유권이 대내관계와 대외관계로 분열되는 것을 인정하고 있지만,55) 이 태도에 대하여는 비판적인 견해가 많다.56) 또한 물권은 물건을

부동산의 불법점유자인 제3자에 대하여는 그 실질적 소유자임을 주장하여 불법점유의 상태의 배제권을 행사할 수 있다).

53) (대내관계)대법원 1996. 8. 20. 선고 96다18656 판결(공 1996, 2789)(명의신탁한 부동산을 명의신탁자가 매도하는 경우에 명의신탁자는 그 부동산을 사실상 처분할 수 있을 뿐 아니라 법률상으로도 처분할 수 있는 권원에 의하여 매도한 것이므로 이를 민법 제569조 소정의 타인의 권리의 매매라고 할 수 없다); 대법원 1986. 5. 27. 선고 86다카62 판결(집 34-2, 3)(명의신탁된 토지상에 수탁자가 건물을 신축한 후 명의신탁이 해지되어 토지소유권이 신탁자에게 환원된 경우, 수탁자가 관습상의 법정지상권을 취득하지 않는다);(대외관계)대법원 1974. 6. 25. 선고 74다423 판결(공 1974, 7960)(등기명의자가 아닌 부동산의 신탁자는 신탁을 이유로 제3자에 대하여 소유권을 주장할 수 없다); 대법원 1979. 9. 25. 선고 77마1079(집 27-3, 22)(재산을 타인에게 신탁한 경우 대외적인 관계에 있어서는 수탁자만이 소유권자로서 그 재산에 대한 제3자의 침해에 대하여 배제를 구할 수 있으며, 신탁자는 수탁자를 대위하여 수탁자의 권리를 행사할 수 있을 뿐 직접 제3자에게 신탁재산에 대한 침해의 배제를 구할 수 없다).

54) 대법원 1979. 12. 11. 선고 78다481, 482 전원합의체 판결(집 27-3, 212).

55) 그 기원은 조선고등법원 시절의 판례에 있다. 예컨대 朝高判 1918. 4. 16. 民集 5권 274면은, "동일 물건에 대한 소유권의 귀속을 내부 또는 외부관계에 따라 달리 취급하는 것은 일견 이상한 감이 있지만 법률행위의 효력에 있어서 사람에 따라 권리관계를 달리하는 경우는 민법에서도 왕왕 보일 뿐 아니라 이러한 의사표시가 공공질서, 선량한 풍속에 반하는 것도 아니므로 그 의사표시는 유효하다"고 하였다. 이와 같이 소유권의 대내적/대외적 분열을 인정한 배경에 관하여, 당시 채권과 물권의 차이에 관한 이해가 철저하지 못하여 독일에서 수입된 신탁에서 상대적 소유권설을 채택하였고, 토지사정에 창설적 효력을 인정한 것을 획일적으로 관철할 경우 생길 수 있는 부작용을 보고자 하였고, 당시 물권변동에 관하여 의사주의를 채택하였기 때문이라고 추측된다는 견해가 있다. 康鳳洙, "명의신탁에 있어서 내부적 소유권의 의미(II)," 사법행정 통권 325호(1988. 1), 78-79면 참조.

56) 郭潤直, 물권법(재전정판), 679면; 康鳳洙, "명의신탁에 있어서 내부적 소유권의 의미(III)," 사법행정 통권 326호(1988. 2), 36-37면; 梁彰洙, "부동산물권변동에 관한 판례의 동향," 민법연구 제1권, 222-23면. 한편 李英俊, 902면은 이용권능과 처분권능의 분속이 우리 민법의 체계에 맞지 않는다고 하면서도 오래 전부터 판례의 신탁이론에 의해 정착되었음을 근거로 판례의 태도를 따른다. 그러나 법률이 정

직접 지배하는 권리로서 채권과 구별되는 독자적인 법영역을 이루고, 거래
당사자 사이에서만 주장할 수 있는 것이 아니라 대세적으로도 영향을 미치
므로, 거래안전을 위하여 물권을 공시하고,[57] 공시원칙을 관철하기 위하여
물권법정주의를 채택하고 있다.[58]

또한 독일민법 제137조와 같은 규정은 존재하지 않지만, 양도성은 물권
의 속성 중 하나로 논의되고 있다.[59] 다만 전세권의 양도를 설정행위로 금
지할 수 있게 한 규정(민법 제306조 단서)을 두고 있어, 독일민법에서와 같
이 철저하게 물권의 양도성을 관철하고 있지는 않다.[60]

우리 민법도 물상대위에 관한 규정은 두고 있지만, 물상대위가 인정되는
경우와 그 범위는 독일법에서보다 현저히 좁다. 즉 우리 민법상 물상대위
에 관한 규정은 유증에 관한 제1083, 1084조와 질권, 저당권에 관한 제342,
355, 370조가 있고, 그 외에 물상대위의 법리를 기초로 하고 있는 규정으로
가등기담보등에 관한 법률 제5조가 있다. 또한 판례는 물상보증인이 변제

한 것에 반하는 소유권의 내용을 관습법에 의해 인정하는 데에는 신중하지 않으면
안될 것이다. 郭潤直, 위 책, 30면; 康鳳洙, 위 글, 37면 참조.

57) 郭潤直(주 51), 29면; 金曾漢(주 51), 28-30면; 金基善(주 51), 54-56면; 金容漢
(주 51), 84-87면; 李英俊(주 51), 12-16면; 民法注解 제4권, 26-27면(金滉植);
註釋民法 물권(1), 85면(金相容).

58) 民法注解 제4권, 118면(金滉植); 郭潤直(주 51), 14-15면(봉건적 법률관계의 부
활 방지, 공시원칙 관철); 金曾漢(주 51), 20-21면(거래의 원활과 공시원칙의 관철);
金基善, 위 책(주 51), 46-47(공시원칙 관철과 봉건적 요소의 불식); 金容漢(주 51),
58-60(봉건적 법률관계의 부활 방지, 공시원칙의 기능적 확보, 행정적 목적).

59) 郭潤直(주 51), 9-10면; 李英俊(주 51), 9-10면. 다만 학자에 따라 약간씩 설명의
차이가 있다. 民法注解 제4권, 7면(金滉植)은 재산권 일반의 속성으로 양도성을
들고(따라서 양도성을 물권만의 속성으로는 보지 않는다), 李英俊(주 51), 9면은
채권과는 달리 물권의 속성으로 이해하며, 李相泰(주 51), 11면은 물권의 양도성
이 채권의 양도성보다 강할 뿐이라고 한다.

60) 이에 관하여는 전세권이 가지는 대인관계로서의 성질이 나타난 것이라는 견해도
있지만, 물권의 특질을 도외시한 입법이라는 비판도 강하다. 金曾漢(주 51), 312
면; 郭潤直(주 51), 10면; 金基善(주 51), 309면.

자대위에 의하여 주채무자의 근저당권을 취득한 때, 물상보증인 소유의 후
순위저당권자는 물상보증인에게 이전된 근저당권에 대하여 물상대위한다
고 한다.[61] 이 중에서 민법의 규정만 보면, 각 규정에 따라 물상대위의 범
위가 다른 것을 알 수 있다. 즉 민법 제1083조는 유증목적물의 "멸실, 훼손
또는 점유의 침탈"의 경우, 제1084조는 유언자의 채권의 변제를 받은 경우
에 각 물상대위가 인정된다. 민법 제342, 355, 370조는 목적물이 "멸실·훼
손 또는 공용징수"의 경우에 각 물상대위가 인정된다. 이들은 모두 대위물
이 물건 그 자체에 갈음하는 이익인 경우이다. 그 외에 일반적인 물상대위
원칙이 인정될 수 있는지, 있다면 어느 범위까지 물상대위가 인정되어야
하는지는 분명하지 않다.

　마지막으로 유류분에 관하여 보면, 1977년의 민법 개정으로 유류분 제도
가 도입되었는데(민법 제1112조 이하), 유류분반환청구권의 성질에 관하여
는 형성권설과 청구권설이 대립하고 있다. 형성권설에 의하면, 민법상의
유류분제도가 프랑스의 방식을 따르고 있고, 유류분제도 자체가 오직 유류
분권자의 권리보호를 위해 인정되는 점을 근거로 하고 있다.[62] 청구권설은
민법이 물권변동에 관한 성립요건주의를 채택하고 있다는 점과 거래의 안
전 등을 근거로 하고 있다.[63] 판례는 형성권설을 따르고 있는 것으로 이해
된다.[64] 형성권설에 의할 경우, 그리고 청구권설을 따르는 경우에도 유류
분권자가 수탁자에 대하여 원물반환을 구할 수 있는 것으로 구성하게 되
면, 수탁자는 신탁재산 중의 원물을 유류분권자에게 반환하여야 하고, 이

61) 대법원 1994. 5. 10. 선고 93다25417 판결(집 42-1, 344).
62) 朴秉濠, 家族法(재판), 한국방송통신대학교 출판부(1994), 479면; 李鎭萬, "유류
　　분의 산정," 민사판례연구 제19집(1997), 369면; 金炯錫, "유류분의 반환과 부당
　　이득," 민사판례연구 제29집(2007), 158면.
63) 郭潤直(주 51), 467면; 李庚熙, "유류분반환청구권의 법적 성질," 현대가족법과
　　가족정책, 삼영사(1988), 408면; 金玟中, "유언의 자유와 유류분," 아세아여성법학
　　7호 (2004), 90면; 邊東烈, "유류분제도," 민사판례연구 제25집(2003), 860면.
64) 대법원 2002. 4. 26. 선고 2000다8878 판결(집 50-1, 411).

것이 처분 또는 멸실된 경우에는 가액을 반환하여야 한다. 이로 인하여 신탁이 목적을 달성할 수 없게 되면 신탁은 종료될 수 있다.

따라서 다른 대륙법계에서와 마찬가지로 특별법에 의한 입법적 해결 없이는 영미 신탁법리가 우리 민법의 해석론으로는 인정되기 어려웠을 것이다. 신탁법은 이들 장애물 중 일부, 즉 공시원칙과의 조화, 신탁재산의 범위에 관한 문제에 대해서는 제4조와 제27조에서 입법적인 해결을 시도하고 있다. 그러나 그 외의 문제에 대한 해결은 해석에 맡기고 있다. 아래에서는 수익자 보호의 법리를 전개하면서 이들 문제에 관한 해석론도 함께 검토하기로 한다.

3. 수익자 보호의 두 가지 방법

신탁은 기본적으로 재산관리의 한 방법이고, 그 기본적인 목표는 수익자의 보호에 있다. 신탁에서 수익자 보호의 방법은 크게 둘로 나눌 수 있다. 첫째는 신탁재산을 관리하는 주체에 대하여 일정한 의무를 부여하고 그 의무위반에 대하여 제재를 가하는 것이다. 둘째는 신탁재산 자체가 신탁의 목적에 따라 보존·관리될 수 있도록 하는 것이다. 앞의 것은 민법이 정하는 다른 재산관리제도(위임이나 임치)와 마찬가지로 채권법적인 규율이다. 그러나 뒤의 것은 다른 재산관리제도에서는 볼 수 없는 특수한 성격을 가지는 규율이다. 신탁법은 이에 관한 상세하고 독특한 규정들을 여럿 두고 있다. 그러므로 신탁에서 수익자 보호에 관한 연구는 두 가지 방법에 관한 해석론에 집중되어야 한다. 그리고 신탁에서 수익자 보호의 문제는 수익자의 지위 내지 신탁의 구조 문제와 밀접히 결합되어 있고, 더 나아가 우리나라의 물권법질서의 근본적인 원칙(예컨대 소유권의 혼일성, 물권법정주의, 공시원칙 등)과 관련되어 있다. 따라서 이 문제에 관한 연구 없이는 신탁법의 해석론도 완전하다고 할 수 없다. 그리하여 이 책에서는 우선 신탁에서 수익자의 지위에 관하여 정리하고(제2장), 이를 전제로 하여 신탁에서 수익자를 보호하는 방법으로서 수탁자에게 어떤 의무가 부과되어 있고 그 의무는 어떻게 강제되는가 하는 점(제3장)과, 신탁재산이 어떠한 방법에 의해 보호되는가 하는 점(제4장)에 관하여 상세한 연구를 하려고 한다.

II. 신탁법상 수익권의 성질

1. 서 론

제1장에서 우리는 영미신탁을 대륙법에 계수할 때 문제되는 대륙법의 법리들에 관하여 살펴보았다. 이 장에서는 그 중에서 소유권의 개념, 공시원칙과 물권법정주의와 관련하여 문제되는 것으로서, 신탁법상 신탁재산의 귀속주체와 수익자가 가지는 권리의 성질에 관한 논의를 소개하고 검토하기로 한다.

2. 신탁재산의 귀속주체

가. 신탁재산은 누구에게 속하는가?

우리 신탁법상 신탁재산은 누구에게 속하는가? 우리 신탁법[1] 제2조는
위탁자가 수탁자에게 "특정의 재산을 이전하거나 담보권의 설정 그 밖의
처분"을 하여야 한다고 정하고 있다. 따라서 신탁계약에 의해 신탁을 설정
하는 경우, 신탁재산에 대한 권리는 모두 수탁자에게 이전되어야 한다. 따
라서 신탁재산을 이루는 각 물건 내지 권리에 따라 권리이전의 효과를 생
기게 하는 요건을 갖추어야 한다. 그리고 일단 신탁이 설정되고 나면, 위탁
자나 수익자는 신탁이 종료될 때까지 신탁재산을 처분할 권한이 없다. 신
탁재산의 침탈에 대하여 소유물반환청구권 또는 불법행위로 인한 손해배
상청구권을 행사할 수 있는 자는 수탁자 뿐이다.[2] 심지어 위탁자나 수익자
에 대하여도, 신탁설정시에 설정자가 특별히 정하지 않은 한, 수탁자는 소
유물반환청구를 할 수 있다. 또한 수탁자는 신탁재산을 처분할 수 있고, 그
상대방은 신탁의 존재를 알았건 그렇지 않건 상관없이 유효하게 소유권을

---

[1] 아래에서 신탁법은 법이라고만 표시한다.

[2] 崔東軾, 信託法, 法文社(2006)(이하 "崔東軾"으로 인용), 331면; 李重基, 信託
法, 三宇社(2007)(이하 "李重基"로 인용), 457면. 물론 제3자의 침해행위로 인하
여 직접 수익자의 권리에 손해가 발생하였다면 제3자를 상대로 불법행위로 인한
손해배상을 구할 수는 있을 것이다. 또한 불법점유가 수탁자와 제3자의 공모로 인
한 것이라면 수탁자와 제3자에 대하여 공동불법행위로 인한 손해배상을 물을 수도
있을 것이다.

취득한다(다만 제75조에 의한 제한이 있다.). 위탁자나 수익자의 채권자가 신탁재산에 대하여 강제집행을 하면, 수탁자는 제3자이의를 할 수 있다(제22조 제2항). 그러므로 일응 우리 신탁법에서도 신탁재산의 소유권은 수탁자에게 있는 것으로 보인다.

그러나 다른 한편 법은 "수탁자는 누구의 명의로도 신탁의 이익을 누리지 못한다. 다만, 수탁자가 공동수익자의 1인인 경우에는 그러하지 아니하다."고 정하고 있다. 따라서 수탁자는 수탁자의 지위에서는 신탁의 이익을 누리지 못한다. 수탁자는 신탁재산을 사용하거나 수익할 수 없고, 이를 신탁의 목적에 반하여 처분할 수 없다. 수탁자의 신탁사무처리와 관계 없는 원인에 의한 채권자는 원칙적으로 신탁재산에 대하여 강제집행할 수 없고(제22조 제1항), 수탁자가 파산하더라도 신탁재산은 파산재단에 속하지 않는다(제24조). 수탁자가 사망하더라도 수탁자의 상속인은 신탁재산을 상속받지 못한다(제23조). 신탁재산이 소유권 이외의 권리인 경우 수탁자가 그 목적인 재산을 취득하더라도, 그 권리가 혼동으로 소멸하지 않는다(제26조). 신탁재산인 부동산에 수탁자가 자기의 물건을 부합하더라도 수탁자는 보상청구권을 잃지 않는다(제28조, 민법 제256, 261조). 이와 같이 수탁자에게는 신탁재산의 관리권능만이 부여되어 있고, 수익권능은 부여되어 있지 않으며, 관리권능 역시 상당히 제한되어 있다. 이와 같이 제한된 권능밖에 가지지 못한 소유권은 전통적인 소유권 내지 물권 관념에 부합하지 않는다.

이와 같이 신탁법에는 수탁자의 신탁재산에 대한 권리를 소유권으로 하는 이론구성도, 그렇지 않은 이론구성도 가능하게 하는 규정들이 함께 존재한다. 그렇다면 어떠한 해석이 우리 민법의 전체적인 체계에 보다 타당한가?

나. 가능한 이론구성의 검토

이에 대하여 답하기 위하여, 구 신탁법의 해석론으로서는 ① 소유권이 분할되어 수탁자와 수익자 또는 위탁자(또는 그 상속인)에게 속한다는 견해, ② 소유권이 수탁자에게 속한다는 견해, ③ 소유권이 수익자에게 속한다는 견해, ④ 소유권이 위탁자(또는 그 상속인)에게 속한다는 견해, ⑤ 소유권이 아무에게도 속하지 않는다는 견해, ⑥ 소유권이 신탁재산 자체에 귀속한다는 견해가 생각될 수 있었다.

(1) 소유권이 분할되어 귀속된다는 견해

학자들은 대개 소유권의 혼일성 때문에 소유권이 동시에 두 사람에게 분할되어 속할 수는 없다고 한다. 이 문제는 독일민법 제정 과정에서 당시 프로이센일반란트법에 정해져 있던 상위소유권/하위소유권의 관념을 부정하고, 단일한 소유권 개념을 채택하면서 불거졌던 논란과 관련된 것이기도 하다. 논쟁의 결과 유스티니아누스적 소유권 개념을 주장한 학자들이 승리하고, 그 결과가 민법전에 반영되어 있다고 보는 것이 일반적인 설명이다.

그럼에도 불구하고, 독일 판례는 신탁의 수탁자에 대한 강제집행 또는 파산절차에 대하여 위탁자의 이의권 또는 환취권을 인정하고, 그 근거로 수탁자에게 법적 소유권이, 위탁자에게 경제적 소유권이 속한다고 한다.[3] 피두키아적 신탁이론의 관점에서는 일관성이 결여되어 있음이 분명함에도 불구하고, 학자들은 대체로 이 판례를 지지한다.[4] 즉 수탁자에게 소유권이

---

3) RGZ 45, 80ff.; BGH NJW 1959, 1223.
4) Fritz Baur, *Lehbuch des Sachenrechts*, 15. Auflage, C.H.Beck 1989, S. 19; Harry Westermann, Sachenrecht, 7. Auflage, C.F. Müller Verlag 1998, S. 17;

이전되고 위탁자는 단순한 채권만을 가진다는 것이 피두키아적 신탁이론
의 내용인데도, 수탁자의 강제집행 또는 파산의 국면에서는 신탁재산의 소
유권이 실질적·경제적 소유권과 형식적·법적 소유권으로 분할되어, 전자
는 위탁자에게, 후자는 수탁자에게 속한다.

  이와 같은 현상은 우리의 경우에도 쉽게 발견할 수 있다. 양도담보에 관
하여 가등기담보법 제정 전에 확고한 판례이론이었던 신탁적양도설에 의
한 소유권의 대내적/대외적 분할이 그것이다. 이에 따르면, 양도담보가 설
정되면 원칙적으로 외부적 이전형, 또는 약한 양도담보로 추정되는데, 이
는 양도담보의 목적물의 소유권 기타의 권리가 제3자에 대한 관계에서는
양도담보권자에게 이전되지만, 당사자 사이의 내부관계에서는 설정자에게
소유권이 유보된다.5) 또한 명의신탁에 관한 판례의 이론에서도, 소유권이
대내외적으로 분열되는 것으로 설명되고 있다. 이들의 사례에서, 대내적
소유자는 목적물을 불법점유한 제3자에 대하여 직접 방해배제를 구할 수
없다.6) 또한 대외적 소유자가 대내적 소유자의 승낙 없이 목적물을 처분한
경우 제3자는 선의, 악의를 묻지 않고 적법하게 그 소유권을 취득한다.7)

  Stein/ Jonas-Münzberg, § 771 Rn. 25.
 5) 朝高 1918. 4. 23. 民集 5, 322; 朝高 1920. 7. 23. 民集 7, 354; 대법원 1954.
    11. 18. 선고 4286민상63 판결. 신민법 시행 이후에도 이 판례는 그대로 유지되
    다. 대법원 1960. 11. 13. 선고 4293민상222 판결. 그러나 가등기담보법 시행 이후
    에는 가등기담보법이 적용되는 사안에서는 종래의 신탁적양도설이 그대로 유지되
    고 있다고 보기 어렵다. 대법원 1990. 4. 24. 선고 89다카18884 판결 (집 38-1,
    220) 등.
 6) 대법원 1979. 9. 25. 선고 77다1079 전원합의체판결 (집 27-3, 22)(명의신탁). 그
    러나 양도담보에 관하여는 양도담보설정자가 부동산의 불법점유자인 제3자에 대하
    여 방해배제청구를 할 수 있다는 것이 판례이다. 대법원 1976. 2. 24. 선고 75다
    1608 판결(집 24-1, 108); 대법원 1988. 4. 25. 선고 87다카2696, 2697 판결(집
    36-1, 186). 판례는 그 근거를 양도담보설정자(대내적 소유자)가 "실질적인 소유
    권"을 가지고 있다는 데에서 찾지만, 판례가 취하고 있는 신탁적양도설의 입장에
    서는 설명하기 어렵다.
 7) 대법원 1969. 10. 23. 선고 69다1338 판결 (집 17-3, 206)(양도담보); 대법원

뿐만 아니라 대외적 소유자의 일반채권자에 의한 강제집행에서 대내적 소유자는 그 소유권을 주장할 수 없다.[8] 대외적 소유자가 파산한 경우에도 대내적 소유자는 목적물을 환취할 수 없다.[9] 한편 대외적 소유자는 대내적 소유자에 대하여 자기의 소유권을 주장할 수 없다.[10] 따라서 대내적 소유자는 대외적 소유자의 승낙 없이 목적물을 처분할 수 있다.[11] 다만 이 경우 대내적 소유자는 소유권 분열의 원인이 된 법률행위를 종료시키고 그 소유권을 회복하여 제3자에게 이전해 주어야 한다. 또한 수탁자의 점유는 권원의 성질상 타주점유이다.[12] 이처럼 판례는 피두키아적 신탁이론과는 달리, 소유권의 분할을 인정하고 있다.

그러나 이 견해에 대하여는 다음과 같은 비판이 가능할 것이다. 우선 신탁법의 규정에 반한다. 앞서 설명한 것처럼, 소유권이 대내적/대외적으로 분할된 경우, 대외적 소유자의 일반채권자에 의한 강제집행에서 대내적 소유자는 그 소유권을 주장할 수 없다. 또한 대외적 소유자가 대내적 소유자의 승낙 없이 목적물을 처분한 경우 제3자는 선의, 악의를 묻지 않고 적법하게 그 소유권을 취득한다. 그러나 신탁법은 이와 반대의 규정들을 두고 있다. 즉 위탁자와 수익자는 수탁자의 일반채권자에 의한 강제집행에서 제3자이의를 할 수 있고(제22조 제2항), 수익자는 수탁자의 신탁재산 처분이 신탁의 목적에 위반하는 경우 악의 또는 악의 또는 중과실인 제3자로부터

1959. 1. 29. 선고 4291민상148 판결 (집 7, 민 24); 대법원 1969. 10. 23. 선고 69다1338 판결 (집 17-3, 민 206)(명의신탁) 등. 이 판례에 대하여는 비판이 없지 않다. 裵錫, "부동산의 선의취득자 보호," 法曹 제31권 제8호 (1982), 8면; 高翔龍, "명의신탁의 법리 소고(2)," 司法行政 제32권 제9호 (1991), 43면 이하.

8) 대법원 1974. 6. 25. 선고 74다423 판결 (공 1974, 7960).
9) 구 파산법 제80조. 그러나 피담보채무가 소멸한 경우에는 환취권을 행사할 수 있다. 대법원 2004. 4. 28. 선고 2003다61542 판결 (공 2004, 898).
10) 대법원 1972. 11. 28. 선고 72다1789 판결 (집 20-3, 151). 판례는 이를 "실질적인 소유권"이라고 표현한다.
11) 대법원 1974. 9. 24. 선고 74다1204, 1205 판결 (공 1974, 8070).
12) 대법원 1975. 9. 23. 선고 74다2091, 2092 판결 (집 23-3, 1).

신탁재산의 원상회복을 구할 수 있다(제75조). 따라서 판례에 의한 소유권
의 관계적 분할 이론은 신탁법의 규정을 합리적으로 설명할 수 없다. 뿐만
아니라, 판례가 명의신탁이나 양도담보에서 제시한 분할된 소유권 개념은
소유권의 혼일성에 반하고,[13] 이러한 소유권을 인정하게 되면 물권법정주
의에도 어긋난다는 비판도 가능할 것이다.

(2) 독자적인 소유권(Eigentum sui generis)이라는 견해

다음 수탁자의 소유권이 소유권이기는 하지만 전통적인 소유권과 다른
독자적인 유형의 소유권이라고 보는 방법에 관하여 살펴보자.[14] 이에 의하
면, 수탁자는 제3자에 대하여는 소유자로 보이지만, 신탁재산을 스스로를
위하여 사용, 수익할 수 없고, 신탁설정행위에서 정한 바에 따르지 않는 한
처분할 수 없으므로 완전한 의미에서 소유권을 가진다고 할 수 없지만, 신
탁재산의 통상의 관리 처분에 관한 모든 권한이 있으므로, 수탁자를 소유

---

13) 金相容, "양도담보의 법적 구성," 민사판례평석(1), 법원사(1995), 333면.
14) 비교법적으로 살펴보면, 스코틀랜드, 민법 개정 전의 퀘벡 등에서 이 견해가 판례,
   다수설이었다. 스코틀랜드의 신탁에 관하여는 다음 문헌을 참조. George L.
   Gretton, *Scotland: The Evolution of the Trust in a Semi-Civilian System*,
   Richard Helmholz & Reinhard Zimmermann eds., *Itinera Fiduciae*, Duncker &
   Humbolt, 1998, pp. 509f; W.A. Wilson, *The Trust in Scots Law*, W.A. Wilson
   ed., *Trust-Like Devices*, Chameleon Press, 1981, pp. 239f. 개정 전 퀘벡 신탁에
   관하여는 Yves Caron, *The Trust in Quebec*, McGill Law Journal vol. 25
   (1980), p. 426; *Curran v. Davis* (1933) R.C.S. 283("Les 'trustees' n'en seront
   cependant pas propriétaires, dans le sens absolu du mot. Les 'trustees', bien que
   seuls propriétaires apparents à l'égard des tiers, n'auront nil'usus, ni le fructus,
   ni l'abusus de la 'trust property' ... Il est évident que les fiduciaires sont toute
   autre chose que des dépositaires ou des administrateurs ordinaires. En fait, ils
   possèdent à peu près tous les droits du propriétaire sans en avoir le titre.").

자로 볼 수 있다. 그러나 이러한 소유권을 전통적인 소유권과 다른, 독자적
인 유형의 소유권이라고 인정하게 되면, 소유권의 관념에 반하는 권리를
소유권이라고 부르는 것은 타당하지 않고, 물권법정주의에 반할 수 있다는
비판이 가능할 것이다.15)

(3) 소유권이 수익자에게 속한다는 견해

만약 이와 같이 수탁자에게 소유권이 있다는 설명이 모두 마땅치 않으
면, 다음 검토하여야 할 것은 수익자에게 소유권이 있다고 볼 수 있는가
이다.16)

수익자는 신탁재산의 침탈자에 대하여 직접 물권적청구권을 행사할 수
없는 것이 원칙이다. 따라서 수익자에게는 소유권에 대한 소극적 보호가
부여되지 않는다. 그러나 수익자는 신탁재산으로부터 수익을 취득하고(제
56조 제1항), 신탁이 종료하면 신탁재산을 이전받을 권리가 있다(제101조
제1항). 신탁재산을 점유하고 사용할 권리는 없는 것이 원칙이지만, 신탁설
정행위에서 정하였다면 이것이 허용될 수도 있다. 또한 수탁자가 신탁재산
을 임의로 처분한 경우 신탁재산의 반환을 구할 수 있는 것은 수익자에 한
정되어 있다(제75조). 수탁자의 채권자가 신탁재산에 대하여 강제집행하는
경우 수익자에게도 제3자이의권이 인정된다(제22조 제2항). 또한 수탁자가
파산한 경우 신탁재산은 파산재단에 속하지 않는다(제24조). 이와 같이 수
탁자의 처분에 대하여 보호되고, 신탁재산에 대한 강제집행 및 파산으로부

---

15) Madeleine Cantin Cumyn, *La propriété fiduciaire: Mythe ou réalité?*, Revue de
droit de l'Université de Sherbrooke, vol. 15 (1984), p. 7.

16) 비교법적으로 살펴보면, 남아프리카 공화국의 베빈트(bewind) 신탁이 이 유형에
속한다. B. Beinart, *English Legal Contribution in South Africa: The Interaction
of Civil and Common Law*, Acta Juridica 1981, p. 22.

터 보호되는 점을 강조하면 수익자가 신탁재산의 소유자라고 주장할 여지도 충분하다.

또한 수탁자에게 소유권이 있는 것으로 보이는 외관과 그 처분이 신탁의 본지에 반하지 않는 한 유효한 점을 들어, 수탁자에게 소유권이 아니라 물권적 효과를 가지는 관리권(Verwaltungsrecht)이 있다고 해석하는 견해도 같은 맥락에서 주장된다고 할 수 있다.[17]

그러나 이에 대하여는 다음과 같은 비판이 가능할 것이다. 신탁계약에 의하여 신탁이 설정되는 경우, 수익자는 신탁계약의 당사자가 아니다. 위탁자는 수탁자에게만 신탁재산을 이전할 의무가 있을 뿐(제2조), 수익자는 어떤 재산이 신탁재산에 포함되는지 알지 못한다. 유언신탁의 경우에도, 신탁재산은 수탁자에게 이전될 뿐, 수익자는 신탁설정행위에서 정한 바에 따라 수탁자가 수익자에게 통지하기 전까지는 이를 알지 못한다. 또한 일정한 기한 또는 조건이 성취되어야 비로소 수익자가 될 수 있도록 신탁을 설정할 수도 있는데, 수익자가 즉시 신탁재산을 취득하지 못하고, 일정한 기한 또는 조건이 성취되어야 비로소 신탁재산을 취득할 수 있다는 것은 수익자가 신탁설정과 함께 소유자가 된다는 것과 모순된다. 또한 아직 포태되지도 않은 자를 수익자로 지정한 경우,[18] 아직 포태되지 않은 자가 신탁설정과 함께 소유권을 취득한다는 것도 있을 수 없다. 수익자의 지정 여부를 수탁자의 재량에 맡긴 재량신탁의 경우에도 수익자는 수탁자가 재량권을 행사할 때까지는 아직 특정되지 않았으므로, 그가 신탁설정과 함께 소유권을 취득하는 것도 생각할 수 없다. 또한 수탁자의 신탁재산 관리권을 물권으로 이해하면, 물권법정주의에 반할 수 있다는 비판도 가능하다.

---

17) Daniel N. Mettarlin, *The Quebec Trust and the Civil Law*, McGill Law Journal vol. 21 (1975), p. 175.
18) 李重基, 143면. 신탁법 제67조 제1항은 이와 같은 신탁의 유효성을 간접적으로 인정하고 있다.

(4) 소유권이 위탁자(또는 그 상속인)에게 속한다는 견해

수탁자나 수익자에게 소유권이 있다고 할 수 없다면 원래의 소유자인 위탁자(또는 그 상속인)에게 소유권이 남아 있는 것인가? 그와 같이 볼 수 있는 근거로는, 신탁이 종료된 때 수익자와 귀속권리자로 지정된 자가 신탁의 잔여재산에 대한 권리를 포기한 경우 남은 신탁재산이 위탁자 또는 그 상속인에게 복귀되는 점(제101조 제2항), 수탁자의 채권자의 강제집행에 대하여 제3자이의를 할 수 있는 점(제22조 제2항), 신탁법상 의무에 반하는 수탁자의 처분에 대하여 손해배상 또는 원상회복을 청구할 수 있는 점(제43조), 수탁자 및 수익자와 합의하여 신탁을 변경하거나 법원에 신탁 변경의 청구를 할 수 있는 점(제88조 제1항, 제3항) 등을 들 수 있다.

그러나 이에 대하여는 다음과 같은 비판이 가능할 것이다. 신탁재산으로 될 재산은 수탁자에게 이전되어야 하는데(제2조), 이는 곧 당해 재산에 관한 소유권의 이전을 의미한다고 보아야 한다. 따라서 위탁자에게 소유권이 유보되어 있는 것은 아니다. 유언신탁의 경우 신탁재산이 포괄적으로 지정된 경우에는 포괄유증의 법리를 유추하여 유언의 효력 발생과 함께 신탁재산의 소유권은 수탁자에게 이전되고(민법 제1073조 제1항 참조), 신탁재산이 특정적으로 지정된 경우에는 특정유증의 법리를 유추하여 위탁자의 상속인에게 신탁재산의 이전의무가 있다.[19) 이에 따라 신탁재산이 수탁자에게 이전된 후에는 더 이상 위탁자의 상속인에게 소유권이 유보되어 있다고 할 수 없다.

---

19) 대법원 2003. 5. 27. 선고 2000다73445 판결(공 2003상, 1419).

(5) 소유자 없는 재산(ownerless property) 또는 신탁재산의 법주체성

이와 같이 위탁자, 수탁자, 수익자 중 누구에게도 완전권이 부여되지 않고 있기 때문에, 결국 신탁재산이 이 중 누구에겐가 속한다고 보는 것을 포기하는 이론구성도 가능할 것이다. 즉 신탁재산이 소유자 없는 재산이라고 보는 것이다.[20]

우리 법과 거의 같은 규정을 두었던 일본의 구 신탁법에 관하여 四宮和夫가 전개한 이른바 신탁재산의 실질적법주체성설도 실은 이와 같은 맥락에 서 있다. 四宮에 의하면, 신탁법이 신탁에 대하여 부여하고 있는 법적 효과를 종합하면 신탁재산을 그 자체 독립한 실질적 법주체성을 가진다고 볼 수 있다고 한다. 그 근거는 다음과 같다.[21]

첫째, 신탁재산은 모든 관계당사자로부터 독립한 신탁목적에 의해 구속됨에 의하여, 내부적 통일과 독립성이 부여되어 있다. 물상대위가 인정되는 것(舊法 제19조)[22]은 신탁목적에 의해 개별 물건 또는 권리를 종합시켜 내부적 통일성을 유지하기 위한 것이다. 또한 신탁재산은 위탁자, 수탁자, 수익자로부터 독립되어 있다. 신탁법은 한편으로 위탁자, 수탁자, 수익자의 완전권을 부정하면서, 다른 한편 귀속주체인 수탁자의 고유재산으로부터의 독립성을 인정하고 있다(구법 제20, 21, 23, 24, 25조).

둘째, 신탁재산은 그 자체가 관계당사자와 법률관계를 맺는 것처럼 해석

---

20) 비교법적으로는 퀘벡의 개정 후 신탁법이 이와 같이 규정하고 있다. 이에 관한 문헌은 매우 많으나, 그 중에서도 Rainer Becker, *Die fiducie von Québec und der trust*, Mohr Siebeck, 2007와 Sorika Pluskat, *Der Trust im Recht von Québec und die Treuhand*, Logos, 2001이 참조할 만하다.

21) 四宮和夫, 信託法(新版), 有斐閣(1989)(이하 "四宮和夫"로 인용), 70-74면.

22) 四宮의 견해는 우리 구 신탁법의 모법인 일본 구 신탁법의 규정을 토대로 한 것이다. 이하 일본 구 신탁법의 조문을 인용할 때에는 그에 대신하여 그에 해당하는 우리 구 신탁법의 조문으로 대체하기로 한다.

된다. 즉 첨부(구법 제24조), 혼동의 배제(구법 제23조), 수탁자의 비용·손실의 구상(구법 제42조 내지 제44조), 수탁자의 배상책임(구법 제38, 39조)에 관한 규정은 실질적으로는 신탁재산과 수탁자 사이의 법률관계를 긍정하고 있는 것이다. 또한 구법 제32조는 실질적으로는 신탁재산 자체가 수익자에 대하여 채무와 책임을 지는 것을 규정하고 있는 것이다. 나아가 제3자와 관계에서도 수탁자는 신탁재산의 기관일 뿐이지, 실질적으로는 신탁재산이 당사자로 된다.

셋째, 신탁목적을 수행하기 위한 수탁자의 행위는 곧 신탁재산의 행위이다. 예컨대 수탁자가 제3자에 대한 채무자로 되는 경우 신탁재산 자체도 책임을 진다(구법 제21조 제1항 단서). 또한 수탁자가 변경되더라도 신탁재산채무는 존속될 수 있다(구법 제48조). 만약 신탁재산의 채무를 수탁자가 변제한 때에는 신탁재산에 대하여 구상할 수 있다(구법 제42조). 따라서 수탁자는 연대채무와 유사한 채무를 부담할 뿐이고, 수탁자가 지는 채무는 실질적으로는 신탁재산 자체의 채무인 것이다.

四宮의 견해는 1930년대에 활동하였던 프랑스의 신탁법학자인 르폴(Pierre Lepaulle)의 견해에서 영향을 받은 것이다.[23] 그러므로 여기서 르폴의 이론을 검토해 보기로 한다.

르폴은 영미의 신탁을 일정한 목적에 할당된 재산(affectation)으로 설명하였다. 즉 그는 영미의 신탁재산은 일정한 목적을 위해 할당된 재산으로서, 위탁자, 수탁자, 수익자 그 누구에게도 속하지 않는다고 설명한다.[24] 그에 의하면 수탁자의 채권자는 신탁재산에 대하여 강제집행할 수 없고, 수탁자가 사망하더라도 신탁재산은 상속재산에 포함되지 않으며, 수탁자가 정해지지 않거나 수탁자가 신탁의 인수를 거절하더라도 신탁은 존속되는 점 등에 비추어 보면, 수탁자는 신탁재산의 소유자라고 할 수 없다. 또

23) 新井 誠, 信託法(제2판), 有斐閣(2005)(이하 "新井 誠(第2版)"으로 인용), 55면.
24) Pierre Lepaulle, *Trusts and the Civil Law*, J. Comp. Legis. & Int'l L. (1933).

한 위탁자는 신탁재산에 관한 모든 권리를 양도하였으므로 신탁재산의 소
유자라고 할 수 없고, 목적신탁이나 아직 출생하거나 포태되지 않은 수익
자를 위한 신탁도 인정되므로 수익자 역시 신탁재산의 소유자라고 할 수
없다. 따라서 신탁재산은 소유자 없는 재산이라고 한다.

그러나 르폴의 영미신탁에 관한 이해는 정확하다고 할 수 없다. 수탁자
가 정해지지 않거나 수탁자가 신탁의 인수를 거절하더라도 신탁은 존속하
지만("trust never fails for want of a trustee"),[25] 이 형평법리는 신탁재산의
소유자가 누구인가의 문제와는 관련이 없다. 위 법리는 이 경우에도 설정
자의 추정적 의사는 다른 수탁자를 선임하는 것이지 신탁 자체를 종료시키
는 것은 아니라는 법원의 판단에 의한 것이다.[26] 영미의 판례와 학자들의
견해는 신탁재산의 보통법상 소유권이 수탁자에게 속한다는 점에 대하여
거의 일치되어 있다.[27] 따라서 영미신탁에서 신탁재산이 주인 없는 재산

---

25) 생전신탁의 경우는 수탁자가 신탁의 인수를 거절하면 신탁재산은 설정자(설정자가
사망한 경우는 유언집행자 또는 유산관리인)에게 복귀하지만, 그렇다고 신탁이 종
료되는 것은 아니고, 법원에 의해 새로운 수탁자가 선임될 뿐이다. 유언신탁의 경
우 수탁자가 유언의 효력이 발생하기 전에 사망한 경우, 피상속인의 유언집행자 또
는 유산관리인이 신탁재산을 관리하지만, 역시 법원에 의해 새로운 수탁자가 선임
되게 된다. Hayton & Marshall, *Commentary and Cases on the Law of Trusts
and Equitable Remedies*, 12th ed., Sweet & Maxwell 2005, p. 546; Philip H.
Pettit, *Equity and the Law of Trusts*, 10th ed., Oxford U. Press 2006, p. 348.
다만, 대체할 수탁자가 없는 것이 명백한 경우에는 신탁이 종료된다고 한다. 예컨
대 피상속인이 유언으로 의과대학에 재산을 신탁하면서 이 재산으로 조성한 장학
기금에서 유태인이나 카톨릭교도가 아닌 학생에게 장학금을 지급할 것을 정하였는
데, 이 의과대학이 신탁의 인수를 거절한 경우, 법원은 원래 지정된 수탁자를 대체
할 수탁자를 구할 수 없는 것이 명백하므로 신탁이 종료되었다고 판단하였다. *In
re Lysaght*, Ch. 191 (1966).
26) Pearce & Stevens, *The Law of Trusts and Equitable Obligations*, 4 th ed.,
Oxford U. Press, 2006, p. 675; Scott on Trusts, vol. II, § 101.1, pp. 76-77.
27) Hanbury & Martin, *Modern Equity*, 17th ed., Sweet & Maxwell, 2005, p. 19;
Scott & Ascher on Trusts, vol. 1, §§ 2.1.6, 2.2.3.

(ownerless property)이라는 주장은 타당하지 않다.[28]

물론 四宮은 르폴의 이론을 출발점으로 삼은 데 불과하고 영미신탁의 구조에 관하여 자신의 이론을 주장한 것은 아니다. 그러나 우리 신탁법의 체계적 해석에 의해서도 이 주장은 타당하다고 할 수 없다. 우리 민법은 권리자 없는 권리의 관념을 인정하지 않기 때문이다. 이에 관하여는 권리의 개념에 관한 독일에서의 논의를 참고할 필요가 있다.

권리주체 없는 권리(subjeklose Rechte)가 인정될 수 있는가에 관하여는 독일민법 제정 전부터 논의가 있었다. 권리의 본질에 관하여 意思說을 취하였던 사비니나 빈트샤이트에 따르면 권리는 어떤 사람(Person)을 전제로 하는 것이므로, 권리주체 없는 권리는 논리적으로 있을 수 없다. 또한 권리를 법적으로 보호되는 이익이라고 보았던 예링 역시, 권리주체 없는 권리는 그 자체 모순으로 보고, 그 존재 자체를 인정하지 않았다.[29] 이에 반하여 권리가 사람 뿐 아니라 목적에도 속할 수 있다는 이른바 목적재산설(Zweckvermögentheorie)에서는, 목적재산에 속하는 물건 또는 권리는 그 누구에게도 속하는 것이 아니므로 권리주체가 없는 재산이 된다고 주장하였

---

28) K.W. Ryan, *The Reception of Trust*, Int'l & Comp. L.Q., vol. 10 (1961), p. 271. 한편 르폴의 주장은 1932년 멕시코가 신탁법을 제정할 때 많은 참고가 되었다고 알려져 있다. Roberto Molino Pasquel, *The Mexican Fideicomiso: The Reception, Evolution and Present Status of Common Law Trust in a Civil Law Country*, Colum. J. Transnat'l L., vol. 8 (1969), p. 62; Ruford G. Patton, *Trust Systems in the Western Hemisphere*, Tul. L. Rev., vol. 19 (1944-1945), pp. 424-425. 퀘벡 주의 개정 신탁법은 신탁재산이 그 누구의 소유에도 속하지 않는 것으로 규정하였다. art. 1261 C.C.Q.("The trust patrimony, consisting of the property transferred in trust, constitutes a patrimony by appropriation, autonomous and distinct from that of the settlor, trustee or beneficiary and in which none of them has any real right."). 입법자는 독일민법에서 법인이론의 전개과정에서 나타났던 Brinz와 Bekker의 목적재산(Zweckvermögen) 이론에서 그 이론적 근거를 구하였다고 한다. Becker(주 20), S. 171.

29) Becker(주 20), S. 302-303.

다.30) 그러나 이 견해는 독일민법이 인격화된 法人을 인정하면서 의미를 잃게 되었다. 한편 독일민법 제정 후 독일에서는 意思說과 利益說의 折衷說이 지배적인 견해로 되었는데, 이 견해에 의하더라도 역시 법적 힘(Rechtsmacht) 또는 의사의 힘(Willensmacht)이 권리주체와 밀접히 결합되어 있기 때문에, 권리주체 없는 권리는 인정될 수 없다.31) 그러나 주체 없는 권리가 있을 수 있는가에 관한 논의가 이로써 완전히 끝난 것은 아니다. 독일민법 제정 전에는 相續이 개시된 때부터 상속인에게 상속재산이 인도된 때까지 사이에 권리주체 없는 권리가 존재할 수 있는가에 관하여 문제가 제기되었으나, 독일민법은 제1922조, 제1942조에 의하여 이 문제를 해결하였다.32) 그 외에 社團이 淸算의 종결로 더 이상 존재하지 않게 되었는데 그 후에 사단에 속하는 재산이 있음이 발견된 경우,33) 토지소유자가 토지소유권을 포기한 때 이 토지를 위하여 존재하던 地役權,34) 백지보충 전의 어음금채권35) 등에 관하여는 여전히 논의가 있다. 그러나 그 경우에도 일시적으로 권리주체 없는 권리가 생길 수는 있지만, 계속적인(dauernd) 권리주체 없는 권리는 인정할 수 없다는 것이 다수설이다.36)

---

30) Karl Larenz & Manfred Wolf, *Allgemeiner Teil des Bürgerlichen Rechts*, 9. Auflage, C.H. Beck 2004, § 9, Rn. 8; Staudinger/Weick, Einleitung zu §§ 21 ff., Rn. 4.

31) Becker(주 20), S. 305; Larenz/Wolf, § 14 Rn. 21; Enneccerus/Nipperdey, *Allegemeiner Teil des bürgerlichen Rechts*, Bd. I, § 75 III, S. 446f.

32) § 1922 (1) BGB: Mit dem Tode einer Person (Erbfall) geht deren Vermögen (Erbschaft) als Ganzes auf eine oder mehrere andere Personen (Erben) über. § 1942 (1) BGB: Die Erbschaft geht auf den berufenden Erben unbeschadet des Rechts über, sie auszuschlagen. (2) Der Fiskus kann die ihm als gesetzlichem Erben angefallene Erbschaft nicht ausschlagen.

33) Heinz Hübner, *Allgemeiner Teil des bürgerlichen Rechts*, 2. Aufl., Walter de Gruyter 1985, S. 78.

34) MünchKomm/Kanzleiter § 928 Rn. 10.

35) Werner Flume, *Allgemeiner Teil des bürgerlichen Rechts*, Springer 1992, § 15 II 1, S. 254f.; MünchKomm/Roth § 398 Rn. 31.

우리 민법의 해석에 있어서도 역시 권리주체 없는 권리의 존재는 인정되지 않는다고 보아야 할 것이다. 私法秩序 뿐 아니라 전체 법질서가 권리와 의무의 주체로서 人格(Person)을 전제로 구축되어 있다. 헌법 제10조는 "모든 국민은 인간으로서의 존엄과 가치를 가지며, 행복을 추구할 권리를 가진다. 국가는 개인이 가지는 불가침의 기본적 인권을 확인하고 이를 보장할 의무를 진다."고 정한다. 우리 민법의 기본원칙인 계약자유의 원칙도 개인의 자유로운 활동영역을 보장하기 위하여 인정되는, 일반적 행동자유권의 하나이다.[37] 민법이 권리주체 없는 권리를 인정하지 않는다는 사실은 개별 규정을 통해서도 확인할 수 있다. 민법 제1064조, 제1000조 제3항 등에서 胎兒를 "이미 출생한 것으로 본다"고 한 것을 그 예로 들 수 있다. 사람은 출생하여야 권리와 의무의 주체가 될 수 있으므로(민법 제3조), 상속개시 당시 태아인 상태에서는 상속 또는 유증된 권리는 존재하나, 그 권리주체가 존재하지 않는 상태가 되어, 권리주체 없는 권리가 생기게 된다. 민법은 이를 피하기 위하여 위와 같은 의제의 방법을 동원한 것이다.[38] 또한 解散된 法人도 淸算이 종결될 때까지는 계속 권리능력을 가지고(제81조), 청산종결의 등기가 되었더라도 殘餘財産이 남아 있는 한 법인격이 소멸하지 아니한다고 보는 것도 역시 권리주체 없는 권리의 존재를 피하기 위한 해석이라고 할 것이다.[39] 물론 권리주체 없는 권리가 개념적으로 불가능한

---

36) Larenz/Wolf, § 14 Rn. 21, 22; Hübner(주 40), S. 78; Enneccerus/Nipperdey(주 31), S. 446; Franz Gschnitzer, Sabine Engel & Reinhold Oberhofer, *Allgemeiner Teil des bürgerlichen Rechts*, Springer 1992, S. 169; Peter Reiff, *Die Haftungsverfassungen nichtrechtsfähiger unternehmenstragender Verbände*, Mohr Siebeck 1996, S. 250.

37) 헌법재판소 1991. 6.3. 89헌마204 전원재판부결정 (헌판집 제3권).

38) 태아의 수증능력을 부인한 판례 역시 같은 취지로 이해할 수 있을 것이다. 대법원 1982. 2. 9. 선고 81다534 판결 (집 30-1, 48).

39) 朴駿緒 편집대표, 註釋民法 總則(1), 841면(金炫彩). 물론 개념적으로 권리주체 없는 권리의 존재가 불가능한 것은 아니다. 권리도 거래의 대상이 되고 있고, 이는

것은 아니므로, 권리주체 아닌 자가 대신 권리를 행사할 수 있다면 일시적
으로 권리주체 없는 권리의 존재를 인정할 수 있을 것이다.[40] 그러나 이는
어디까지나 예외이고, 우리 법질서의 기본이념, 민법의 여러 규정에 비추
어 원칙적으로 우리 민법은 권리주체 없는 권리를 인정하지 않는다고 보는
것이 타당하다. 따라서 신탁재산에 있어서도, 이것이 위탁자, 수탁자, 수익
자 중 어느 누구에게도 속하지 않는 재산이라고 보는 것은 타당하지 않다.
아래에서 보는 바와 같이 신탁에서는 신탁재산이 특별재산으로서 수탁자
의 고유재산과 분별되어야 하는 것이지만, 신탁재산의 독립성을 강조하는
것과 신탁재산이 법적 주체로서 인정하는 것과는 별개의 문제이다.[41] 신탁
재산이 그 자체 법적 주체성을 가진다는 것은 신탁재산을 법인 또는 법인
아닌 재단으로 인정한다는 주장과 다름이 없다.[42] 그러나 법인은 주무관청
의 허가를 받지 않으면 성립할 수 없으므로(민법 제32조) 신탁재산을 법인
으로 볼 수 없다. 또한 신탁법은 신탁재산 그 자체가 권리주체로서 계약체
결능력, 또는 불법행위능력이 있다는 주장으로는 설명하기 어려운 규정들
을 다수 가지고 있다. 예컨대 신탁이 설정되려면 특정의 재산을 수탁자에
게 이전하여야 하고, 이 특정의 재산권이 곧 신탁재산을 이룬다(제2조). 또
한 수탁자는 위탁자로부터 신탁재산의 점유도 이전받는다(제30조). 수탁자

곧 권리와 그 주체 사이의 결합이 더 이상 유지되지 않는다는 것을 의미한다. 권리
와 그 주체 사이의 결합이 유지되지 않는 이상, 권리주체 없는 권리도 이론적으로
상정할 수 없는 것은 아니다.

40) 저작권법 제14조 제2항, 제96조에 의해 저작자의 사후에도 보호되는 저작인격권이
그 예이다. 저작인격권 외의 일반적 인격권이 그 권리자가 사망한 후에도 존속할
수 있는가에 관하여는 다투어지고 있다. 일반적으로 金載亨, "모델소설과 인격
권," 인권과 정의 제255호 (1997. 11.), 63면 이하.

41) 따라서 파산재단, 한정승인을 한 상속재산, 상속인 없는 상속재산 등 특별재산이
법인격 없는 재단으로서 권리주체가 된다는 견해에는 찬성할 수 없다. 李英俊, 民
法總則(개정증보판), 博英社(2007), 857면 참조.

42) 르폴 스스로도 신탁에 법인격을 인정하여야 한다고 주장한 바 있다. Lepaulle, Note,
Revue Internationale de droit compare (1952), p. 378.

의 비용상환청구권(제46조)도 역시 수탁자가 신탁재산의 소유자임을 전제
로 하고 있다.[43] 신탁재산 자체가 계약당사자나 불법행위자가 된다면, 수
탁자가 그 고유재산으로 책임을 이행할 필요가 없다. 그러나 법 제46조는
수탁자가 고유재산으로 책임을 지는 것을 전제로 하여, 신탁재산으로부터
전보받는 것을 허용하고 있다.[44] 수탁자의 책임이 신탁재산으로 제한되는
것은 신탁행위로 인하여 수익자에 대하여 부담하는 채무 또는 유한책임신
탁을 설정한 경우에 한정되어 있는 것이다(제38조, 제114조). 이상의 규정
을 종합하면, 신탁재산이 법인 아닌 재단으로서 권리주체성이 인정될 수
있다는 견해는 타당하지 않다.

다. 소결

이상 신탁재산의 소유권이 누구에게 속하는가에 관한 여러 가지 이론구
성에 관하여 검토하였다. 분명히 어느 이론을 취하더라도, 그에 대하여 이
의가 없을 수 없다. 이것은 근본적으로는 영미와 대륙의 소유권 개념에 차
이가 있기 때문이고, 이 차이는 현재로서는 이론적으로는 극복될 수 없다.
그럼에도 불구하고 어느 한 이론을 택하여야 한다면, 필자는 신탁재산의
소유권은 수탁자에게 속한다고 볼 수밖에 없지 않은가 생각한다. 물론 수
탁자의 소유권은 완전한 소유권이라고 할 수 없다. 수탁자는 신탁재산을
사용, 수익할 수도 없고, 신탁의 본지에 반하여 처분하더라도 수익자가 이
를 취소할 수 있다. 그러나 대륙법의 소유권 개념에는 탄력성이 있어서, 소

---

43) 자세히는 李縯甲, "수탁자의 보상청구권과 충실의무," 민사판례연구 제30집 (2008),
    277면 참조.
44) 대법원 2004. 10. 15. 선고 2004다31883 판결 (공 2004, 1829).

유권에서 아무리 많은 내용을 제거하더라도, 그 나머지가 남아 있다면, 그 것만으로도 소유권이라고 할 수 있다. 우물에서 아무리 많은 물을 퍼내도 조금이라도 물이 남아 있다면 역시 우물이라고 할 수 있는 것에 비유할 수 있다. 수탁자의 소유권 중에서 신탁의 본지에 반하지 않는 범위 내에서 신탁재산을 처분할 권리가 남아 있다면, 이 역시 소유권이라고 할 수 있는 것이다. 우리 판례는 소유권이 대내적/대외적으로 분열되는 관계적 소유권 이론을 유지하고 있지만, 이는 우리 민법이 채택한 고전적인 소유권 개념에 반하는 것으로, 타당하다고 할 수 없다.[45] 다른 어떤 이름으로든 소유권이 동시에 2인 이상에게 분열되는 것을 허용하는 이론은, 같은 이유에서 타당하지 않다. 판례가 - 여전히 대내외적이라는 용어를 쓰고 있기는 하지만 - 소유권이 완전히 수탁자에게 이전된다고 보고 있는 것은 타당하다고 생각된다.[46] 문제는 이와 같은 소유권 개념을 유지하면서도 수익자의 권리를 보호할 수 있는 방법에 있다. 뒤에서 살펴보는 바와 같이, 이 문제는 특별재산(Sondervermögen, separate patrimony)의 개념에서 그 해결의 실마리를 찾을 수 있다.

한편 개정 신탁법은 제31조에서 "수탁자는 신탁재산에 대한 권리와 의무의 귀속주체로서"라는 문구를 넣어, 신탁재산에 대한 권리의무가 수탁자에게 귀속된다는 점을 분명히 하였다. 이로써 신탁재산의 귀속주체에 관한 논의, 특히 신탁재산이 법인과 같이 독자적인 권리주체로 될 수 있다는 주장의 입지는 크게 줄었다고 할 수 있다.

---

45) 梁彰洙, "부동산물권변동에 관한 판례의 동향," 民法硏究 제1권, 203면. 일반적으로 柳昌昊, "관계적 소유권론의 검토," 외법논집 제6집 (1999), 279면 이하.
46) 대법원 1991. 8. 13. 선고 91다12608 판결 (집 39-3, 303); 1994. 10. 14. 선고 93다62119 판결 (공 1994, 2967); 2002. 4. 12. 선고 2000다70460 판결 (공 2002, 1114).

3. 수익권의 성질

수탁자에게 신탁재산의 소유권이 있다고 한다면, 수익자에게는 어떤 권리가 있는가? 영미에서는 수익자에게 형평법상 소유권(equitable title)이 있다고 한다. 이는 단순한 채권은 아니고, 선의유상취득자 외의 자에 대하여도 신탁재산에 대한 권리를 주장할 수 있는 대세권이다. 한편 독일법상 피두키아적 신탁에서는 수익자에게는 단순한 채권만 있다고 한다. 위탁자가 수익자를 겸하는 경우에도 그러하다. 다만 수탁자에 대한 강제집행 또는 파산의 경우에는 예외적으로, 위탁자에게 실질적, 경제적 소유권이 있다고 하면서, 제한적인 범위 내에서 위탁자에게 제3자이의권 또는 환취권을 인정한다. 그렇다면 우리 법은 어떤 태도를 취하고 있는가?

가. 신탁법의 규정

우리 법은 수익자의 권리가 어떤 성질의 것인지에 관하여 아무런 규정도 두지 않고 있다. 그러므로 수익자의 권리의 성질은 다른 여러 규정과 민법 등 다른 법률들을 종합한 체계적 해석에 의해서만 결정될 수 있다.

우리 법 제5장은 "수익자의 권리의무"라는 제목으로 수익권의 취득과 포기(제56조, 제57조), 수익권의 행사와 양도(제61조에서 제65조까지), 신탁위반행위의 취소권(제75조), 신탁위반행위의 유지청구권(제77조) 등에 관한 규정을 두고 있다. 그러나 신탁법상 수익자의 권리가 위 장에 정해진

것에 제한되는 것은 아니다. 즉 신탁법상 수익자는 그 외에도 신탁재산에 대한 강제집행에 대하여 제3자이의의 소를 제기할 수 있는 권리(제22조 제2항), 수탁자가 파산한 경우 신탁재산을 환취할 권리, 수탁자가 신탁위반으로 신탁재산에 손해를 발생하게 한 때 그 원상회복 또는 손해배상을 청구할 권리(제43조 제1항), 수탁자가 신탁위반으로 얻은 이익을 신탁재산에 반환하도록 청구할 권리(제43조 제3항)를 가진다. 또한 수익자는 신탁사무의 처리와 계산에 관한 서류의 열람을 청구하거나 신탁사무의 처리와 계산에 관한 설명을 요구할 권리(제40조 제1항), 위탁자, 수탁자와 합의로 신탁을 변경하거나 법원에 신탁의 변경을 청구할 권리(제88조 제1항, 제3항), 수탁자가 변경된 경우 구수탁자의 신수탁자에 대한 사무인계에 입회할 권리(제55조 1항), 수탁자의 해임권(제16조 제1항) 및 해임청구권(제16조 제3항), 위탁자와 합의하여 신탁을 종료할 권한(제99조 제1항), 사정변경을 이유로 하는 신탁종료청구권(제100조) 등을 가진다. 그리고 이해관계인으로서 신탁재산관리인의 선임 또는 해임을 법원에 청구할 권리(제17조 제1항, 제19조 제3항), 신탁관리인을 선임하거나 이해관계인으로서 법원에 그 선임을 청구할 권리(제67조), 자신이 선임한 신탁관리인을 해임할 권리(제70조 제4항)를 가진다. 한편 수익자의 의무로서는, 신탁법상 수탁자가 지출한 비용·손해를 보상할 의무(제46조 제4항), 수탁자의 보수를 지급할 의무(제47조) 등이 규정되어 있다.

수익자의 권리의 성질을 파악하기 위해서는 우선 수익자가 누리는 권리의 발생원인이 무엇인가에 관하여 살펴보아야 할 것이다. 법 제3조는 위탁자와 수탁자 사이의 계약, 위탁자의 유언 또는 자신을 수탁자로 정한 위탁자의 선언에 의하여 신탁을 설정할 수 있다고 정하고 있었다. 또 법 제56조 제1항은 "신탁행위로 정한 바에 따라 수익자로 지정된 자는 당연히 수익권을 취득한다."고 정하는 한편 제57조에서 수익자는 수탁자에게 수익권을 포기하는 취지의 의사표시를 할 수 있고, 이 포기의 의사표시를 하면 "처

음부터 수익권을 가지지 아니하였던 것으로 본다."고 정하고 있다. 구법의
그것과 표현은 달라졌으나 생전처분에 의한 신탁 중 계약에 의한 것은 위
탁자가 수탁자로 하여금 신탁재산을 관리하게 하고 그 이익을 수익자에게
급여하는 제3자를 위한 계약의 형태를 취하고 있음을 알 수 있다.[1] 다만
민법상 제3자를 위한 계약에서는 제3자의 권리는 "그 제3자가 채무자에 대
하여 계약의 이익을 받을 의사를 표시한 때 생긴다"(민법 제539조 제2항)
고 되어 있는 데 비하여, 신탁계약에서는 그와 같은 수익의 의사표시를 별
도로 하지 않더라도 수익권을 취득하는 것으로 되어 있어, 위 규정은 민법
상 제3자를 위한 계약에 대한 특칙을 규정한 것이라고 볼 수 있다.

　그런데 민법상 제3자를 위한 물권계약, 즉 제3자로 하여금 물권을 취득
하게 하는 계약이 유효한가에 관해서 다수설은 유효설에 따른다.[2] 이에 따
르면 신탁법의 규정이 제3자를 위한 계약의 형식을 빌어 입법되어 있다고
하더라도 그것이 곧 수익권의 성질을 결정하는 요인이 될 수 없다. 또 무효
설에 따르더라도 수익권의 성질은 신탁법 고유의 문제이고 민법상 제3자
를 위한 물권계약이 무효라고 하더라도 신탁법에서 그에 관한 특칙을 정한
것이라고 해석하면 문제는 없다. 어느 경우든 신탁법이 수익권의 취득에
관하여 민법상 제3자를 위한 계약의 법리를 빌어 왔다는 점이 수익권의 성
질 결정에 주된 요소로 작용하는 것은 아니다.

　위의 어느 견해를 취하든, 신탁법에는 민법상 제3자를 위한 계약의 효과
로는 설명하기 어려운 몇 가지 특칙이 있다. 우선 신탁의 수익자는 수탁자
에 대하여 신탁행위에서 정한 바에 따라 신탁이익의 급부를 청구할 수 있
는데, 이에 대한 신탁이익지급의무는 신탁재산을 한도로 한다(제38조). 민
법상 제3자를 위한 계약에서 낙약자의 수익자에 대한 채무가 일정한 재산

---

1) 郭潤直 편집대표, 民法注解 제13권, 145-146(宋德洙).
2) 郭潤直, 채권각론(제6판), 博英社 (2005), 72면; 이은영, 채권각론, 박영사 (1991),
　154면; 김상용, 채권각론, 화산미디어 (2009), 108면 등.

을 한도로 제한되는 것은, 특별한 약정이 없는 한 인정되지 않는다. 또한 신탁의 수익자와 수탁자 사이의 관계를 강학상 信認關係라고 하고, 수탁자는 수익자에 대하여 오로지 수익자의 이익을 위하여만 신탁사무를 처리할 의무, 즉 忠實義務를 지는데(제33조),[3] 제3자를 위한 계약에서 受益者와 諾約者 사이에 그와 같은 특별한 신뢰관계가 있다고 하지는 않고, 諾約者가 수익자에 대하여 충실의무를 진다고도 하지 않는다. 신탁법상 수익자는 수탁자를 해임하거나(제16조 제1항), 수탁자가 신탁위반행위를 한 경우 법원에 해임청구를 할 수 있고(제16조 제3항), 위탁자 및 수탁자와 합의하여 신탁을 변경하거나(제88조 제1항) 단독으로 신탁의 변경을 법원에 청구할 수 있는데(제88조 제3항), 민법상 제3자를 위한 계약에서 수익자에게는 이와 같이 낙약자를 변경하거나 요약자와 낙약자 사이의 약정을 변경할 수 있는 권리가 부여되어 있지 않다. 그 밖에 수탁자의 신탁위반으로 신탁재산에 손해가 생긴 때 또는 신탁재산이 처분된 때, 수익자가 원상회복 또는 손해배상을 청구할 수 있는 것(제43조)도 민법상 제3자를 위한 계약의 효력으로는 인정되지 않는 것이다. 민법상 제3자를 위한 계약에서는 諾約者가 수익자에 대한 채무를 이행하지 않은 채 자기 명의로 되어 있는 재산을 처분하였다고 하더라도 통상 수익자가 금전배상을 구하거나 처분된 재산의 원상회복을 구할 수는 없다. 또한 신탁이 종료된 경우 원칙적으로 신탁재산은 수익자에게 귀속되는데(제101조 제1항), 이러한 효과 역시 민법상 제3자를 위한 계약에서는 인정되지 않는다.[4][5]

---

3) 충실의무에 관한 규정이 없던 구법하에서도 통설, 판례는 충실의무를 수탁자의 의무로서 인정하였다. 대법원 2005. 12. 22. 선고 2003다55059 판결 (공 2006, 155).

4) 대법원 1994. 8. 12. 선고 92다41559 판결 (집 42-2, 134). 한편 영미신탁법에서는 신탁을 제3자를 위한 계약과 구별하는 것이 일반적인 견해이다. 영국에서는 1999년 계약법[Contracts (Rights of Third Parties) Act of 1999] 제정 이전까지는 제3자를 위한 계약이 체결되더라도 그 수익자에게 직접 낙약자에 대한 급부청구권을 인정하지 아니하였다. 따라서 제3자를 위한 계약인지 신탁인지에 따라 수익자의 권리에 큰 차이가 생겼다. 그러나 제3자를 위한 계약의 유효성을 인정해 왔던 미국

또한 신탁법에는 수익자가 신탁재산에 대하여도 어떤 권리를 가진다고 해석될 수 있는 규정이 있다. 법 제22조 제2항에 따르면, 수익자는 신탁재산에 대하여 수탁자의 고유채권자가 강제집행한 경우, 제3자이의의 규정을 준용하여 강제집행에 이의할 수 있다. 그런데 제3자이의의 소는 강제집행의 목적물에 대한 소유권 또는 목적물의 양도나 인도를 막을 수 있는 권리를 가진 자만이 제기할 수 있다(민사집행법 48조 1항).6) 또한 법 제24조는, 신탁재산은 수탁자의 고유재산이 된 것을 제외하고는 수탁자의 파산재단을 구성하지 아니한다고 정하고 있다.

에서도, 신탁과 제3자를 위한 계약은 다르다고 한다. 우선 낙약자가 파산한 경우 수익자는 일반채권자이지만, 수탁자가 파산한 경우 수익자는 우선적으로 보호된다. 또한 낙약자와 수익자 사이에는 신인관계(fiduciary relation)가 없지만, 수탁자와 수익자 사이에는 있다. Hanbury & Martin, *Modern Equity*, 17th ed., Sweet & Maxwell, 2005, p. 51; Pettit, *Equity and the Law of Trusts*, 10th ed., Oxford U. Press, 2006, p. 29; Scott & Ascher on Trusts, vol. 1, § 2.3.10. 한편 신탁의 계약적 요소를 강조하는 견해로는 John H. Langbein, *The Contractarian Basis of the Law of Trusts*, Yale Law Journal, vol. 105 (1995), p. 625f. 반면 신탁과 계약의 차별성을 강조하는 견해로는 Tamar Frankel, *Fiduciary Duties as Default Rules*, Oregon Law Review, vol. 74 (1995), p. 1209f.

5) 한편 개정 신탁법은 제56조제1항에서 "신탁행위로 정한 바에 따라 수익자로 지정된 자는 당연히 수익권을 취득한다."고 정함으로써, 구법에서 수익의 의사를 추정하는 것과 다른 태도를 보이고 있다. 입법자료에 의하면 이 개정은 "추정주의를 택할 경우 … 수익자가 수익권을 취득하는 시기가 불명확해지는 문제점"에 대처하기 위한 것이다. 법무부, 신탁법 해설, 2012, 460면. 위탁자와 수탁자의 합의에 의해 성립하는 신탁에 한정해서 보면, 그 합의가 제3자를 위한 계약으로 해석될 수밖에 없다는 점에서는 구법과 다르지 않다.

6) 대법원 2007. 5. 10. 선고 2007다7409 판결 (공 2007, 866)("부동산을 명의신탁한 경우에는 소유권이 대외적으로 수탁자에게 귀속하므로 명의신탁자는 신탁을 이유로 제3자에 대하여 그 소유권을 주장할 수 없고 특별한 사정이 없는 한 신탁자가 수탁자에 대해 가지는 명의신탁해지를 원인으로 한 소유권이전등기청구권은 집행채권자에게 대항할 수 있는 권리가 될 수 없으므로 결국 명의신탁자인 종중은 명의신탁된 부동산에 관하여 제3자이의의 소의 원인이 되는 권리를 가지고 있지 않다고 할 것이다.").

또한 법 제27조는 "신탁재산의 관리, 처분, 운용, 개발, 멸실, 훼손 그 밖의 사유로 수탁자가 얻은 재산은 신탁재산에 속한다."고 정한다. 이것은 예컨대 火災保險에 가입되어 있던 신탁재산인 부동산이 燒失되고 수탁자가 보험회사로부터 保險金을 받으면, 그 보험금이 신탁재산이 되고, 그 보험금인 金錢을 지불하고 매수한 株式·不動産 등도 신탁재산이 된다는 의미이다. 또한 수탁자가 신탁행위에서 정한 권한을 넘어 임의로 신탁재산을 처분하고 받은 代金, 더 나아가 그 대금을 지급하고 개인적으로 구입한 株式·不動産 등의 재산 역시 신탁재산이 된다는 말이다. 신탁재산에 속한다는 말은 구체적으로 보면, 수탁자가 위 보험금이나 주식·부동산 등의 재산을 수익자에 대한 신탁이익 지급의 기초로 삼아야 한다는 의미일 뿐 아니라, 위 보험금을 임의로 소비하여 變形物이 남지 않게 되었다면 그 損失을 原狀回復하여야 한다는 의미이기도 하다(제43조). 만약 수익자가 수탁자에 대하여 단순한 채권만을 가진다면, 수탁자가 신탁재산을 위법하게 처분한 경우 그로 인하여 수익자가 손해를 입으면 손해배상청구권만 부여하면 족할 것이다. 그러나 법은 마치 신탁재산 자체가 아무리 형태를 바꾸더라도 그것이 특정될 수 있는 한 수익자가 이를 신탁재산이라고 주장할 수 있는 근거를 마련해 놓았다.

이와 같이 우리 신탁법은 한편으로는 수익자에게 제3자를 위한 계약의 수익자로서의 지위를 부여하는 것처럼 보이면서도, 다른 한편으로는 일반적으로 물권에 대하여만 인정되는 특수한 보호를 하고 있다. 수익권의 성질에 관한 논의는 이들 규정을 어떻게 합리적으로 해석할 것인가에 관한 것이다.

나. 수익권의 성질에 관한 논의

수익권의 성질은 신탁의 고향인 영미에서도 오래 동안 논의되어 왔던 주제 중 하나이다. 그러나 앞서 본 바와 같이 거기에서의 소유권 내지 물권의 개념은 대륙법의 그것과는 근본적인 차이가 있기 때문에, 이에 관한 영미의 논의를 우리 신탁법에서의 논의와 평면적으로 비교할 수는 없다.[7] 우리 신탁법상 수익권의 성질에 관한 해석에서는, 같은 대륙법을 계수하였으면서도 우리와 같이 신탁법을 법률로 도입한 일본에서의 논의가 유용하게 참고될 수 있을 것이다.

(1) 일본법에서의 논의

위에서 설명한 우리 신탁법의 규정들은 일본의 신탁법에서도 동일하게 찾아볼 수 있다. 일본에서도 수익권의 성질 또는 신탁의 구조라는 이름으로 이에 관한 논의가 활발하였다. 구 신탁법 제정 당시부터의 다수설은 채

---

7) 이에 관하여는 영미신탁법의 주요 문헌에서 빠짐없이 언급되어 있다. Hanbury & Martin, pp. 209f.; Hayton & Marshall Commentaries and Cases on the Law of Trusts and Equitable Remedies, 12th ed., Sweet & Maxwell, 2005, pp. 25f.; Pettit, pp. 81f.; Scott on Trusts, vol. II, § 130; Bogert, § 184 등. 수익권의 성질에 관한 영미의 논의를 잘 요약한 문헌으로 Donovan Waters, *The Nature of the Trust Beneficiary's Interest*, Canadian Bar Review vo. 45 (1967), pp. 219f. 참조. 국내문헌으로는 홍유석, "신탁재산의 법적 성격에 관한 채권설과 독립설", 상사판례연구 제9권(1998), 389면 이하; 이근영, "신탁법상 수익자의 수익권의 의의와 수익권포기: 신탁법 제42조 제3항을 중심으로", 민사법학 제30호(2005), 183면 이하; 안성포, "신탁의 기본구조와 그 법리: 일본에서의 논의를 중심으로", 중앙법학 제9권 제2호(2007), 747면 이하; 李縯甲, "신탁법상 수익자의 지위", 民事判例研究 제30권(2008), 918면 이하 참조.

권설이다. 이에 따르면 신탁재산에 대한 권리는 수탁자에게 완전히 이전하고, 수탁자는 그 관리처분권에 대하여 채권적 구속만 받게 된다. 이에 대하여 신탁재산에 대한 권리가 대내적으로는 수익자에게 귀속하고 대외적으로만 수탁자에게 귀속한다는 견해(상대적 권리이전설), 신탁재산 자체가 독립한 법적 주체이고 수익권은 신탁재산에 대한 채권임과 동시에 신탁재산에 대한 물적 권리라는 견해(실질적법주체성설), 수익권은 물권은 아니고 물건의 성질에 따라 변화하는 채권인 이른바 隨物權이라는 견해(수물권설), 수익권은 신탁법에 의해 규정된 특별한 채권이라는 견해, 부동산신탁에서는 신탁재산의 수탁자에 대한 귀속정도가 약하므로 수익권을 물적 권리로 이해하고 금전신탁에서는 신탁재산의 수탁자에 대한 귀속정도가 강하므로 수익권을 채권으로 이해해야 한다는 견해 등이 있다.[8] 신신탁법은 수익권의 양도방법을 지명채권의 양도방법에 준하는 등(제94조) 수익권이 채권이라는 견해에 입각하고 있다.[9]

(2) 우리 법에서의 논의

(가) 채권설

신탁재산에 대한 권리는 완전히 수탁자에게 이전되고, 수탁자는 그 신탁재산의 관리처분에 관하여 채권적 구속을 받을 뿐이라는 견해이다. 이에 따르면 수익자는 수탁자에 대한 채권만 행사할 수 있을 뿐, 신탁재산에 대하여 직접 어떤 물권적 권리를 가지는 것은 아니다.[10]

---

8) 이에 관한 상세한 설명은 李縯甲(주 7), 925-931면 참조.
9) 국회 심의과정에서 法務大臣은 신신탁법이 債權說에 입각하여 입안되었다고 진술하였다. 新井 誠, 信託法(제3판), 有斐閣(2008), 60면. 그러나 新井 誠은 이에 대하여 의문을 제기하고 있다. 新井 誠, 위 책, 62-65면 참조.

(나) 물적 권리설

신탁계약에서 정한 바에 따라 일정한 급부를 받을 권리를 협의의 수익권이라고 하고, 협의의 수익권은 수탁자에 대한 채권(실질적으로는 신탁재산에 대한 채권)이고, 또 그것을 기본으로 하면서 신탁재산(구성물)에 대한 물적 상관관계를 가지는 물적 권리라고 한다.[11] 신탁재산 구성물의 변동이 수익권의 변동으로 나타나고, 신탁재산에서 생기는 이익을 모두 수익자가 받으며, 이 권리를 확보하기 위한 방법으로 추급권이 인정되므로, 물권적 요소와 채권적 요소가 내적으로 연관되어 있는 권리라고 설명하는 학자도 있다.[12]

(다) 병존설

재산권을 기능적으로 관리권능과 가치지배권능으로 나누고, 관리권능은 수탁자에게, 가치지배권능은 수익자나 위탁자에게 속한다고 보는 견해이다.[13]

(라) 사원권설

신탁은 수탁자의 인격을 차용해 수익자를 수익하게 하는 단체적 법률관

---

10) 洪裕碩, "위탁자의 채권자가 신탁재산의 가압류를 할 수 있는가," 법률신문 제
     2487호 (1996. 3. 18.), 14면.
11) 崔東軾, 328면; 장현옥, 부동산 신탁에 관한 연구, 연세대학교 법학박사학위논문
     (1997), 125면; 김성필, 신탁법리의 사법적 체계화에 관한 연구, 한양대학교 법학
     박사학위논문 (1997), 128면; 李根瑩, "신탁법상 수익자의 수익권의 의의와 수익
     권포기," 民事法學 제30집 (2005), 197면.
12) 金相容, "부동산신탁제도 개관," 민사법연구 3, 법원사(2000), 409면.
13) 장형룡, 신탁법개론, 육법사(1991), 168면.

계이므로, 신탁에서 수익자의 지위는 회사에서의 사원의 지위와 유사한 사원권적 성질을 가진다는 견해이다.[14] 이에 따르면 수익자는 신탁이라는 단체의 사원으로서, 그에 기한 여러 가지 이익을 향유하고, 단체의 대표권과 업무집행권을 행사하는 수탁자를 감시·감독하며, 신탁재산을 보전하거나 신탁의 의사를 결정하는 지위를 가진다고 한다. 그러나 수익자가 한 사람 있는 경우에는 이와 달리, 수익자는 수탁자에 대한 채권을 가지면서 동시에 신탁재산에 대한 물권을 가지는 것으로 본다.[15]

(3) 평가와 사견

물적 권리설은 수익권이 "신탁재산(구성물)에 대한 물적 상관관계를 가지는 권리"라고 한다. 그러므로 물적 권리설에서 말하는 "물적"이라는 표현은 수탁자를 통하지 않고 직접 신탁재산에 대하여 어떠한 영향을 미친다는 것을, "상관관계"란 수익권의 변동이 신탁재산의 변동을 가져오거나 신탁재산의 변동이 수익권의 변동을 가져오는 관계를 의미한다. 상관관계의 예로는 수탁자의 수익자에 대한 채무는 신탁재산을 한도로 하므로(제38조) 불가항력에 의해 신탁재산이 멸실 또는 훼손되면 그 위험은 수익자가 부담하게 되는 것, 그리고 신탁재산의 관리, 처분, 운용, 개발, 멸실, 훼손 그 밖의 사유로 수탁자가 얻은 재산은 신탁재산에 속하므로(제27조) 신탁재산의 형태가 변동하면 수익권의 내용도 변동하는 것을 든다. 그러나 제38조는 수탁자의 수익자에 대한 채무의 책임재산이 유한하다는 것을 정한 것으로 채무자의 귀책사유 없이 책임재산이 멸실 또는 훼손되면 소구가 불가능하게 되는 것은 책임재산의 성질에 비추어 당연하다. 또 신탁재산의 형태가

---

14) 李重基, 448면.
15) 李重基, 448면.

변동하면 수익권의 내용도 함께 변동하는 것은 수익채권의 급부의 목적물
이 특정물인 경우에만 의미가 있다. 예컨대 신탁재산인 동산이 매각되어
금전으로 그 형태가 바뀌는 경우 만약 수익자가 수탁자에게 그 동산 자체
의 인도를 구할 권리를 가지고 있었다면 이제 그 권리의 내용도 동산인도
청구권에서 금전지급청구권으로 바뀌는 경우이다. 그렇지 않고 수익권의
내용이 금전의 지급을 구하는 것이라면 신탁재산의 구체적인 형태가 동산
이든 금전이든 아무런 상관이 없다. 신탁재산의 가치는 여전히 동일하기
때문이다. 그러므로 금전의 지급을 구하는 것이 대부분 수익권의 내용이라
는 점에 비추어 위 상관관계는 매우 제한된 범위 내에서만 인정될 수 있는
것이다. 그러나 이 견해의 더 큰 문제는 위의 "물적" 요소가 어떠한 근거에
서 도출되는지에 있다. 수탁자의 유한책임으로부터 직접 물적 요소를 정당
화하기는 어려워 보인다. 수익권을 채권으로 이해하더라도 제38조의 규정
을 설명하는 데 아무런 문제가 없기 때문이다. 또 법 제27조는 구법과 달리
물상대위라는 표제를 사용하지 않고 있으므로, 이를 반드시 물상대위의 법
리에 의해서만 설명할 수 있는 것은 아니다. "물권적 요소와 채권적 요소
가 내적으로 연관되어 있는 권리"라는 주장 역시 그 "물권적 요소"가 어떠
한 이유에서 인정되는 것인가가 분명하지 않다. 나아가 물적 권리라고 하
든 물권적 요소가 있는 권리라고 하든 수익권이 물권인가 채권인가의 물
음에 분명한 답을 하지 않는다. 수익권의 성질 결정이 문제되는 국면에서
그에 대한 확답을 피하고 있는 것이다. 그러므로 이 견해에는 찬성할 수
없다.

　병존설의 핵심은 신탁재산에 대한 가치지배권능이 수익자에게 있다는
것이다. 그렇다면 수익자에게는 어떤 권리는 없고 권능만 있는 것인가? 권
능은 권리의 하부개념 내지 속성이라고 할 수 있는 것일 뿐으로 수익자에
게 어떤 성질의 권리가 있는가라는 질문에 대한 대답으로는 부족하다고 생
각된다.

사원권설은 신탁의 단체법적 측면을 부각시킨 견해로서 수익자가 다수 있는 경우의 설명으로서 적절할지 모르나, 몇 가지 문제점이 있다. 우선 신탁을 단체로 보는 것을 전제로 하는데, 그렇다면 이 단체가 어떤 성격의 것인지 분명하지 않다. 신탁재산의 귀속과 관련하여, 사단이라면 단체의 단독소유, 비법인 사단이라면 사원의 총유가 될 것이고, 조합이라면 조합원의 합유가 될 것이다. 그러나 신탁법의 규정들은 신탁 자체에 재산권이 귀속된다고 인정할 만한 근거를 제공하지 못한다. 또한 사단의 사원, 조합원 등 단체의 구성원이 단체 대표자가 단체의 이름으로 처분한 재산을 그 거래 상대방으로부터 반환받는 방법은 대리권남용의 법리에 의하여야 할 것이지만, 이 법리가 대리권의 존재를 전제로 하고 있는데 반하여, 신탁에서 수탁자는 어떤 대리권을 수여받아 신탁이라는 단체의 대리인으로서 행위하는 것이 아니다.16) 나아가 수익자가 한 사람만 있는 경우와 그렇지 않은 경우에 수익권의 성질이 달라지는 것도 설득력이 부족하다. 그러므로 사원권설에 대하여는 찬동할 수 없다.17)

私權을 債權과 物權으로 나누는 체계를 가진 나라에서 신탁과 같은 제도를 받아들이기 위해서는 다음의 두 원칙에 부닥치고, 그 중 하나를 어길 수밖에 없다.18) (1) 수익자 또는 수탁자 중 어느 한 쪽이 신탁재산의 소유권을 가져야 한다. 그런데 수익자가 소유권을 가지게 되면 신탁이라고 할 수 없다. (2) 他人의 物權에 의하여 제한받지 않는 재산은 그 채권자의 채무이

---

16) 수탁자임을 표시한 경우 수탁자 개인의 재산으로 책임을 지지 않게 하는 법리가 최근 널리 받아들여지고 있지만, 이는 전통적인 신탁의 구조와는 맞지 않고, 수익자 보호의 관점에서도 모든 신탁의 경우에 인정할 것은 아니다. 이에 관하여는 Jerome J. Curtis Jr., *The Transmogrification of the American Trust*, Real Prop. Prob. & Tr. J., vol. 31 (1996), p. 251 이하 참조.

17) 일반적으로 트러스트와 회사(company)의 차이에 관하여는 Graham Moffat, Trusts Law, 4th ed., Cambridge U. Press, 2005, pp. 18-20; Bogart, § 16 at 198ff.

18) Lionel Smith, *Transfers*, Peter Birks & Arianna Pretto eds., *Breach of Trust*, Hart Publishing, 2003, p. 123.

행을 담보하거나 상속인의 상속재산이 될 수 있다. 따라서 受託者를 소유권자로 할 수도 없다. 우리 신탁법은 이 두 번째 원칙을 어긴 것이라고 할 수 있다. 즉 수탁자는 신탁재산을 소유하고, 수익자는 물권을 가지지 않지만, 한편 신탁재산은 채권자의 책임재산에서 제외된다.

그러나 우리 민법의 고전적 소유권 개념을 유지하고 채권/물권의 준별을 고집한다면 수익권은 채권이라고 할 수밖에 없다. 위탁자가 신탁을 설정하는 목적은, 수익자가 신탁재산에서 생기는 이익을 누리기를 원하면서도, 신탁재산의 보유에 따른 부담을 지는 것은 원치 않기 때문이다. 또한 경우에 따라서는, 수익자가 직접 신탁재산의 관리처분권을 가지는 것을 원하지 않기 때문일 수도 있다. 어느 경우든, 그와 같은 효과를 영미법에서는 소유권을 보통법/형평법상 소유권으로 분할하는 방법을 취하였다면, 우리 신탁법의 해석으로는 수탁자에게는 소유권을, 수익자에게는 수탁자의 소유권과 양립할 수 있는 권리를 부여한 것이다. 경제적·실질적으로 보면, 수익자에게 신탁재산의 소유권이 있다고 보는 것이 타당할 것이다. 그러나 그렇다고 하여 수익자를 법률상 소유자로 보게 되면, 수익자에게 소유권을 부여하지 않은 채 그 경제적 이익만을 향수하게 하려던 위탁자의 의사는 무시되고 만다. 수익자에게 부여된 소유권 아닌 권리는 제한물권이거나 채권이어야 할 터인데, 수익권이 공시방법을 갖추지 아니한 경우까지 제한물권이라고 할 수는 없으므로 결국 남는 것은 채권밖에 없게 된다.

그러나 여기서 채권이라고 하는 것은 신탁재산의 법률상 소유권이 아니라는 소극적인 의미의 것이고, 신탁법상 수익권의 소멸시효, 수익권 양도의 대항요건 등에 있어서 채권법의 규정을 유추적용할 수 있다는 정도의 의미를 가질 뿐이다. 수탁자의 신탁재산에 대한 소유권은 어디까지나 수탁자가 신탁재산의 관리·처분을 원활하게 할 수 있게 하기 위한 것, 즉 수익자의 보호를 위한 것이므로, 수탁자는 오로지 수익자의 이익을 위하여 신탁재산을 관리·처분할 의무를 지고, 다른 목적으로는 신탁재산의 관리·처분을 할 수 없는 제약을 받는다. 그렇다고 하여 수탁자의 소유권이 대외적인 것에 그치고, 대내적으로는 소유권자가 아니라고 할 수는 없다. 즉 수탁자는 수익자에 대하여도, 신탁목적에 따라 관리·처분하는 한 소유권을 주장할 수 있다. 따라서 수익자가 임의로 신탁재산을 처분하더라도 이는 무권리자의 처분으로서 무효이고, 그로 인하여 손해가 발생하면 수익자는 수탁자에 대하여 손해배상의무가 있다. 또한 수탁자가 한 처분은 완전한 권리자로서 한 것이므로 신탁위반행위라고 하더라도 그 처분 상대방과의 관계에서는 언제나 유효하고, 신탁위반의 처분인 경우에는 수익자의 선택에 따라 취소될 가능성을 가질 뿐이다. 반면 수익자의 권리는 채권이지만 이것은 수탁자가 제3자에게 신탁위반의 처분으로 신탁재산을 이전한 경우 이를 되찾아 올 수 있고, 수탁자에 대한 파산 또는 강제집행에서 신탁재산을 제외시킬 수 있다는 점에서 물권에 가깝게 강화된 채권이라고 할 수 있다.

III. 수탁자의 의무와
그 이행의 강제

1. 수탁자의 의무의 특수성

　수탁자는 신탁재산의 소유자로서 신탁의 본지에 반하지 않는 한 신탁재산의 처분권을 가진다. 신탁설정행위에서 관리에 관하여 정한 바가 있으면 그에 따라야 하지만, 그렇지 않은 경우에는 어떤 신탁재산을 어떻게 관리·처분할 것인지는 그의 재량에 맡겨져 있다. 이것은 타인의 재산을 관리하는 여러 제도 중에서도 가장 관리의 권한이 광범위할 뿐 아니라, 자기의 이름 및 계산으로 행위한다는 점에서도 구별된다. 여기서 수탁자의 의무가 다른 유사한 재산관리의 법률관계에서보다 더 강화되어야 할 필요가 있다. 수탁자의 의무 중에서도 가장 중요한 의무는 충실의무와 선관주의의무이다. 그리고 충실의무와 선관주의의무를 구체화하거나 그 이행의 강제를 용이하게 하기 위한 부수적인 의무로서 공평의무, 분별관리의무, 자기집행의무, 정보제공의무 등이 있다. 아래에서 차례로 살펴본다.

2. 충실의무

구 신탁법은 충실의무에 관한 명문의 규정을 두지 않았으나, 판례와 학설은 수탁자의 의무로서 충실의무를 인정하는 데에 이견이 없었다.[1] 개정 신탁법은 "수탁자는 수익자의 이익을 위하여 신탁사무를 처리하여야 한다."고 정함으로써 이를 반영하였다(제32조). 그러므로 이제 충실의무의 인정근거에 관한 논의[2]는 필요하지 않게 되었다. 그러나 충실의무의 내용이나 선관주의의무(제32조)와의 관계, 충실의무위반의 효과 등에 관하여는 논의의 여지가 남아 있다.

가. 충실의무의 내용

법 제33조는 충실의무를 "수익자의 이익을 위하여" 신탁사무를 처리할 의무라고 정하고 있다. 그러나 구체적으로 수탁자가 어떠한 행위를 한 경우에 그것이 "수익자의 이익을 위하여" 행위한 것인지 여부를 판단하려면 위 규정의 해석이 필요하다. 우선 이에 관한 영미와 일본의 논의를 참고삼아 검토해 본다.[3]

---

1) 李重基, 280면; 崔東軾 207면; 대법원 2005. 12. 22. 선고 2003다55059 판결 (공 2006상, 155).
2) 李重基, 280면; 崔東軾, 207면.
3) 이하의 내용은 李縯甲, "수탁자의 보상청구권과 충실의무", 民事判例研究 제30 호(2008), 301-304면을 옮긴 것이다.

(1) 영미법에서의 논의

(가) 영국법

영국신탁법상 受託者의 의무는 크게 두 가지이다. 첫째, 受託者는 직접 또는 간접적으로 신탁사무의 수행과정에서 또는 신탁재산으로부터 일체의 이익을 얻어서는 아니된다. 이것을 利益取得禁止原則(no profit rule)이라고 부른다.4) 둘째, 受託者는 수익자의 이익과 자신의 의무가 상반하는 지위에 자신을 두어서는 아니된다. 이를 利益相反禁止原則(no conflict rule)이라고 한다.5) 受託者가 제3자와 거래할 경우 뿐 아니라, 수익자와 거래하는 경우 에도 이 원칙이 적용되어, 受託者는 信託財産을 취득하는 것이 엄격히 금지 된다.6) 受託者가 이에 반하는 행위를 한 경우, 수익자는 이를 취소할 수 있 고, 신탁재산에 생긴 손실의 보전을 청구할 수 있으며,7) 受託者가 얻은 이

---

4) 리딩 케이스로서 *Keech v. Sanford* (1726) 2 Eq. Cas. Abr. 741, 25 Eng. Rep. 223 (1726)(수익자를 위하여 부동산임차권을 보유하는 受託者가, 수익자를 위한 임차권의 갱신이 상대방에 의하여 거절되자, 스스로를 위하여 임차권을 갱신한 사 례. 이에 대하여 그 행위에 부정이 없었음에도, 受託者에 의한 이익취득 금지의 엄 격성을 강조하여, 수익자를 위한 의제신탁이 성립된다고 판단되었다). 이 법리는 受託者 외의 受認者에 대하여, 그리고 임차권의 갱신 외의 다른 사례에도 확대 적용되었다. Graham Moffat, *Trusts Law*, 4th ed., Cambridge U. Press, 2005, pp. 826-833 참조.

5) P.D. Finn, *Fiduciary Law and the Modern Commercial World*, E. McKendrick ed., *Commercial Aspects of Trusts and Fiduciary Obligations,* Clarendon Press, 1992, p. 9.

6) 이를 자기거래금지원칙(self-dealing rule)이라고 한다. 한편 受託者가 수익권을 취 득하는 것은 신탁재산 자체를 취득하는 것과 달리, 受託者가 수익자에 대하여 완 전한 정보를 개시하고, 거래 자체가 공정하고 公然하며, 거래에 있어서 受託者가 그 지위를 이용하지 아니하였음이 입증되면, 유효하다. 이를 공정거래원칙(fair-dealing rule)이라고 한다. Pearce & Stevens, *The Law of Trusts and Equitable Obligations*, 4th ed., Oxford U. Press, 2006, pp. 787-791.

7) 이른바 형평법상 보상(equitable compensation)이라고 하는 것으로, 보통법상 손해

익을 신탁재산에 귀속시킬 것을 요구할 수 있고, 나아가 受託者가 忠實義務
위반으로 받은 반대급부에 대하여도 신탁관계가 성립되는 것으로 의제되
어(이른바 擬制信託), 受託者가 破産한 경우 수익자가 이를 還取할 수 있
다.8) 예외적으로, 수익자의 승낙이 있거나, 신탁행위에 미리 정함이 있거
나, 법원의 허가를 얻은 경우, 또는 법령에 의하여 허용된 경우에는 그렇지
않다.9) 이익취득금지원칙과 이익상반금지원칙이 어떤 이론적인 근거를 기
초로 구분되어 발전된 것이 아니어서, 두 원칙이 서로 어떤 관계에 있는지
는 불분명하다. 이에 관하여는 이익상반금지원칙이 이익취득금지원칙보다
넓은 개념으로서 이익취득금지원칙을 포함하는 것이라는 견해, 두 원칙이
서로 적용범위가 다른 별개의 개념이라는 견해 등이 주장되고 있다.10)

(나) 미국법

忠實義務라는 용어는 미국에서 처음 강학상의 용어로 사용되기 시작하
였는데, 1935년의 미국신탁법 리스테이트먼트 제170조에서 忠實義務에 관
한 일반적 규정을 두고, 판례에서도 이를 받아들임으로써11) 널리 쓰이게
되었다. 미국법에서 忠實義務는 일반적으로 "수익자의 이익을 위해서만 신
탁사무를 처리할 의무(duty to administer the trust solely in the interest of

---

배상(damages)과 구별된다. 일반적으로 Charles Rickett, *Where Are We Going
with Equitable Compensation*, A. J. Oakley ed., *Trends in Contemporary Trust
Law*, Clarendon Press, 1996, pp. 777f.

8) Pearce & Stevens, pp. 778-781. 이와 같은 판례의 태도에 대하여 受託者의 무
담보채권자의 보호라는 관점에서 비판하는 견해로는, Moffat(주 104), pp. 846-
849 참조.

9) Philip H. Pettit, *Equity and the Law of Trusts*, 10th ed., Oxford U. Press
2006, p. 450.

10) 자세한 것은 Edwin Simpson, *Conflicts*, Birks & Pretto, *Breach of Trust*,
pp. 81-82 참조.

11) *Meinard* v. *Salmon*, 249 N.Y. 458 (1928).

the beneficiaries)"라고 정의되고 있다.[12] 따라서 受託者는 자기의 개인적 이익과 수익자의 이익이 상반되거나 상반될 우려가 있는 처지에 스스로를 놓아서는 아니 된다.[13] 이와 같이 미국법상 忠實義務는 자기거래금지원칙을 중심으로 구성되어 있다.[14] 이 원칙에 반하는 거래는 受益者의 선택에 따라, 受託者가 얻은 이익을 반환하게 하고,[15] 신탁재산이 善意有償取得者에게 양도된 경우를 제외하고 受託者의 행위를 취소하고 信託財産을 所持하고 있는 受託者 또는 신탁재산의 讓受人에 대하여 당해 재산의 반환을 청구할 수 있으며,[16] 수탁자로 하여금 당해 신탁재산을 매각하게 한 다음, 수탁자가 지급한 금액을 상회하는 가격에 매각된 경우, 그 차액을 신탁재산에 반환하도록 요구할 수 있다.[17] 이 때 受託者는 그 거래의 결과 신탁에 이익이 되었다거나, 거래에 있어서 신의에 반하는 행위를 한 바 없다거나, 수익자에게 최선의 이익이라고 판단하여 거래에 이르게 되었다는 주장을 하더라도, 법원은 그 주장의 당부에 관하여 더 나아가 판단하지 않는다. 이것을 심리중단의 원칙(no further inquiry rule)이라고 한다.[18] 영국에서와

---

12) Restatement (Second) of Trusts § 170(1); Uniform Trust Code § 802(a); Scott on Trusts, vol. IIA, § 170 at 311.

13) Restatement (Second) of Trusts § 170(1) comments b, h, l.

14) 이것은 신탁법 리스테이트먼트의 보고자였던 Scott 교수의 영향이라고 할 수 있다. Scott 교수의 판례에 대한 영향력에 관하여는 Russell D. Niles & Bernard Schwartz, *Breach of Trust - Recent Developments*, N.Y.U. L.Q. Rev., vol. 20 (1944), 170 (1944) 참조.

15) Restatement (Second) of Trusts § 206, comment b.

16) Restatement (Second) of Trusts § 206, comment b.

17) Restatement (Second) of Trusts § 206, comment b.

18) Uniform Trust Code § 802 comment. 한편 최근 이 원칙이 수탁자의 행동을 지나치게 제약하고 결국 수익자에게 이익이 될 투자를 꺼리게 한다는 이유로, 이 원칙을 폐기하고 "공정성(fairness)" 원칙에 의하여 자기거래의 효력을 판단하여야 한다는 주장, 즉 자기거래라고 하더라도 그 거래가 공정한 한 이를 허용하여야 한다는 주장이 제기되어 주목된다. Langbein, Questioning the Trust Law Duty of Loyalty, Yale L.J., vol. 114 (2005), p. 932. 이에 대하여는 수탁자의 기회주의적

마찬가지로, 수익자가 동의하거나 법원의 허가를 얻거나 신탁설정행위에
별도의 정함이 있으면 수익자는 취소권을 행사할 수 없다.[19]

(2) 일본법에서의 논의

일본의 경우도 대체로 영미의 경우와 마찬가지라고 할 수 있다. 예컨대
四宮和夫는 "忠實義務란, 受託者는 오로지 신탁재산(수익자)을 위하여만 행
동하여야 한다는 것"[20]이라고 정의하고, 그 세부 원칙으로 (1) 신탁재산의
이익과 受託者 개인의 이익이 충돌하게 되는 지위에 몸을 두어서는 아니된
다, (2) 신탁사무의 처리에 있어서 스스로 이익을 얻어서는 아니된다, (3)
신탁사무의 처리에 있어서 제3자의 이익을 꾀하여서는 아니된다는 원칙이
있다고 설명한다.[21] 能見善久는 忠實義務를 "受託者는 오로지 수익자의 이
익을 위하여만 행동하여야 하는 원칙"이라고 정의하고, 수익자의 이익과
受託者의 이익이 충돌하는 경우, 수익자의 이익과 제3자의 이익이 충돌하
는 경우, 受託者가 복수의 신탁을 인수한 경우의 세 유형으로 나누어 설명
한다.[22] 한편 新井 誠도, 忠實義務를 "오로지 수익자의 이익을 최대한 꾀하

행위를 방지할 수 없다는 점에서 타당하지 않다는 반론이 있다. Melanie B.
Leslie, *Trusting Trustees: Fiduciary Duties and the Limits of Default Rules*,
Geo. L.J., vol. 94 (2005), p. 119; Leslie, *In Defense of the No Further Inquiry
Rule: A Response to Professor Langbein*, Wm. & Mary L. Rev., vol. 47
(2005), p. 541.

19) Restatement (Second) of Trusts § 170, comment f, t.
20) 四宮和夫, 231면. 四宮和夫는 한때 忠實義務를 "受託者는 오로지 신탁목적에
따라 재산을 관리하여야 하고, 신탁재산(나아가서 수익자)에 대한 의무와 자기의
이익이 충돌하게 되는 사태에 몸을 두어서는 아니 되는 것"고 정의하였으나, 위와
같이 수정하였다. 四宮和夫, 信託法, 有斐閣, 1958, 103면 참조.
21) 四宮和夫, 231-233면.
22) 能見善久, 現代信託法, 有斐閣, 2004, 75-83면.

여야 하는 의무"로 정의하고, 그 세부적인 내용으로서 이익상반행위의 금지와 신탁보수외의 이익취득금지를 들고 있다.[23)

(3) 私見

이상 본 바와 같이, 미국법이나 일본법이나, 모두 受託者의 忠實義務를 오로지 수익자를 위하여 신탁사무를 처리할 의무로 이해하고 있다. 영국법에서는 忠實義務라는 개념을 사용하고 있지는 않지만, 그 내용은 별반 다르지 않다. 즉 受託者의 권한남용을 방지하기 위하여, 受託者가 수익자의 이익을 희생하여 자기의 이익을 꾀하는 행위를 금지하는 것이다.

즉 忠實義務는 수익자의 이익과 受託者의 이익이 충돌하는 利益相反의 상황에서 受託者의 이익보다 수익자의 이익을 앞세울 의무라고 할 수 있으므로, 언제나 이익상반의 상황을 전제로 한다. 대법원은 충실의무를 인정한 최초의 판례에서 忠實義務의 내용으로 "신탁목적에 따라 신탁재산을 관리할 의무"를 들고 있으나,[24) 이것은 이익상반의 상황을 전제로 하는 것이 아니다. 오히려, 이 의무는 신탁행위에서 인정되는 受託者의 기본적인 의무, 또는 법 제32조에 의하여 인정되는 善管義務의 내용으로 보는 것이 옳다.[25)

---

23) 新井 誠(제2판), 158면.
24) 대법원 2005. 12. 22. 선고 2003다55059 판결(공 2006상, 155).
25) 新井 誠(제2판), 158면도 같은 취지.

나. 개별적 검토

수탁자는 오로지 수익자의 이익을 위해서만 신탁재산을 관리·처분하여
야 한다.26) 공익신탁의 경우에는 그 신탁의 목적을 위해서만 신탁재산을
관리처분하여야 한다. 수탁자는 수익자의 이익을 자기 자신의 이익보다 우
선시켜야 하고, 수익자의 동의 없이는 자기 자신의 이익을 꾀하거나 수익
자에 대한 의무와 충돌할 수 있는 거래를 하여서는 아니 된다. 요컨대 충실
의무의 핵심은 수탁자의 자기부정에 있다. 이와 같이 타인의 이익을 자기
자신의 이익보다 앞세우는 이타적 의무를 부과하는 것은 다른 법률관계에
서는 찾아보기 어렵다. 이와 같이 특별한 의무를 부과하는 실질적인 근거
는, 신탁재산의 소유권은 수탁자에게 귀속되므로, 수탁자는 신탁재산과 자
기거래를 하거나, 수탁자의 지위를 이용하여 개인적인 이익을 얻으려는 유
혹에 빠지기 쉽다는 점, 수탁자는 신탁재산을 장기간 관리하면서 수익자보
다 신탁재산 및 그 관리에 관한 사정에 밝게 되고, 위탁자는 능력 있는 수
탁자를 선임하여 그에게 신탁재산의 관리를 맡기는 것인데 만약 통상의 계
약관계와 같이 수탁자가 자기의 이익을 먼저 고려하도록 한다면 신탁의 사
회적 효용은 크게 떨어질 것이라는 점, 위탁자는 수탁자에게 신탁재산의
관리·처분을 일임한 다음 자신이 수익자가 되는 경우가 아니면 신탁관계
에서 탈락하고, 수익자는 신탁이익의 급부 외에 신탁재산의 관리·처분에
관하여 관심을 가지지 않는 경우가 많을 뿐 아니라 직접 신탁재산을 관리
하는 것이 아니므로 그에 관한 충분한 정보를 가지지 못하여, 수탁자의 신
탁재산 관리·처분상의 잘못이 쉽게 드러나지 않는다는 점 등에서 찾을 수
있을 것이다.27) 충실의무는 언제나 이익충돌이 생기는 상황을 전제로 하

---

26) Restatement (Second) of Trusts, §170(1); Uniform Trust Code §802(a).
27) Bogert, § 543; Robert W. Hallgring, *The Uniform Trustee's Powers Act and*

며, 대부분의 경우 수탁자의 이익과 수익자의 이익이 충돌하는 자기거래의 경우에 문제된다. 그러나 자기거래가 아닌 경우에도 이익충돌은 생길 수 있고, 그와 같은 경우 언제나 수익자의 이익을 수탁자 자신의 이익보다 앞세워야 한다.

한편 수탁자가 개인의 지위에서 수익자 또는 제3자로부터 수익권을 취득하는 것은 수탁자가 신탁재산 또는 그에 관한 권리를 취득하는 것이 아니다. 또한 금융기관 수탁자가 수익자에게 신탁재산 또는 수익자의 권리와 관계 없이 주식중개역무 또는 법률역무를 제공하는 것도 이익충돌이 생기는 것은 아니다. 수탁자가 개인적으로 수익자로부터 그 소유의 재산을 양수하는 경우도 마찬가지이다. 그러나 이들 경우에도, 만약 개별 사건의 구체적 사정에 따라, 수탁자가 수익자에게 거래에 관련된 정보를 제공할 신의칙상 의무에 반하여 행위하였다고 인정되면, 수익자는 당해 계약을 해제하고 손해배상을 구할 수 있을 것이다. 그와 같은 신의칙상 의무는 수탁자와 수익자 사이의 신탁사무에 관한 신인관계가 신탁 외의 거래에도 영향을 미쳐서, 수익자가 수탁자를 신뢰하고 거래한 경우 인정될 수 있다.

이상 설명한 바와 같이 충실의무는 주로 수탁자와 수익자의 이익이 상반되는 경우에 문제되지만, 우리 신탁법상 충실의무는 수익자와 제3자의 이익이 상반하는 경우에도 인정될 수 있다. 즉 제33조는 "수익자의 이익을 위하여" 신탁사무를 처리하여야 한다고 정하고, 제34조 제1항 제3호, 제4호에서 제3자와 수익자 사이에 이익상반이 생기는 자기거래를 금지하고 있다. 이에 비추어 보면 우리 신탁법은 수탁자와 수익자의 이익이 충돌하는 경우뿐 아니라 제3자와 수익자의 이익이 충돌하는 경우에도 오로지 수익자의 이익을 위하여 행위할 것을 요구하는 것이다.

충실의무는 자기거래의 금지와 이익취득의 금지를 주된 내용으로 한다.

---

the Basic Principles of Fiduciary Responsibility, Washington Law Review, vol. 41 (1966), pp. 808-811.

이하에서 차례로 살핀다.

(1) 자기거래의 금지

(가) 직접적 자기거래와 간접적 자기거래

자기거래는 가장 자주 문제되는 충실의무위반의 유형이다. 자기거래는 수탁자와 수익자의 이익이 직접 충돌하는 직접적 자기거래와 간접적으로 충돌하는 간접적 자기거래로 나눌 수 있다. 구법 제31조 1항 본문은 "수탁자는 누구의 명의로 하든지 신탁재산을 고유재산으로 하거나 이에 관하여 권리를 취득하지 못한다"고 정하여, 직접적 자기거래를 금지하는 규정을 두었다. 개정 신탁법 제34조 제1항 제1호도 같은 취지의 규정을 두고 있다. 예컨대 수탁자가 신탁재산을 매수하거나 임차하는 경우, 수탁자가 신탁재산에 대한 경매절차에서 낙찰받는 경우,28) 수탁자가 신탁재산에 관한 저당권부채권을 양도받는 경우29)가 여기에 해당한다.

개정법은 구법 제31조에 비하여 충실의무위반행위의 유형을 보다 상세히 규정하고 있다. 이에 의하면 구법에서 금지되던 유형(신탁재산의 고유재산화) 뿐 아니라 그 역의 행위도 금지된다. 즉 수탁자는 "고유재산을 신탁재산으로 하거나 고유재산에 관한 권리를 신탁재산에 귀속시키는 행위"

---

28) 경매절차에 수탁자가 영향을 미칠 수 없으므로 자기거래에 해당하지 않는다는 견해도 있을 수 있으나, 수탁자는 신탁재산이 경매되지 않도록 최선을 다하여야 할 의무가 있고, 만약 스스로 낙찰받는 것을 허용한다면 이를 기대하고 경매에 이르지 않게 할 노력을 게을리 할 우려가 있다는 점에서, 자기거래로서 금지하는 것이 타당하다.

29) 수탁자로서는 채무의 변제기를 유예받거나 다시 융자를 받으려고 노력할 의무가 있는 반면, 채권양수인으로서는 엄격하게 채무변제를 요구하고 집행하는 것이 이익이 될 것이다. 이 점에서 이해상반의 가능성이 생길 수 있다.

를 할 수 없다(제34조 제1항 제2호). 이 유형은 구법하에서도 금지된다고
해석되어 왔다.[30] 또한 수탁자는 신탁재산에 관한 법률행위를 할 때 그 상
대방의 대리인이 될 수 없다(제34조 제1항 제4호). 이것은 민법이 정하는
쌍방대리와 유사한 형태의 행위를 금지하는 규정으로 이해되고 있다.[31]

법은 복수의 신탁을 인수한 경우 금지되는 행위에 관해서도 정하고 있
다. 즉 수탁자는 복수의 신탁을 인수한 경우 하나의 신탁재산 또는 그에 관
한 권리를 다른 신탁의 신탁재산에 귀속시키는 행위를 할 수 없다(제34조
제1항 제3호). 예컨대 A 신탁과 B 신탁 사이의 거래에서 신탁재산을 매도
하는 A 신탁의 수탁자로서는 가능한 한 높은 가격에 매도할 의무가 있고,
이를 매수하는 B 신탁의 수탁자로서는 가능한 한 낮은 가격에 매수할 의무
가 있기 때문에, 이익이 상반되는 상황이 초래된다.[32]

자기거래는 수탁자 스스로가 아니라 수탁자의 대리인을 내세워 거래하
는 경우[33]도 금지된다. 법 제34조 제1항 본문은 "누구의 명의(名義)로도"
라고 정하여 이를 강조하고 있다. 이상 설명한 자기거래는 모두 수탁자 자
신의 계산에 의해 이루어지는 자기거래로서, 이를 직접적 자기거래라고 할

---

30) 李重基, 288면; 崔東軾, 212면; 대법원 2007. 11. 29. 선고 2005다64552 판결;
대법원 2009. 1. 30. 선고 2006다62461 판결.

31) 법무부, 신탁법 해설, 2012, 278면. 그러나 신탁재산에 관한 권리는 수탁자에게
귀속되므로, 엄밀히 말하면 쌍방대리가 아니라 제3자의 관점에서 자기계약에 해
당한다.

32) 이에 관한 영국법의 원칙은 거래의 공정성에 나아가 심사할 필요 없이 충실의무에
반한다고 보는 것인 데 반하여, 미국의 판례는 거래가 수익자에게 공정하였다면 충
실의무에 반하지 않는다고 본다. Restatement (Third) of Trusts § 78, comment
c(7); Uniform Trust Code § 802(h)(3).

33) 松本崇, 信託法, 第一法規(1972), 147면. 그러나 수탁자가 제3자에게 신탁재산
을 매각할 때 제3자로부터 개인의 지위에서 이를 다시 매수할 계획이 없었다면, 수
탁자가 나중에 제3자로부터 이를 매수하였다고 하더라도 자기거래에 해당되지 않
는다고 볼 수 있다. Underhill & Hayton, *Law Relating to Trusts and Trustees*,
David Hayton ed., 15th ed., Butterworths (1995), p. 648; Restatement (Third)
of Trusts § 78, comment d.

수 있다.

한편 신탁법은 제34조 제1항 제5호에서 "그 밖에 수익자의 이익에 반하는 행위"도 금지하고 있다. 여기에서 금지되는 행위에는 같은 항 제1호와 제2호에서 정하지 않은 그 밖의 직접적 자기거래(예컨대 수탁자가 자신에게 금전을 대여하거나[34] 신탁사무를 위임하거나 자신을 고용하는 경우[35])도 포함되지만, 무엇보다 간접적 자기거래, 즉 수탁자와 친족관계가 있는 자[36] 또는 수탁자와 사이에 고용이나 조합관계가 있는 등 수탁자와 경제

---

34) Bogert, § 543(J). 예외적으로 금융기관인 수탁자가 신탁재산의 투자 또는 배분 전에 일시적으로 자기가 관리하는 예금계좌에 예치하는 행위는 허용된다고 한다. Uniform Trust Code § 802(h)(4)는 이를 더욱 확장하여, 수익자에게 이익이 되는 한, 수탁자에 의하여 운영되고 정부의 규제를 받는 금융기관에 예금하는 것은 충실의무 위반이 아니라고 한다. 신탁법 제3리스테이트먼트도 대체로 이와 같다. Restatement (Third) of Trusts, § 78, comment c(6). 한편 수탁자가 신탁재산으로부터 금전을 차용하는 경우와 달리, 수탁자가 신탁재산에 금전을 대여하는 행위는 신탁재산으로서도 필요한 경우가 있을 수 있으므로, 이를 일반적으로 금지할 것은 아니다. Restatement (Third) of Trusts, § 78, comment c(6). 이 경우 수탁자와 신탁의 이익이 충돌하는 것은 수탁자가 원금 뿐 아니라 이자도 받기 때문이다. 이자가 합리적인 범위 내인지 여부는 개별적인 사안에 따라 달리 판단될 문제이다.

35) Bogert, §543(M). 예컨대 금융기관 수탁자가 투자자문을 위하여 자사의 투자자문 부서의 직원을 고용하고 자문수수료를 지급하는 경우, 법률사무소 수탁자가 법률자문을 위하여 자기 사무소의 변호사를 고용하고 수수료를 지급하는 경우. 영국에서는 이것이 금지되어 있으나(Bogert, §975), 미국에서는 대부분의 주에서 허용되고 있다고 한다. 신탁법 제3리스테이트먼트에서도 수탁자가 제공한 특별한 역무가 신탁사무의 처리를 위해 필요하고도 적절하였고, 타인에게 위임하는 것보다 수탁자가 직접 수행하는 것이 신탁에 더 이익이 된다면 이를 허용하여야 한다고 보고 있다. Restatement (Third) of Trusts §78, comment c(5), (d). 그러나 이 역시 신탁보수 외의 이익이 신탁으로부터 수탁자에게로 이전되고, 그와 같은 자문계약에서 이해관계가 대립하는 상황이 생기므로, 충실의무에 반한다고 보아야 할 것이다. 통일신탁법전은 이 문제에 관하여 특별한 규정을 두지 않고 있다. Uniform Trust Code §708 comment.

36) Restatement (Third) of Trusts § 78, comment e(1). 예컨대 수탁자의 친족을 신탁을 위한 변호사로 고용하는 행위.

적 이해관계를 같이 하는 자와 사이에 하는 신탁재산에 관한 법률행위도 포함된다.[37] 수탁자가 주식을 보유하는 회사와의 거래는 구체적인 사안에 따라 그로 인하여 수탁자의 판단에 영향을 미칠 정도이면 역시 자기거래라고 할 수 있고, 반드시 수탁자가 그 회사를 지배할 정도에 이르러야 하는 것은 아니다.

그 밖에 경업행위나 기회유용행위 등도 수익자의 이익에 반하는 행위로서 금지된다. 영업신탁의 수탁자가 신탁이 영위하는 것과 동일한 영업을 하는 행위,[38] 신탁을 위하여 매수할 의무가 있는 수탁자가 자기를 위하여 매수하는 행위,[39] 신탁재산을 위하여 투자할 것이 기대되는 대상에 대하여 개인의 이익을 위하여 투자하는 행위[40]도 금지된다. 또 수탁자가 신탁재산 및 자기 자신을 위하여 회사의 주식을 대량 매수하는 경우,[41] 수탁자가 이미 개인적으로 주식을 보유하고 있는 회사의 주식을 수탁자의 지위에서 제 3자로부터 대량 매수하는 경우,[42] 수탁자가 수탁자의 지위에서 주식을 보유하고 있는 회사의 주식을 개인의 지위에서 제3자로부터 대량 매수하는 경우,[43] 회사인 수탁자가 신탁을 위하여 자기 회사의 주식을 매수 또는 보유하는 경우,[44] 신탁재산인 임차권을 자기를 위하여 갱신하거나 임차권의

---

37) Uniform Trust Code § 802(c).

38) Bogert, § 543(O); Restatement (Third) of Trusts, § 78, comment e.

39) Bogert, § 543(R).

40) Restatement (Third) of Trusts § 78, comment e.

41) Restatement (Third) of Trusts, § 78, comment c.

42) *ibid.*

43) *ibid.*

44) Bogert, § 543(G). 두 가지 유형이 있다. 첫째는 금융기관 수탁자가 신탁의 수탁자를 수락할 때 그 신탁재산에 당해 금융기관의 주식이 포함되어 있는 경우이고, 둘째는 금융기관이 스스로 수탁자의 지위에서 자기의 주식을 매수하는 경우이다. 어느 경우이든, 주식의 의결권 행사에 있어서 금융기관의 이해관계를 고려하지 않는 판단을 기대하기 어렵고, 만약 금융기관이 재정적으로 곤란한 상태에 이르게 되면 수탁부문의 직원들은 신탁의 이익을 고려하여 이를 신속히 매각하기보다는 금융기

목적인 부동산을 자기를 위하여 매수하는 경우45) 등도 "그 밖에 수익자의 이익에 반하는 행위"로 금지된다.

수탁자는 신탁재산인 주식의 의결권 행사에 있어서도 수익자에게 가장 이익이 되는 방법으로 행사하여야 한다. 즉 개인의 이익을 위하여 스스로를 이사로 선임하는 결의에서 의결권을 행사하여서는 아니 되고,46) 회사의 발행주식 전부가 신탁재산인 경우 수익자의 이익을 최대한 고려하여 이사를 선임하여야 한다.47)

신탁이 종료된 경우 수탁자는 수익자나 귀속권리자에게 신탁재산을 반환해야 하는데, 이 때 신탁재산에 대하여 취득시효를 주장하는 것도 충실의무에 반하여 허용되지 않는다.48)

법 제34조 제1항 각호에서 금지되는 행위를 하면 당해 행위에 이르게 된 사정, 신탁재산에 손해가 발생하였는지 여부, 수탁자가 상당한 대가를 지급하였는지 여부, 수탁자가 이익을 얻었는지 여부를 묻지 않고 충실의무위반이 인정된다.

(나) 사회적 투자에 관한 문제

제34조 제1항 제5호가 적용될 수 있는 특수한 문제로서 이른바 사회적 투자(또는 사회적 책임투자)가 있다. 수익자의 이익 극대화만 추구하지 않고 비경제적, 사회적 목적도 함께 추구하기 위한 투자를 사회적 투자(social investing) 또는 사회적 책임투자(socially responsible investing)라고 한다.

관의 신용유지를 위해 주식을 계속 보유하려 할 경향이 높다. 그러므로 신탁인수 당시 신탁재산에 포함되어 있는 自社株는 신속히 매각하는 것이 옳다. Restatement (Third) of Trusts § 78 comment e(2).

45) Restatement (Third) of Trusts, § 78, comment e.
46) Bogert, § 543(N).
47) Uniform Trust Code § 802(g).
48) *Railroad Co. v. Duran*, 95 U.S. 576 (1877).

예컨대 인권을 탄압하는 국가와 거래하는 회사, 제3국에서 그 나라의 최저 생계비에도 미치지 못하는 임금으로 근로자를 고용하여 물건을 생산하는 회사, 환경침해적 사업을 하는 회사, 특정 정당에 거액의 불법선거자금을 기부한 회사, 비자금 조성과 관련하여 배임죄로 대표이사가 구속된 회사의 주식을, 그 회사의 주가 상승이 기대됨에도 불구하고 사회적 책임의 이름 으로 매수하지 아니한 경우, 수탁자가 충실의무에 위반하여 손해배상책임 을 질 수 있는가 하는 문제이다.

이에 관하여는 영국과 미국에서 1980년대부터 많은 논의가 있어 왔는 데,[49] 그 내용을 요약하자면, 수탁자가 사회적 대의를 추구하면서 동시에 수익자에게 이익이 되는 투자를 할 수 있다면 별다른 문제가 없을 것이지 만,[50] 수탁자가 사회적 책임을 지나치게 중시하여, 이른바 사회적 투자를 통하여 이익을 얻게 될 사람들을 위하여 수익자의 경제적 이익을 희생한다 면 이는 충실의무의 위반으로 보아야 할 것이라고 한다.[51] 예외적으로는

---

49) 사회적 투자에 관하여는 일반적으로 다음 문헌을 참조. Dallas L. Salisbury ed., *Should Pension Assets be Managed for Social/Political Purposes* (Employee Benefit Research Institute 1980); J.D. Hutchinson & C.G. Cole, *Legal Standards Governing Investment of Pension Assets for Social and Political Goals*, U. Pa. L. Rev., vol. 128 (1979-80), pp. 1340f.; Ronald B. Ravikoff & Myron P. Curzan, *Social Responsibility in Investment Policy and the Prudent Man Rule*, Cal. L. Rev., vol. 68 (1980), pp. 518f.; Myron P. Curzan & Mark L. Pelesh, *Revitalizing Corporate Democracy: Control of Investment Managers' Voting on Social Responsibility Proxy Issues*, Harv. L. Rev., vol. 93 (1980), pp. 670f.; John H. Langbein & Richard A. Posner, *Social Investing and the Law of Trusts*, Mich. L. Rev., vol. 79 (1980), pp. 72f.

50) 입증의 문제로서, 수탁자가 어떤 특정 투자를 함으로써 펀드에 손실이 생겼다는 사 실을 입증하기가 곤란한 경우도 있을 것이다. 또한 사회적 투자를 하면 다른 투자 를 하는 경우보다 반드시 수익률이 낮을 것이라고 장담할 수도 없다. 영국의 통계 에 관하여는 Moffat(주 104), p. 470.

51) 이에 관한 영국의 리딩케이스는 *Cowan v. Scargill*, [1985] Ch. 270. 이에 대한 비 판적인 견해로는, J.K. Farrar & J.H. Maxton, *Case Comment: Social Investment*

모든 수익자가 강한 윤리적 또는 사회적 책임의식을 가지고 있어서, 비윤리적이거나 환경침해적 기업에 투자하여 많은 금전적 이익을 얻기보다 그보다 액수는 작더라도 다른 기업에 투자하기를 원할 수도 있다. 그와 같은 예외적인 경우에는 수탁자가 수익자의 경제적 이익보다 비경제적 이익을 먼저 고려하더라도 충실의무에 반한다고는 할 수 없다.52) 물론 신탁조항에서 사회적 투자를 허용한 경우에도 그러하다고 한다.

우리나라 신탁법의 해석에 있어서도 영미에서와 같이 보아야 할 것이다.53) 수탁자가 수탁자 자신의 정치적 사회적 목적을 추구하기 위하여 신탁재산을 이용하는 것은 제34조 제1항 제4호가 정하는 "그 밖에 수익자의 이익에 반하는 행위"에 포함된다. 따라서 만약 수탁자가 여론 등 외부의 압력에 굴복하여 특정 정치 또는 사회단체의 호의적 대응을 바라거나 그들의 비판을 무마하기 위해 사회적 투자를 하게 되면 수익자에 대한 충실의무에 반한다. 영미에서 사회적 투자를 옹호하는 학자들도 모두 대체로 충실의무 위반 자체에 대하여는 긍정하면서, 사회적 투자를 하더라도 수익자의 이익을 침해하지 않을 수 있다는 주장을 한다.54) 그러나 충실의무 위반 여부의 판단에 있어서 그 위반행위로 인하여 사후적·결과적으로 수익자에게 경제적 이익이 되었다고 하였다는 사정이 고려되어야 하는 것은 아니므

---

and Pension Scheme Trusts, Law Quarterly Review, vol. 102 (1986), p. 34(위 판결의 법리가 선험적인 논리에 따른 것이지 경험칙에 부합하는 것은 아니라는 견해).

52) *Cowan v. Scargill* [1985] Ch. 270, at 287-288(Megarry V.C.).

53) 최근 우리나라에서도 사회책임투자펀드가 새로운 투자대상으로 부각되고 있다. 그러나 실제로 우리나라에서 판매되는 사회책임투자 펀드는 모두 펀드의 포트폴리오를 구성하면서 편입종목에 제한을 두지 않고 있어서 일반적인 장기투자펀드와 다를 바가 없다고 한다. 또한 정몽구 현대자동차 회장이 비자금 조성 등의 이유로 배임죄로 처벌받은 후에도 현대자동차의 주식을 포트폴리오에서 제외하지는 않았다고 한다. 매일경제 2006. 9. 25.자.

54) Uniform Trust Code § 5 comment. 예컨대 Moffat(주 104), p. 470.

로, 위 주장에는 동의할 수 없다.

(다) 금지의 예외

신탁행위로 허용한 경우, 수익자에게 그 행위에 관련된 사실을 고지하고 수익자의 승인을 받은 경우, 법원의 허가를 받은 경우에는 법 제34조 제1항에서 금지되는 행위를 할 수 있다. 구법에서는 "수익자에게 이익이 되는 것이 명백하거나 기타 정당한 이유가 있는 경우 법원의 허가"를 얻은 경우에만 자기거래가 허용되었으나, 개정 신탁법은 금지의 예외를 위와 같이 넓게 인정하였다.

구법하에서는 구법 제31조가 강행규정인지 여부에 관하여 다툼의 여지가 있었으나, 신법은 이를 임의규정으로 명시하였다. 따라서 신탁행위에서 개별적으로 자기거래 등 원칙적으로 제34조 제1항 각호에서 금지되는 행위를 허용하는 경우에는 수탁자가 이를 할 수 있다. 다만 신탁행위로 모든 이익상반행위를 허용한다고 정하는 것과 같이 충실의무를 완전히 배제하는 신탁조항은 공서양속에 반하여 무효이다.

신탁행위로 허용되지 않은 경우 수탁자는 수익자의 승인을 얻거나 법원의 허가를 받지 아니하면 제34조 제1항 각호의 행위를 할 수 없다. 수익자가 여럿 있는 경우에는 수익자 전원의 의견이 일치해야 하나, 신탁행위로 달리 정한 바가 있으면 그에 따른다(제71조 제1항). 수탁자가 법원에 허가를 신청할 경우에는 허가신청과 동시에 수익자에게 그 허가신청의 사실을 통지해야 한다(제34조 제2항 단서). 수익자로 하여금 위 허가에 관한 결정절차에 참여할 수 있게 하기 위해서이다(비송사건절차법 제13조, 제20조 참조).

또 신탁재산에 관한 권리의 취득이 상속 등 수탁자의 의사에 기하지 아니한 경우에는 그 결과 자기거래와 동일한 결과에 이르게 되더라도 그 효력이 부정되지 않는다(제34조 제3항).

(라) 금지된 자기거래의 효력

금지된 자기거래를 한 경우 그 효력에 관하여 법은 규정을 두지 않고 있다. 이것은 구법하에서도 마찬가지였다. 그런데 구법 제31조의 해석상 신탁재산을 고유재산으로 하거나 고유재산을 신탁재산으로 하는 자기거래는 무효라는 것이 판례이고[55] 통설이었다.[56] 신법이 위 판례를 변경할 의도를 가지고 제정된 것은 아니므로, 위 금지되는 행위 중 제34조 제1항 제1호, 제2호의 각 행위는 예외규정(제34조 제2항)에 해당하지 않는 한 신법 아래에서도 무효라고 보아야 할 것이다. 이론적으로는 여기의 자기거래가 동일한 권리주체 사이에서 생기는 것이므로 서로 다른 권리주체 사이에서와 같은 권리이전이 발생하지 않고, 따라서 유무효를 따질 여지가 없다는 비판도 가능하다. 그러나 신탁재산을 자기거래 이전의 상태로 회복시키기 위해서는 자기거래의 효력이 없는 것이 논리적인 전제가 된다. 무효라고 하더라도 수익자가 추인하면 유효하게 된다(무권리자의 행위 추인에 관한 법리).

이상의 설명은 수탁자가 자기의 명의로 자기거래를 한 경우에 국한되지 않는다. 즉 수탁자가 자기의 계산으로 타인의 명의로 자기거래를 한 경우에도 마찬가지이다. 예컨대 수탁자가 그의 친족의 명의를 빌어 자기의 계산으로 신탁재산을 고유재산에 귀속시킨 경우, 수탁자와 그 친족 사이의 거래는 효력이 없다. 이 때 그 친족은 형식적으로는 신탁관계 외부의 제3자이나, 독자적인 경제적 이익이 없으므로 제3자로서 보호되어야 할 필요

---

55) 대법원 2009. 1. 30. 선고 2006다62461 판결.
56) 임채웅, "신탁법상 자조매각권 및 비용상환청구권에 관한 연구," 홍익법학 제10권 제2호(2009), 391면.

가 없다. 다만 그 친족이 제3자에게 신탁재산을 다시 매각한 경우 당해 신탁재산을 반환받을 수 있는가의 문제가 있는데, 무권리자의 처분에 관한 민법의 법리에 따라 처리되어야 할 것이다. 즉 목적물이 동산인 경우에는 선의취득이 성립하지 않는 한 수탁자가 반환을 청구할 수 있고, 부동산의 경우에는 공신력이 인정되지 않고 제3자에게 대항할 수 없다는 규정도 없으므로 언제나 반환을 청구할 수 있다.

한편 구법 하에서 구법 제31조 제1항에서 정한 자기거래 외의 자기거래는 유효하고 구법 제52조에 의한 취소권의 대상이 될 뿐이라는 견해가 통설이었다.[57] 개정 신탁법에서도 이에 관한 명시적인 규정을 두지 않았으므로 이 문제는 해석에 맡겨져 있다.

우선 제34조 제1항 제3호의 행위, 즉 복수의 신탁재산 사이의 거래(엄밀히 말하면 거래의 당사자는 수탁자로서 동일하다.)는 서로 다른 신탁의 수익자 사이에 이익상반이 생기는 경우로서 수탁자가 어느 한 신탁의 수익자에게 손해를 가할 행위를 금지할 필요성이 크고, 제3자가 관여하지 아니하여 거래의 안전을 고려할 필요가 없다는 점에서 무효로 보아야 할 것이다. 다만 위 거래로 인하여 손해를 입은 수익자가 이를 추인하면 그 때부터 유효하게 된다(민법 제139조 단서).

제34조 제1항 제4호의 행위, 즉 신탁재산에 관한 제3자와의 거래에서 수탁자가 그 제3자를 대리하는 행위는 당해 제3자의 관점에서는 자기거래가 되는 것이나, 신탁재산의 관점에서는 수탁자가 자기에게 속하는 재산에 관하여 행위한 것이다. 따라서 이를 무효로 하면 제3자의 이익이 부당히 침해된다.

제34조 제1항 제5호의 행위는 구체적인 행위유형에 따라 다르게 보아야 할 것인데, 원칙적으로 독자적인 법률상 이익을 가지는 제3자가 관여하게 되

---

57) 李重基, 289면; 崔東軾, 216면. 미국법상 충실의무 위반행위는 무효가 아니라 수익자의 선택에 의해 취소할 수 있다. Uniform Trust Code §802(b).

는 경우에는 유효하고, 그렇지 않은 경우에는 무효로 보아야 할 것이다. 따라서 제34조 제1항 또는 제2항 외의 직접적 자기거래는 무효이다. 예컨대 수탁자가 자기에게 신탁사무의 일부를 위임한 경우, 이 위임은 무효이므로 수탁자는 그 위임사무의 이행에 따른 보수를 신탁재산에서 받을 수 없다. 그러나 간접적 자기거래는 원칙적으로 유효하다고 보아야 할 것이다. 따라서 수탁자가 자기의 고유채무에 대하여 신탁재산을 제3자에게 담보로 제공한 경우 그 제3자는 당해 담보권을 유효하게 취득한다. 비록 수탁자와 경제적 이해관계가 일치하는 제3자와 사이의 간접적 자기거래라고 하더라도 그 제3자가 그의 이름과 계산으로 거래한 경우에는 그에게 독자적인 이해관계가 생겼으므로, 수탁자와 경제적 이해관계가 일치한다는 사정만으로 당해 법률행위를 무효로 볼 수는 없다. 또 경업행위나 기회유용행위도 마찬가지이다. 이들 행위의 상대방인 제3자는 당해 법률행위에 관하여 독자적인 이해관계를 가지게 되기 때문이다. 이 경우에는 그 행위로 인하여 수탁자가 얻은 경제적 이익만을 신탁재산에 귀속시키게 하면 충분할 것이다(제43조 제2항).

(2) 이익취득의 금지

법 제36조는 "수탁자는 누구의 명의로도 신탁의 이익을 누리지 못한다. 다만, 수탁자가 공동수익자의 1인인 경우에는 그러하지 아니하다."고 정하고 있다. 신탁법의 이 규정은 수탁자가 공동수익자의 1인이 되는 경우를 제외하고는 수익자로 될 수 없다는 것을 정하였다는 의미도 가지고 있지만, 일차적으로는 수탁자의 이익취득 금지원칙을 정한 것이다. 수탁자가 신탁으로부터 이익을 취득하면 수익자와 이익상반의 관계에 서게 된다. 이것이 수탁자의 이익 향수를 금지하는 이유이다.

영업수탁자가 아닌 수탁자는 신탁행위의 정함이 없는 한 보수를 받을 수 없다(제47조 제1항). 또 수탁자는 신탁재산을 자기의 이익을 위하여 사용해서는 아니 된다. 예컨대 수탁자는 신탁재산인 골프장을 회원이 아니면서 회원가에 이용하여서는 아니 된다. 또한 수탁자가 신탁사무를 처리하는 과정에서 자기를 위하여 커미션 등의 부수적인 이익을 얻거나[58] 수탁자가 신탁사무를 위한 거래 상대방으로부터 선물을 받는 것[59]도 금지된다.

---

58) Bogert, § 543(Q). Restatement (Third) of Trusts § 78, comment d(1).
59) Bogert, § 543(P).

3. 善管注意義務

가. 신탁법 제32조의 취지

법 제32조는 "수탁자는 선량한 관리자의 주의로 신탁사무를 처리하여야
한다. 다만, 신탁행위로 달리 정한 경우에는 그에 따른다."고 정하고 있다.
이와 같이 신탁법은 수탁자에게 신탁사무의 처리에 관하여 선관주의의무
를 인정하는 규정을 두고 있다.

수탁자는 신탁재산의 소유자이므로 본래 다른 누구에 대하여 신탁재산
의 관리에 관한 의무를 부담하지 않는다. 그러나 신탁재산의 관리는 수익
자의 이익을 위하여 하는 것이므로 위임 또는 임치의 실질을 가진다. 만약
임치의 실질을 강조한다면 무상의 경우 신탁재산을 자기재산과 동일한 주
의로 보관하여야 할 의무가 있을 뿐이라고 할 것이다(민법 제695조 참조).
그러나 본조는 무상의 신탁이라고 하더라도 위임의 경우와 같이 선량한 관
리자의 주의의무를 부담함을 명시하였다. 또 신탁계약을 위임계약으로 보
면 민법 제681조에 의하여 선관주의의무가 인정될 수 있으나, 신탁이 유언
이나 신탁선언에 의해 성립하는 경우에도 선관주의의무를 인정하기 위해
서는 별도의 규정이 필요하다. 신탁법에서 별도로 선관주의의무에 관한 규
정을 둔 것은 이러한 취지에서이다.

나. 비교법적 검토

선관주의의무는 영미법에서도 충실의무와 함께 수탁자가 준수하여야 할 가장 중요한 의무로 인정되고 있다.[1] 그 내용도 우리 신탁법상의 그것과 대체로 같다. 즉 수탁자는 신탁사무를 처리함에 있어서 합리적인 주의(reasonable care, skill and caution)를 기울여야 한다.[2] 그러나 그 주의의무의 정도에 관하여 영국의 판례는 수탁자가 무상으로 신탁을 인수하였는지 유상으로 인수하였는지에 따라 달리 보았다.[3] 즉 무상인 경우에는 통상의 주의력을 가진 사업가(prudent person of business)가 자기 자신의 사무를 처리하는 데 기울이는 정도의 주의를 기울일 것을 요구하고, 유상인 경우에는 그보다 높은 정도의 주의를 기울일 것을 요구하였다.[4] 한편 영국의 2000년 수탁자법(Trustee Act of 2000) 제1조는 무상/유상의 구별을 하지 않고, 수탁자는 제반 사정에 비추어 합리적인(reasonable in the circumstances) 주의와 능력을 기울여야 하고, 이 때 특히 그가 가진 또는 가졌다고 주장한 전문지식 또는 경험, 영업수탁자의 경우에는 동종 영업에 종사하는 자에게 합리적으로 기대할 수 있는 정도의 전문지식과 경험을 고려하여야 한다고 정하고 있다.[5] 제반 사정을 고려하여 주의의무 위반 여부

---

1) Underhill & Hayton, *Law Relating to Trusts and Trustees*, 15th ed., Butterworths, 1995, 545 ff.; Restatement (Third) of Trusts § 77(2). 영국신탁법상 수탁자의 주의의무(duty of care)의 역사적 발전과정에 관해서는 우선 Joshua Getzler, Duty of Care, Birks & Pretto eds, *Breach of Trust*, Hart Publishing, 2003, pp. 41f. 참조.
2) Uniform Trust Code § 804.
3) *Bartlett* v. *Barclays Bank Trust Co. Ltd.* [1980] 1 All E.R. 139.
4) Underhill & Hayton, 545-546.
5) 2000년 수탁자법이 정한 주의의무에 관한 규정이 종래 판례에서 인정되어 온 주의의무의 내용과 동일한 것인지에 관하여는 다툼의 여지가 있다고 한다. Moffat, *Trusts Law*, 4th ed., Cambridge U. Press, 2005, 446-447.

를 판단하야 한다는 것은 미국법의 경우에도 마찬가지이다.6) 그러나 미국
법에서는 무상/유상의 구별은 하지 않고, 수탁자가 전문가인지 여부에 따
라 주의의무의 정도를 달리 한다. 즉 수탁자가 비전문가이면 통상의 주의
력을 가진 사람이 자기 재산에 관한 사무를 처리할 때 기울이는 정도이면
족하나,7) 스스로가 전문가라고 주장하며 신탁을 인수한 때에는 그 전문지
식 또는 기술을 활용할 의무가 있다.8)

영미신탁법상 수탁자의 주의의무(duty of care)와 우리 신탁법상 수탁자
의 선관주의의무는 이와 같이 대체로 일치하는 내용을 가지고 있으나, 그
근거는 같다고 할 수 없다. 영미신탁법에서 주의의무는 신인의무(fiduciary
duty)의 일부로서,9) 그 발생원인이 계약 등 신탁행위(즉 당사자의 의사)가
아니라, 수탁자가 수탁자의 지위에 있기 때문에 인정되는 의무, 즉 신탁관
계(fiduciary relation)에 의해 인정되는 의무이다. 따라서 영미에서는 수탁
자의 주의의무나 충실의무는 신인의무라는 하나의 개념 아래 포섭되는 것
이고, 어느 것이나 당사자의 의사가 그 발생원인이 되는 것이 아니다.

그러나 우리 법에서 신인관계 또는 신인의무라는 관념을 별도로 인정할
필요가 있는지는 의심스럽다. 그것은 이론적인 측면과 실제적인 측면 두
가지의 관점에서 설명할 수 있다. 우선 이론적인 측면에서 보면, 우리 사법

---

6) Restatement (Third) of Trusts § 77(1).
7) Restatement (Second) of Trusts § 174 comment a. 그러나 Uniform Probate Code
   § 7-302는 이 경우에도 타인의 재산을 관리하는 자의 주의를 기울여야 한다고 정
   한다.
8) Restatement (Third) of Trusts § 77, comment a; Uniform Trust Code §801;
   Uniform Probate Code § 7-302.
9) 이것이 일반적인 견해이지만, 주의의무는 신인의무에서 제외하여야 한다는 견해도
   있다. William A. Gregory, *The Fiduciary Duty of Care: A Perversion of
   Words*, Akron L. Rev., vol. 38 (2005), p. 183; Carter G. Bishop, *A Good Faith
   Revival of Duty of Care Liability in Business Organization Law*, Tulsa L. Rev.,
   vol. 41 (2006), p. 480.

체계는 권리의무가 당사자의 의사에 기하여 발생하는 것이 원칙이고, 예외적으로 여러 정책적인 고려에 의해 법률의 규정에 의해 당사자에게 권리의무를 부여하고 있을 뿐이며, 그 외에 당사자의 의사나 법률의 규정과 구별되는 "법률관계"에 기하여 권리의무가 발생하는 것을 인정하지 않는다. 그러나 영미에서는 전통적으로 당사자의 의사와 무관한 관계에 기하여 권리의무가 발생하는 것을 인정해 왔다. 이 점은 로스코 파운드의 『보통법의 정신(The Spirit of the Common Law)』에 잘 설명되어 있다.10) 파운드는 영미법의 전통에는 두 가지 특징이 있는데, 그 하나는 극단적인 개인주의(extreme individualism)이고, 다른 하나는 당사자의 의사와는 관계없이 일정한 관계(relation)에 서는 사람에게 의무와 책임을 지우는 것이라고 설명한다.11) 전자는 인간의 자유에 대한 모든 형태의 간섭을 배제하고, 각 개인의 자유와 재산을 최상위의 가치로서 추구하는 것이다. 후자는 전자와 반대되는 성질의 것으로, 법적 효과의 근거를 법적 행위(legal transaction)가 아니라 관계에서 구한다. 파운드에 의하면 이와 같이 서로 상반된 특징이 공존하게 된 데에는 여러 요소들이 기여하였는데, 그 중 중세 봉건법(feudal law)의 영향이 관계적 사고의 형성에 이바지하였다고 한다.12) 예를 들면, 대리법리에 관하여 로마법적 사고에 의하면 본인이 대리인에게 대리권을 수여하는 행위, 즉 의사표시를 전제로 하고, 그 효과를 대리권을 수여하는 자의 의사를 실현하는 것으로 이해한다. 그러나 영미에서는 대리를 본인과 대리인의 관계로 생각하여, 당사자의 권리, 의무, 책임 등의 근거를 당사자의 의사에서 구하지 않고 대리관계의 속성으로 이해하는 것이다. 또한 토지의 매매계약에서도, 영미의 법률가들은 계약에 나타난 당사자의 의사를 실현한다고 생각하는 것이 아니라, 일단 매도인과 매수인의 관계가

---

10) Roscoe Pound, *The Spirit of the Common Law*, Marshall Jones Company, 1921, pp. 13ff.
11) Pound(주 10), 13-14.
12) Pound(주 10), 15, 20.

성립되면 그 관계의 속성으로서 당사자의 권리와 의무를 생각한다는 것이다. 이와 같은 관계적 사고의 가장 현저한 예가 신인관계이다.[13] 이와 같이 어떤 관계를 기초로 하여 권리의무를 도출하는 사고방식은 우리 법체계에는 낯선 것이다.

실제적인 측면에서 보면, 우선 신인관계의 개념이나 범위가 불분명하지 않다는 점을 지적할 수 있다. 영미에서조차 신인관계나 신인의무가 어떤 의미인지, 어떤 경우에 인정되는지 아직 정설이 없다.[14] 또한 영미에서 신인관계를 인정하는 대부분의 사례는, 우리 민법상 신의칙에 의해 해결될 수 있다.

다. 다른 법률에 의한 선관주의의무와의 비교

(1) 민법상 수임자의 선관주의의무와의 비교

유상/무상을 구별하지 않고 선관주의의무가 부과된다는 점, 선관주의의무를 객관적으로 판단한다는 점에서는 공통되지만, 민법상 수임자의 선관주의의무가 위임자와 수임자 사이의 위임계약에 근거를 두고 인정되는 것인 데 비하여, 신탁법상 수탁자는 위탁자와 위임계약이 체결되어 있지 않은 경우에도 인정된다는 점, 민법상 선관주의의무 위반에 대하여 수임자는

---

13) Pound(주 10), 24-25.
14) Moffat, 804-811; Erniest J. Weinrib, *The Fiduciary Obligation*, University of Toronto Law Journal, vol. 25 (1975), p. 5; Sarah Worthington, *Fiduciaries: When Is Self-Denial Obligatory?*, Cambridge Law Journal, vol. 58, no. 3 (1999), p. 504; Robert Flannigan, *The Fiduciary Obligation*, Oxford Journal of Legal Studies, vol. 9 (1989), p. 286.

원칙적으로 위임자에 대하여 손해배상책임을 지지만, 수탁자는 선관주의
의무위반에 대하여 신탁재산의 원상회복책임을 지게 된다는 점, 민법상 선
관주의의무 위반에 대하여 책임을 물을 수 있는 것은 원칙적으로 위임자에
한정되지만, 수탁자의 선관주의의무 위반에 대하여는 수익자 외에도 다른
수탁자, 위탁자도 원고가 될 수 있다는 점 등에서 차이가 있다.

(2) 상법상 이사의 선관주의의무와의 비교

상법상 이사에게도 선량한 관리자의 주의의무가 요구된다(상법 제382조
제2항, 민법 제681조). 이 선관주의의무는 민법상의 그것과 마찬가지로, 통
상의 주의력을 가진 행위자가 구체적인 상황에서 통상 가져야 할 주의의
정도를 말한다.15) 그 구체적인 내용은 회사의 규모, 업무의 종류와 내용 등
제반 사정을 고려하여 결정된다. 미국에서는 일정한 요건 아래 경영자가
합리적인 절차를 거쳐 내린 경영판단에 대하여는 설령 그 판단으로 인해
회사에 손해가 발생한 경우에도 그 내용의 심사를 하지 않는 이른바 경영
판단원칙이 인정되고 있고,16) 주의의무위반에 대하여는 경영판단원칙이
적용된다는 점에서 충실의무위반의 경우와 다르다고 설명된다. 우리 법에
서도 경영판단원칙을 도입할 것인가에 관한 논의는 활발하게 이루어지고
있지만,17) 아직 정설은 없다. 판례는 경영판단이 일정한 요건을 갖춘 경우

---

15) 孫珠瓚·鄭東潤 편집대표, 註釋商法(III), 360면(朴吉俊).
16) 일반적으로 金建植, "은행이사의 선관주의의무와 경영판단원칙," 민사판례연구 제
    26권(2004), 418면 이하; 곽병훈, "미국 회사법의 경영판단원칙," 재판자료 제98
    집, 121면 이하.
17) 적극설: 이영봉, "경영판단의 법칙의 수용에 관한 검토," 상사법연구 제19권 제1호
    (2000), 68면; 이형규, "상법 중 회사편(일반)에 대한 개정의견," 상사법연구 제24
    권 제2호 (2005), 193-94면; 윤보옥, "미국회사법에서의 이사의 의무와 경영판단
    의 법칙," 비교사법 제7권 제2호 (2000), 374면; 송인방, "경영판단원칙의 상법에

주의의무를 이행한 것으로 보고 있지만, 미국에서와 같은 내용의 경영판단
원칙, 즉 합리적 절차를 밟은 경영판단에 대하여 내용심사를 하지 않는다
는 원칙을 인정하고 있는지는 분명하지 않다.[18] 만약 미국에서와 같은 경
영판단원칙이 인정된다면, 이사의 선관주의의무는 수탁자의 그것에 비하
여 크게 완화된다고 할 수 있다.

라. 신탁법상 선관주의의무의 내용

신탁법상 수탁자의 주의의무에 관하여 입법론적으로는 여러 가지 형태
의 규율을 생각해 볼 수 있다. 예컨대 신탁업무를 세분화하여 신탁재산의
관리, 신탁재산의 처분 등으로 나누어 수탁자의 주의의무를 정하는 방법,
민법상 신의칙에 의지하여 신탁법에는 별도로 정하지 않는 방법, 유상/무
상인지에 따라 구별하는 방법, 전문가/비전문가인지에 따라 구별하는 방법,
유상 수탁자를 다시 전문가/비전문가로 구별하는 방법 등이 있을 수 있다.
그러나 우리 신탁법은 수탁자가 유상으로 신탁을 인수하였는지, 수탁자가

의 도입여부에 관한 검토," 기업법연구 제5집 (2000), 393면; 강희갑, "경영판단의
원칙에 대한 미국법의 최근 동향," 상사법연구 제15권 제2호 (1996), 134면; 김대
연, "주주대표소송과 경영판단의 원칙," 상사법연구 제17권 제3호 (1999), 143-44
면; 유진희, "미국 회사법상 이사의 주의의무," 서강법학연구 제3권 (2001), 140면
등. 소극설: 권재열, "경영판단의 원칙의 도입여부를 다시 논함," 상사법연구 제19
권 제2호(2000), 499면; 손영화, "미국법상의 경영판단원칙과 그 도입 여부에 관한
일고찰," 상사법연구 제18권 제2호(1999), 321-322면; 경익수, "경영판단의 원칙
의 적용에 관한 검토," 김인제박사 정년기념논문집, 현대상사법논집 (1997), 72-73
면 등.
18) 대법원 2002. 3. 15. 선고 2000다9086 판결 (집 50-1, 196); 대법원 2002. 6. 14.
선고 2001다52407 판결(공 2002하, 1650).

전문가인지 아닌지에 따라 수탁자의 주의의무를 구별하지 않고, 수탁자가 어떤 신탁사무를 처리하는지를 세분함이 없이 일반적인 주의의무로서 선관주의의무를 정하고 있다. 비교법적으로 보면 수탁자에게 가장 중한 의무를 부여하는 태도를 취한 것이다. 구체적으로 보면 다음과 같다.

(1) 일반적인 선관주의의무

수탁자는 신탁사무를 처리함에 있어서 필요한 지식과 기술을 갖추어야 하고, 스스로가 이를 갖추지 못하였으면 전문가의 조언과 도움을 받아 이를 보충하여야 한다. 만약 신탁업무를 전문적으로 하는 수탁자라면, 그 전문지식과 경험을 동원하여 신탁사무를 처리하여야 한다. 수탁자가 필요한 지식과 기술을 갖추었는지 여부는 객관적으로 판단한다. 즉 당해 수탁자가 주관적으로 선관의무를 다한 것이 아니라, 당해 수탁자와 동종업종의 종사자가 통상 갖추고 있는 지식과 경험에 비추어 선관의무를 다하였는지 판단한다.

수탁자가 전문적인 지식과 경험을 가진다고 주장하여 수탁자로 된 경우에는 그가 실제로 그러한 전문적인 지식이나 경험을 가지고 있지 않더라도 전문적인 지식·경험을 가지는 자에게 기대되는 수준의 주의의무를 다하지 아니하면 선관의무 위반으로 인정된다. 예컨대 금융기관인 영업수탁자가 신탁을 위해 주식을 매수하는 경우, 자동차 정비공으로서 친지를 위해 신탁을 인수한 자가 주식을 매수하는 경우에 비해 높은 수준의 주의의무가 요구된다. 수탁자가 신탁재산으로 다른 신탁의 수익권을 취득한 경우, 수탁자는 그 다른 신탁의 수익자로서 행사할 수 있는 권리를 선량한 관리자의 주의로써 행사하여야 한다.

수탁자의 주의의무의 정도는 수탁자가 무상인지 유상인지에 따라 달라

지지 않는다. 다만 무상수탁의 경우에는 무상으로 신탁사무를 인수한 점을
고려하여, 신의칙에 의하여 손해배상책임을 제한하는 것은 가능할 것이다.
신탁행위로 주의의무의 정도를 낮추는 것도 물론 가능하다.

　수탁자는 신탁행위에 정한 바에 따르는 것이 원칙이나, 신탁행위로 정한
바에 따르는 것이 오히려 신탁의 취지에 부합하지 않게 되거나 수익자에게
불이익한 경우에는 신탁행위의 정함과 다르더라도 수익자에게 가장 이익
이 되는 조치를 취해야 하고, 필요하다면 법원에 신탁의 변경을 청구하거
나(제88조 제3항) 신탁사무의 처리방법에 관한 처분을 청구하여야 한다(제
105조 제2항). 이 경우 수탁자로서는 수익자에게 위와 같은 사정을 알리고
그 의견을 청취하는 것이 바람직할 것이다. 신탁행위로 정함이 없는 경우
에도 수탁자는 수익자의 이익을 도모하고 신탁에 손해가 생기지 않도록 필
요한 조치를 다하여야 한다. 이 경우에도 수탁자는 이러한 사정을 수익자
에게 알리고 그 의견을 청취하는 것이 바람직하다. 신탁행위로 사무처리에
관하여 위탁자의 지시를 받도록 정해져 있는 경우, 수탁자는 위탁자의 지
시에 따라야 하나, 그 지시에 따르는 것이 신탁의 취지에 적합하지 않거나
경제성이 없는 것으로 판단되어 위탁자에게 불이익할 때에는 그러한 내용
을 위탁자에게 알려주고 그 지시를 변경하도록 조언하여야 한다.19)

　선관의무에 관한 규정은 임의규정으로, 신탁행위로 달리 정할 수 있다
(본조 단서).

(2) 신탁재산의 투자에 관한 수탁자의 선관주의의무

　수탁자는 신탁재산의 가치가 유지되도록 이를 보전·관리하여야 할 뿐
아니라, 더 나아가 신탁재산을 증식시키기 위해 노력하여야 한다. 따라서

---

19) 대법원 2006. 6. 9. 선고 2004다24557 판결 참조.

수탁자는 적절한 투자대상에 신탁재산을 투자할 의무가 있다. 문제는 투자가 실패로 끝난 경우 수탁자가 어떤 경우에 선관주의의무 위반으로 인한 책임을 지는가 하는 것이다. 한편 수익자에 수익의 수익자와 원본의 수익자가 있는 경우, 수탁자는 신탁원본의 가치를 유지하여 원본의 수익자에게 이익이 되도록 하고, 동시에 수익의 수익자에게 지급될 수익을 상당한 수준으로 유지하여야 한다. 즉 이 경우에는 장래의 수익자와 현재의 수익자를 공평하게 대우하여야 하는 의무도 문제된다. 이 때 각 수익자의 경제사정과 각 수익자 사이의 관계도 함께 고려되어야 하는가 하는 문제도 제기된다. 복수의 수익자가 있는 경우의 문제점에 관하여는 후술하기로 하고, 우선 여기서는 신탁재산의 투자에 있어서 기울여야 할 선관주의의무와 관련한 문제점들을 살핀다.

(가) 신탁법 제41조의 내용

법 제41조는 신탁재산인 금전을 투자할 수 있는 대상을 열거하고 있다. 즉 신탁재산인 금전은 신탁행위에서 별도의 정함이 없으면 ① 국채·지방채 및 특별법에 의해 설립된 법인의 사채, ② 국채·지방채 또는 특별법에 의해 설립된 법인의 사채를 담보로 하는 대부, ③ 은행예금 또는 우체국예금에만 투자할 수 있다. 이 규정은 일본 구 신탁법 제21조[20]와 1922(大正 11). 12. 29.의 勅令 519호 제5조[21]를 본받아 규정한 것이다. 이와 같이 신

---

20) "신탁재산에 속하는 금전의 관리방법에 관하여는 칙령으로 이를 정한다."
21) "① 신탁재산에 속하는 금전의 운용은 신탁행위로 별단의 정함이 있는 경우를 제외하고 다음 방법에 의하여야 한다. 1. 공채 및 특별한 법령에 의하여 설립한 회사의 사채의 응모, 인수 또는 매입, 2. 국채 기타 전호의 유가증권을 담보로 하는 대부, 3. 우편저금, 4. 저축은행 및 특별한 법령에 의하여 설립한 은행에의 예금, 5. 전호의 은행 외의 은행에의 예금 ② 전항 제5호의 방법에 의한 운용은 당해 방법에 의하여야 할 부득이한 사유가 있다고 인정되는 경우에 한한다."

탁재산의 투자대상을 안정성이 높은 것으로 한정하는 태도는 영미법의 전통을 따른 것이다. 그러므로 위탁자(또는 위탁자로부터 권한을 받은 자)가 금전의 운용방법을 특정하거나 지정한 경우 외에는, 수탁자는 법 제41조가 정하는 방법으로만 금전인 신탁재산을 운용할 수 있다. 한편 신탁을 업으로 하는 회사(신탁회사)의 신탁재산 운용방법에 관해서는 「자본시장과 금융투자업에 관한 법률」(이하 '자본시장법') 제105조, 제106조, 「자산유동화에 관한 법률」제16조 제1항에서 따로 정하고 있다.

(나) 영미신탁법상 신탁재산 투자에 관한 원칙

1) 영국

1720년 남해회사 주식투기사건(South Sea Bubble)을 계기로 18세기 영국의 형평법원은 신탁재산의 투자로 인한 수익은 수탁자가 아니라 신탁재산에 귀속되고, 수탁자는 한정된 대상에 대하여만 투자할 수 있다는 원칙을 세웠다. 형평법원은 처음에 국채만을 적법한 투자대상으로 인정하다가, 19세기에는 지방채, 식민지채권, 공기업이나 철도회사의 주식 등이 투자허용목록에 포함되었고, 1925년 수탁자법(Trustee Act)에서도 그 기조가 유지되었다. 그러나 투자대상을 위와 같이 제한함에 따라 수탁자는 수익률이 높은 회사의 주식에 투자할 수 없었고, 이에 따른 불만이 높아졌다. 또한 수탁자는 수익자의 격려 또는 동의 아래 법률에 의해 인정되지 않은 투자대상에 투자하는 일이 빈번하게 발생하였다. 법원 역시 위탁자 또는 유언자가 신탁설정시에 법정투자대상 외의 투자도 허용하는 신탁조항을 유효하다고 보았다. 이 때문에, 안전한 투자를 독려하려던 수탁자법의 규정은 오히려 수탁자에게 투자에 관한 광범한 재량을 부여하는 신탁조항의 일반화를 가져왔다. 이에 영국 의회는 1961년 수탁자투자법(Trustee Investment Act)을 제정하여, 허용되는 투자대상의 범위를 대폭 확대하였다. 이에 따르면 수탁자는 일정한 요건을 갖춘 회사의 주식에 신탁재산의 75%까지 투자할 수 있다. 그러나 위 법률은 국채 기타 확정이자부 채권으로 구성된 좁은 범위의 투자(narrower-range investment)와 회사의 주식으로 구성된 넓은 범위의 투자(wider-range investment)로 나누고, 신탁재산의 절반까지만 넓은 범위의 투자를 할 수 있도록 정하였으나,22) 위 법률은 수탁자에게 과도하고 불필요한 제한을 가한 것이라는 비판을 받았다. 그리하여 영국 의회는 2000년 수탁자법(Trustee Act)을 제정하여, 신탁재산의 투자대상 또는 투자범위에 대한 제한을 철폐하였다. 이로써 현재 영국의 수탁자는 몇 가지 예외(연금신탁, 유닛신탁, 자선신탁의 공동투자기구)를 제외한 모든 신탁에서, 신탁설정행위에 특별한 규정이 없는 한, 투자대상이나 투자범위에 아무런 제한을 받지 않고 어떤 투자도 할 수 있다. 그렇다고 하여 수탁자의 투자에 아무런 제한이 없는 것은 아닌데, 즉 수탁자는 충실의무, 법정주의 의무, 복수수익자 사이의 평등대우의무 등 일반적인 의무 외에도, 일반적 투자기준(standard investment criteria)에 따를 의무,23) 적절한 조언을 얻고 고려할 의무24) 등을 준수하여야 한다.

여기서 수탁자법이 정하는 일반적 투자기준이란, 실행하려는 특정 투자와 같은 종류의 투자가 신탁에 적합하고, 그와 같이 적합한 종류의 투자 중 당해 투자가 신탁에 적합할 것(투자적합성), 신탁의 조건에 비추어 신탁의 투자를 다양화할 것(투자다양성)을 말한다.25) 여기서 영국 신탁법은 수탁자의 투자대상 선택에 있어서 신중인 기준(prudent man rule)이 아니라 포트폴리오 이론(portforlio theory)26)을 받아들였음을 알 수 있다. 종래 판례

---

22) 이에 관하여 자세한 것은 Underhill & Hayton, 563 ff. 참조.
23) Trustee Act of 2000, s. 4.
24) Trustee Act of 2000, s. 5.
25) Trustee Act of 2000, s. 4(3).
26) 포트폴리오 이론에 대한 일반적이고 기초적인 설명은 Harvey E. Bines, Modern Portfolio Theory and Investment Management Law: Refinement of Legal Doctrine, Columbia L. Rev., vol. 76 (1976), pp. 721f; Paul G. Haskell, The

에서 인정되어 오던 신중인기준은 각 투자가 개별적, 독립적으로 평가되는 것을 전제로 하여, 법률상 허용된 대상에 투자하더라도 그 투자에 위험성이 있으면 투자를 피하여야 한다는 것이다.[27] 위 기준은 19세기 말, 수탁자의 권한남용과 불안정한 경제상황에 직면하여 신탁재산을 보전하기 위해 도입되었다. 따라서 신중인 기준은 불가피하게 위험의 회피를 강조하게 되었다. 그러나 투자환경의 변화에 따라 투자시장에서 포트폴리오 투자의 원칙이 일반적으로 받아들여지면서, 수탁자의 투자에 있어서도 투자를 분산하고 개별 투자가 아니라 전체 포트폴리오의 관점에서 위험과 수익을 평가하여 수탁자의 의무위반 여부를 가려야 한다는 주장이 널리 받아들여졌다.[28]

2) 미국

미국신탁법의 발전경향도 영국의 그것과 비슷하다. 즉 20세기 초까지만 해도, 대부분의 주에서 몇 가지 적법한 투자대상을 한정적으로 열거하고, 그 외의 투자대상에 투자를 하면 선관주의의무 위반에 해당한다고 판단하였다. 그러나 1930년대 이후 주식투자의 수익률이 법정투자대상보다 높아지자, 많은 주에서 신중인 기준을 따르기 시작하였다.[29] 이에 따르면, 수탁자는 예상되는 기대수익과 원본의 안전성을 모두 고려하여 신중한 사람이

Prudent Person Rule for Trustee Investment and Modern Portfolio Theory, N.C.L. Rev., vol. 69 (1990), pp. 87f; John H. Langbein, *The Uniform Prudent Investor Act and the Future of Trust Investing*, Iowa L. Rev., vol. 81 (1996), pp. 641f. 참조.

27) 이에 관한 영국의 리딩케이스는 *Learoyd v. Whiteley* (1887) 12 App. Cas. 727 이다.

28) Moffat, p. 464.

29) 미국에서 신중인기준에 관한 리딩케이스는 *Harvard College v. Amory*, 26 Mass. (9 Pick.) 446 (1830)이다. 오늘날 투자대상을 법정하고 있는 주는 알라바마 주와 켄터키 주 둘 뿐이다.

자기의 사무를 처리하는 것과 마찬가지의 주의를 기울여야 하고, 그와 같은 주의를 기울였음이 입증되면 투자의 결과 손해가 발생하더라도 손해배상책임을 지지 않는다. 그러나 신중인 기준은 투자대상이 여럿일 때, 한 투자에서 이익을 보고 다른 투자에서 손해를 본 경우, 그 투자결과를 전체적으로 평가하지 않고, 각 투자마다 선관주의의무의 위반이 있는지 판단하므로, 아무리 유능한 투자전문가라도 손해배상책임을 지게 되는 위험을 내포하고 있었다. 그리하여 수탁자의 투자에 관하여도 포트폴리오를 기준으로 전체적으로 선관주의의무 위반을 판단하여야 한다는 견해가 득세하여, 미국법조협회(American Law Institute)는 1992년 미국신탁법 제3리스테이트먼트 227조로 신중투자자 원칙(prudent investor rule)을 발표하였고, 이것이 통일신중투자자법(Uniform Prudent Investor Act)으로 채택되기에 이르렀다. 신중투자자 기준에 따르면, 각 투자마다 선관주의의무 위반이 있는지 판단하는 것이 아니라, 투자가 적정하였는지 여부를 신탁재산의 포트폴리오가 전체적으로 얼마나 잘 운용되고 있는가에 따라 판단한다.[30] 따라서 수탁자는, 각 투자대상의 특성을 고려하여, 자산가치의 증가가 있는 것과 일정한 소득을 얻을 수 있는 것, 운용이익은 낮으나 안전성이 높은 것과 다소 손실의 위험은 있으나 투자가 성공할 경우의 이익이 높은 것 등을 섞어서 신탁재산의 포트폴리오를 구성할 수 있다. 이 때 수탁자가 고려하여야 할 요소로는, 투자 당시의 경제환경, 예상되는 인플레이션 또는 디플레이션의 효과, 세금 문제, 각 투자자산이 전체 투자자산에서 차지하는 비중과 역할, 예상 수익, 예상되는 자산가치의 증대, 수익자의 다른 자산, 투자금을 회수할 필요성, 신탁재산의 고정수익, 신탁재산 자체의 보존 필요성, 신탁재산 자체의 감가상각 또는 가치 증가, 신탁의 목적 또는 수익자와의 관계

---

30) Uniform Prudent Investor Act § 2(b). 이에 관한 일반적인 설명으로 John H. Langbein, *The Uniform Prudent Investor Act and the Future of Trust Investing*, Iowa L. Rev. vol. 81 (1996), pp. 641f.; 참조.

에서 특정 재산이 가지는 의미 등이다.

(다) 우리 신탁법상 수탁자의 투자의무

이와 같이 투자대상에 대한 제한을 철폐하는 것이 최근 영미신탁법의 경향이라고 할 수 있다. 우리 신탁법의 개정과정에서도 영미의 포트폴리오 이론을 받아들여 투자대상에 대한 제한을 철폐해야 한다는 견해가 제시되었다.[31] 그러나 신탁행위로 정하면 충분하다는 점 등을 이유로 개정안에 포함되지는 않았다.

제41조가 정한 투자대상의 제한은 신탁행위로 달리 정한 경우에는 적용되지 않는다. 그러므로 신탁행위에서 제41조의 적용을 배제할 수도 있다. 그 경우 신탁재산의 운용방법에 관하여 선관주의의무가 적용되므로, 신탁재산의 투자와 관련하여 생길 수 있는 분쟁은 대체로 선관주의의무를 정한 제32조의 해석에 의해 해결될 것이다. 이 때 앞서 설명한 영미에서 발전된 법리를 차용하여도 무방하다고 생각된다.

투자대상의 선정이 적절하였는지 여부는 투자 당시를 기준으로 판단한다. 따라서 예컨대 육계가공업을 주목적으로 하는 회사의 주식을 매수한 후, 조류인플루엔자의 발병으로 그 회사의 주가가 폭락하였다고 하더라도, 그 가능성을 투자 당시 예측할 수 없었다면, 수탁자의 투자결정이 합리적인 것으로 보이는 한, 수탁자는 부적절한 투자를 한 데 따른 손해배상책임이 없다. 이 때 수탁자가 주가 폭락 이후 그 주식을 계속 보유할 것인지, 아니면 신속히 매각할 것인지의 판단을 함에 있어서도, 신중한 투자자가 기울였을 주의의무를 다하는 한, 수탁자는 손해배상책임이 없다.

수탁자는 단순히 투자대상의 선정에 있어서 오로지 신탁재산 또는 수익자의 이익만을 고려하였다는 사실을 입증함으로써 그 책임을 면할 수 있는

---

31) 법무부, 신탁법 해설, 2012, 333면.

것은 아니다. 수탁자에게는 투자대상을 선정할 만한 능력이 있어야 하고 (만약 그러한 능력이 없다고 판단하였다면 수탁자의 지위를 수락하지 않거나 수락하였더라도 사임하였어야 할 것이다), 그만한 능력이 없다는 사실 자체가 신중한 투자자의 주의의무를 다하지 못한 것이 된다. 반면, 신탁회사나 은행과 같이 고도의 전문적 능력을 가진 수탁자의 경우에는, 전문가가 아닌 사람이 수탁자가 된 경우에 비하여 더 높은 정도의 주의의무, 즉 전문적 능력을 가진 사람이 기울여야 할 주의의무를 다하여야 한다.[32] 만약 실제로는 투자에 관한 전문적 능력이 없으면서도 있다고 거짓말하여 수탁자가 된 후, 투자가 실패한 때에는, 만약 전문적 투자자라면 투자의 위험성을 알 수 있었으나 전문가 아닌 신중한 투자자라면 이를 알 수 없었을 경우, 수탁자는 (자신이 전문적 능력을 가지지 못하고 있다고 하더라도) 전문적 투자자로서의 주의의무를 다하지 못한 한 손해배상책임을 면할 수 없다.[33]

수탁자는 신탁재산을 가능한 한 분산하여 투자할 의무가 있다. 이것은 하나의 투자대상에만 투자하였다가 자칫 신탁재산 전부를 소진하여 신탁의 목적을 달성하지 못하게 될 우려가 있기 때문이다. 그러나 예컨대 신탁재산이 소규모이어서 분산투자할 경우의 비용보다 편익이 더 큰 경우, 또는 신탁설정자가 신탁설정문서에 신탁재산을 보존하도록 지시하고 있는 경우에는 분산투자를 할 의무가 없다.[34] 만약 신탁설정자가 신탁설정시에 신탁재산의 보존에 관하여 아무런 언급을 하지 않고 있는 경우에는, 수탁자로서는 신탁재산을 보존할 것인지 아니면 매각하여 재산을 증식할 것인지에 관하여 수익자로부터 동의를 얻거나, 법원의 허가를 얻어 두어야 할 것이다. 만약 그와 같은 조치를 취해 두지 않으면, 수탁자는, 신중한 투자

---

32) Pettit, *Equity and the Law of Trusts*, 10th ed., Oxford University Press, 2006, p. 394.
33) Pettit, p. 394; Uniform Probate Code § 7-302; Uniform Trust Code § 806.
34) Uniform Probate Code § 3.

자라면 분산투자를 하였을 것이라고 인정되거나(신탁재산을 그대로 보존한 경우), 반대로 신탁설정자의 의사에 반하여 재산을 관리하였다고 인정되어(신탁재산을 처분한 경우), 손해배상책임을 지게 될 수도 있다.

위탁자가 전문가의 조언을 들은 후 투자할 것을 신탁조항에 넣은 경우, 수탁자는 이에 따를 의무가 있다. 예컨대 주식에 투자할 경우에는 설정자의 주식중개인으로부터 조언을 얻고, 그 밖의 투자를 할 때에는 일정한 사람으로 구성된 투자자문회의 조언을 얻도록 할 수 있다. 설정자는 이와 같이 정함으로써 투자전문가의 전문지식을 활용하면서도 설정자의 배우자 또는 자녀가 신탁재산의 관리에 관여할 수 있는 길을 열어 둘 수 있다. 만약 수탁자가 이들의 조언에 따라 투자하였다가 손해를 본 경우, 수탁자의 손해배상책임은 제한되어야 할 것이다. 미국의 경우 각 주에서 법률과 판례로 이를 인정하고 있다.[35]

또한 수탁자는 정기적으로 투자대상에 대한 객관적인 평가를 하여, 신탁재산의 자산가치를 유지하기 위해 노력하지 않으면 안된다. 경제사정의 변동에 따라, 투자할 당시 수익성이 높은 것으로 평가되었던 투자대상이라고 하더라도, 그 후 투자가치가 하락하는 경우에는 이를 즉시 신탁재산의 투자대상에 반영하여야 한다.

마. 선관주의의무 위반행위의 효과

선관주의의무에 위반하는 행위의 효력에 관해서는 규정이 없다. 따라서 수탁자가 수익자에 대한 선관주의의무에 위반하여 한 법률행위를 무효로 볼 근거는 없다. 다만 그 위반에 대한 제재로서 원상회복 또는 손해배상의

---

35) Uniform Trust Code § 808.

무가 성립한다(제43조 제1항, 제2항).[36]

또 선량한 관리자의 주의를 위반하여 비용을 지출한 경우에는 그로 인해 확대된 비용은 그 비용의 지출 또는 부담에 정당한 사유가 없으므로 비용상환청구를 할 수 없다.[37]

신탁행위로 주의의무의 정도를 낮추는 것은 가능하지만, 고의 또는 중과실로 선관의무를 위반하여 생긴 손해에 대하여 면책하는 것은 허용되지 않는다.[38] 그러한 신탁행위는 공서양속에 반하기 때문이다.

수익자가 선관주의의무위반으로 인한 손해배상청구권을 사후에 포기하는 것은 가능하지만, 단순히 수익자가 손해발생 사실을 알면서도 이의를 제기하지 않았다거나 선관주의의무 위반으로 취득한 이익을 지급받았다는 사정만으로 손해배상청구권을 포기하였다고 할 수는 없다.[39]

한편 영업수탁자의 경우에도 자본시장법은 신탁법과 유사한 규정을 두고 있다(자본시장법 제37조, 제102조).

---

36) 大判 2007. 11. 29. 2005다64552(미간행), 大判 2008. 3. 27. 2006다7532, 7549 (미간행).
37) 大判 2006. 6. 9. 2004다24557(공2006, 1253).
38) Uniform Trust Code § 108 참조.
39) 大判 2007. 11. 29. 2005다64552(미간행).

4. 공평의무

가. 공평의무의 의의와 성질

공평의무는 둘 이상의 수익자가 있는 경우 이들 수익자를 공평하게 취급해야 한다는 의무이다. 복수의 신탁을 인수한 경우 각 신탁의 수익자에 대해서도 공평의무가 인정된다. 구법에는 이에 관한 명시적인 규정이 없었으나 해석상 이러한 의무가 인정된다는 데 이견이 없었다. 신법은 제35조에서 수탁자의 공평의무를 명시하였다.

공평의무의 성질에 관하여 영미법에서는 이를 충실의무가 구체화된 것으로 이해하는 것이 일반적이다.[1] 이에 대해서는 충실의무를 수탁자와 수익자 사이의 이익상반 상황에서만 문제되고, 수익자와 제3자(수익자 포함) 사이의 이익상반 상황에서는 문제되지 않는다고 보고, 공평의무를 선관주의의무의 한 적용례로 이해하려는 견해도 있다.[2] 그러나 수익자가 여럿 있는 경우 수탁자는 각 수익자를 공평하게 대우함으로써만 각 수익자에 대한 충실의무를 이행한 것으로 평가될 수 있다. 따라서 공평의무는 충실의무로부터 나오는 의무라고 보아야 할 것이다. 현행 신탁법도 제43조 제3항에서 제35조를 포함함으로써 공평의무를 충실의무로부터 파생되는 의무로 이해

---

1) Restatment (Third) of Trusts §79; Scott on Trusts, vol. 2A, §183; John H. Langbein, *Questioning the Trust Law Duty of Loyalty: Sole Interest or Best Interest?*, Yale L.J., vol. 114 (2005), p. 939.
2) 鈴木正具 외 編, コンメンタール信託法, ぎょうせい(2008), 139면.

하고 있음을 보여주고 있다.

나. 공평의무의 내용

(1) 공평의무가 문제되는 상황

공평의무는 하나의 신탁에 하나의 수익자가 있고 귀속권리자가 따로 정해져 있지 않은 경우에는 문제되지 않는다. 공평의무는 우선 하나의 신탁에 여럿의 수익자가 있는 경우 또는 한 수탁자가 복수의 신탁을 인수한 경우에 문제된다. 여럿의 수익자는 동시에 있을 수도 있고 순차적으로 있을 수도 있다. 예컨대 법 제60조에 의한 수익자연속신탁이 설정된 경우에도 순차적으로 수익권을 취득하는 수익자 사이에서 공평의무가 인정된다. 또 수익자 외에 귀속권리자(제101조 제1항)이 정해져 있는 경우에도 수익자와 귀속권리자 사이에서 공평의무가 인정된다(제35조 유추).

(2) 공평의 의미

공평은 평등과는 다른 의미로서 모든 수익자를 반드시 동등하게 취급해야 한다는 뜻이 아니다. 서로 다른 권리내용을 가지는 복수의 수익권이 있는 경우에는 구체적인 사정을 고려하여 판단하게 된다. 따라서 신탁의 목적과 신탁행위의 내용을 고려하여 공정하고 형평에 맞는 차등은 허용된다.[3] 또 다른 구체적인 기준이 없는 경우에는 수탁자가 재량에 따라 공평

---

3) Uniform Trust Code §803 comment.

하다고 생각되는 바에 따라 취급하면 되고, 이 경우 그 재량권의 행사에 일탈남용이 없는 한 그 결과만 두고 공평의무 위반이라고 할 수 없다.

공평의무는 신탁행위로 달리 정하는 경우 그에 따라야 한다. 예컨대 신탁계약에서 우선수익자와 후순위수익자를 구별하여, 수익의 배당이나 원본의 반환에 관하여 전자를 후자보다 우선한다는 취지의 규정을 두는 경우, 수탁자가 그에 따라 배당이나 원본반환을 하더라도 공평의무에 반하지 않는다.4)

다. 공평의무 위반의 효과

공평의무는 충실의무에서 파생된 의무이므로 공평의무 위반의 효과는 충실의무 위반의 효과와 마찬가지로 보아야 한다. 우선 공평의무 위반행위는 그 효력이 없다. 따라서 공평의무 위반행위에 의해 이익을 얻은 수익자는 손해를 본 수익자에 대하여 직접 그 이익의 반환을 구할 수 있다. 공평의무에 반하는 한도에서 그로부터 이익을 얻은 수익자는 손해를 입은 수익자에게 귀속될 채권을 침해하는 것이 되기 때문이다. 즉 침해부당이득이 성립한다.

수탁자가 공평의무에 위반하는 행위를 하여 신탁재산에 손해가 발생하

---

4) 또한 신탁행위로 정한 바에 따라 우선수익자의 지시를 받아 신탁재산을 처분하는 것이 후순위수익자의 이익을 크게 해치게 되는 경우 수탁자가 신탁행위에 정한 바에 따라 행위하였다고 하여 공평의무까지 면하게 되는 것은 아니다. 이 경우 공평의무의 구체적인 내용은 신탁행위의 해석에 따라 정해지게 될 것이다. 참고로 영국의 토지신탁 및 수탁자 임명에 관한 법률(Trusts of Land and Appointment of Trustees Act 1996) 제4조는 토지신탁에서 신탁행위에 달리 정함이 있더라도 수탁자에게 토지의 처분을 연기할 권한이 있고, 수탁자가 그 재량에 따라 토지의 처분을 무기한 연기하더라도 그에 따른 책임을 지지 아니한다고 정하고 있다.

였다면 수익자는 원상회복 또는 손해배상을 청구할 수 있다. 그러나 이 구
제는 신탁재산에 손해가 생기는 경우에만 인정된다. 그리하여 신탁재산에
손해가 생기지 않더라도 수탁자가 공평의무에 위반하는 행위를 하여 일부
수익자에게 회복할 수 없는 손해가 생길 우려가 있는 경우에는 수탁자에게
그 행위를 유지할 것을 청구할 수 있다고 정하였다(제77조 제2항).

5. 자기집행의무(제42조)

수탁자는 위탁자 또는 수익자와 사이의 신뢰관계에 기하여 신탁사무를 처리하는 자이므로 신탁사무를 스스로 처리하여야 하고 이를 다른 사람에게 위임하여서는 아니된다. 이를 자기집행의무라고 한다.

자기집행의무를 신법에서도 유지할 것인지에 관해서는 논의가 있었다. 영미의 최근 경향[1]과 일본 개정 신탁법[2]은 자기집행의무를 완화하거나 이를 의무가 아니라 위탁권한으로 파악하려는 태도를 보이고 있다. 이는 전문화, 복잡화되어 가는 거래현실을 반영한 것이다. 또 상장증권의 예에서 보는 바와 같이 자기집행의무를 이행하는 것이 법적으로 불가능한 예도 있다. 이러한 이유를 들어 우리 법에서도 자기집행의무를 폐기하고 신탁사무를 위탁할 권한이 있다고 정하여야 한다는 견해도 있었다.[3] 그러나 민법상 대리인이나 수임인도 복대리나 재위임이 원칙적으로 금지되어 있고, 필요한 경우 신탁행위로 정하거나 수익자의 동의를 얻게 하면 충분하다는 사정 등을 들어 구법의 태도를 유지하기로 하였다. 다만 문언은 구법과 달리 자기집행의무를 완화하는 형태로 되어 있다.

수탁자는 정당한 이유가 있는 경우 수익자의 동의를 얻어 신탁사무를 타에 위임할 수 있다. 또 신탁행위로 정한 경우에도 그러하다. 상장증권이 신탁재산인 경우에는 예탁결제원에 예탁이 강제되어 있으므로 수탁자가

---

1) 영국: Trustee Act 2000 § 11. 미국: UTC § 807, Restatement (Third) of Trusts § 171.
2) 일본 개정 신탁법 제28조.
3) 법무부, 신탁법 해설, 341면.

이를 스스로 보관할 수 없다. 이 경우에는 법률의 규정에 의해 위임이 강제되는 것이므로 수탁자는 자기집행의무를 면한다.

수익자의 동의를 얻어 위임한 경우, 수탁자는 수임인의 선임·감독에 관한 책임만 부담한다(제42조 제2항). 신탁행위로 정한 경우에도 마찬가지이다. 신탁행위로 책임의 범위를 변경시키는 것도 가능하다. 한편 위와 같이 신탁사무를 위임받은 자는 수탁자와 동일한 의무를 부담하고, 그 의무 위반에 대하여도 동일한 책임을 진다(제42조 제3항). 이들 규정도 모두 구법의 그것과 같은 내용을 정하고 있다.

6. 수탁자의 의무에 대한 이행의 강제

가. 개관

이상 수탁자의 신탁법상 의무에 관하여 개별적으로 상술하였다. 수탁자에게는 다른 재산관리제도의 재산관리인과 달리 매우 높은 수준의 의무가 부과되어 있다. 그것은 수탁자가 자기의 이름과 계산으로 신탁사무를 처리하고, 신탁재산에 관한 권리의무도 자기에게 귀속되기 때문에 그만큼 그 권한 남용의 여지가 많다는 사실을 고려한 것이다.

이러한 의무의 이행은 어떤 방법으로 강제되는가? 우선 의무위반행위가 발생하지 않도록 사전에 抑止하는 방법으로는 (1) 수탁자의 자격제한 (2) 공동수탁자 제도 (3) 법원에 의한 감독 (4) 수익자 등에 의한 감독을 들 수 있다. 그리고 의무위반행위가 발생한 뒤의 사후적 구제수단으로는 (5) 수탁자에 대한 원상회복청구 및 이득반환청구, (6) 제3자에 대한 신탁재산의 반환청구를 들 수 있다. 여기에서 주목할 것은, 사후적 구제수단은 모두 그 청구권자가 그 이행의 상대방(변제수령권자)으로 되는 것이 아니라는 점이다. 이것은 이들 사후구제제도가 직접적으로는 신탁재산의 보호를 위한 것이기 때문이다. 그러므로 이들 사후적 구제수단에 대해서는 다음 장에서 상세히 검토하기로 하고, 여기에서는 위반행위가 발생하지 않도록 억지하는 제도적 장치에 관하여 설명하기로 한다.

나. 수탁자의 자격제한 및 공동수탁자제도

(1) 수탁자의 자격 제한

수탁자의 재량권 남용에 대한 가장 근본적인 예방책은 성실하고 정직한 수탁자를 선임하는 것이다. 법은 미성년자, 한정치산자, 금치산자 및 파산선고를 받은 자는 수탁자가 될 수 없다고 정하고 있다(제11조). 여기서 파산선고를 받은 자란 파산선고를 받고 면책되지 아니한 자를 의미한다. 그외에는 수탁자의 자격에 법령상 제한이 없다. 회생 또는 개인회생절차가 개시된 경우에도 본조를 유추하여야 할 것인가 문제될 수 있는데, 명문의 규정을 두지 아니하였고 파산선고와 달리 수탁자의 임무종료사유로도 규정되어 있지 않다는 점을 고려하면 유추를 부정하고 반대해석에 의함이 옳을 것이다. 입법론으로는 공익신탁의 경우 과거의 범죄경력 등을 고려하여 자격제한을 두는 것도 생각해 볼 수 있다.[1]

(2) 공동수탁자제도

수탁자가 여럿인 경우 신탁행위로 달리 정한 바가 없으면 수탁자가 공동으로 신탁사무를 처리해야 한다(제50조 제2항). 즉 수탁자 전원의 의견이 일치하여야 하고, 다수결에 의한 의사결정은 허용되지 않는다. 그러므로 공동수탁자를 두는 것은 수탁자의 재량권 남용에 대한 억제의 기능을 한다.

---

[1] 공익법인의 설립·운영에 관한 법률 제5조 제6항, 영국 공익신탁법(Charities Act) 제178조 참조.

다. 수탁자의 신탁사무처리에 대한 법원의 감독

신탁의 성립은 당사자의 자치에 맡겨져 있고 신탁의 성립 후에도 법원이 적극적으로 신탁사무에 관여할 수 있는 제도적 장치는 없다. 법원의 감독은 이해관계인이 법원에 신탁사무의 처리와 관련된 신청을 하면 이에 대하여 결정을 내리는 소극적인 방식으로 이루어진다. 신탁법에는 법원이 이해관계인의 신청을 받아 결정을 내리도록 하는 규정이 다수 있고, 비송사건절차법은 그 상세한 절차에 관한 규정을 두고 있다(비송사건절차법 제39조 이하). 법 제105조 제1항 본문이 정하고 있는 것은 그 외의 신탁사무 처리에 관하여도 일반적으로 법원의 감독을 받는다는 것이다.[2] 이 경우에도 법원은 이해관계인의 신청에 대하여 재판을 하는 소극적인 방법으로 감독할 수 있을 뿐이다.

신탁에 대한 법원의 후견적 감독규정이 입법적으로 타당한가에 관하여 의문을 제기할 수도 있다. 공익신탁의 경우에는 그 사무의 내용이 공익에 관계된 것이므로 그 사무처리에 관한 행정부(주무관청)의 관여가 타당하다고 할 수 있다(제108조). 그러나 사익신탁은 그 사무의 내용이 직접 공익에 관계된 것이 아니므로 주무관청을 관념할 수 없을뿐더러, 주무관청이 감독하는 것은 사적 자치에 대한 지나친 침해라고 할 수 있다. 그렇다고 하여 법원의 감독까지 부당하다고 할 것은 아니라고 생각된다. 우선 이러한 규정의 존재 자체가 수탁자의 재량권 남용 가능성을 줄이는 효과가 있다. 수탁자로서는 이해관계인의 신청에 의해 법원이 개입하는 것을 바라지 않을 것이기 때문에 가급적 합리적인 방법으로 재량권을 행사하려 할 것이다.

---

2) 영업신탁의 경우에는 법원의 감독을 받지 않는다(제105조 제1항 단서). 신탁의 인수를 업으로 하는 자에 대한 감독은 자본시장법에 의해 금융위원회 또는 금융감독원장에게 맡겨져 있다. 자본시장법 제415조, 제419조 등 참조. 한편 일본 개정신탁법은 신탁에 대한 일반적 감독권을 정한 구 신탁법 제41조를 삭제하였다.

적극적으로 보면 수탁자가 법원의 허가를 얻어 재량권을 행사한 경우에는 결과적으로 수익자에게 불이익하더라도 이를 재량권의 남용이라고 판단하기 어려울 것이므로 수탁자의 책임에 관한 분쟁을 예방하는 효과도 있다.

라. 수탁자의 신탁사무 처리에 대한 수익자 등의 감독

(1) 정보제공의 요구

수탁자는 신탁사무와 관련된 장부 및 그 밖의 서류를 갖추어 두고 각 신탁에 관하여 그 사무의 처리와 계산을 분명히 하여야 한다. 또 수탁자는 신탁을 인수한 때와 매년 1회 일정한 시기에 각 신탁의 재산목록을 작성하여야 한다. 이러한 장부 그 밖의 서류는 일정한 기간 보존하여야 한다(제39조). 이러한 장부 등 서류의 작성·보존 및 비치의무는 수탁자 감독의 실효성을 확보하기 위하여 인정되는 것이다.

위탁자나 수익자는 수탁자에게 신탁사무의 처리와 계산에 관한 장부 및 그 밖의 서류의 열람 또는 복사를 청구하거나 신탁사무의 처리와 계산에 관하여 설명을 요구할 수 있다. 수익자는 신탁재산의 급부를 받을 자로서 신탁사무의 처리와 계산에 관하여 가장 밀접한 이해관계를 가지는 자이므로 그에게 이러한 권리를 인정하는 것은 당연하다.[3] 또 위탁자는 수탁자와

---

3) 영국 판례는 수익자에게 물적 권리(proprietary right)가 인정되기 때문에 수탁자에게 정보제공의무가 있다고 한다. O'Rouke v. Darbishire, [1920] A.C. 581. Pearce & Stevens, *The Law of Trusts and Equitable Obligations*, 4th ed., Oxford U. Press, 2006, pp. 707-708; Hanbury & Martin, *Modern Equity*, 17th ed., Sweet & Maxwell, 2005, pp. 593-596.

사이의 계약관계에 기하여 이러한 권리를 가진다고 할 수 있다(민법 제683조 참조). 수탁자는 신탁재산의 처리와 계산에 관한 정보를 수익자에게 제공할 의무가 있으나, 이 의무에는 일정한 제한이 있다. 예컨대 개인정보보호나 상거래상의 비밀유지의무와 충돌될 경우에는 정보제공을 요구하는 수익자의 이익과 자기에 관한 정보가 제공되는 다른 수익자나 수탁자 또는 제3자의 이익 사이의 형량이 필요하다.4) 그러한 이익형량의 결과에 따라 수탁자는 정보의 제공을 거절할 수 있다.

위탁자와 수익자를 제외한 이해관계인(예컨대 수익권을 양수하거나 수익권에 질권을 설정하려는 자)은 신탁사무의 계산에 관한 장부 및 그 밖의 서류의 열람 또는 복사를 청구할 수 있다. 이들에 대해서는 위탁자 또는 수익자와 달리 신탁사무의 처리에 관한 정보는 제공할 의무가 없고, 신탁사무의 계산에 관하여 설명할 의무도 없다. 마찬가지로 개인정보보호나 상거래상의 비밀유지의무와 충돌하는 경우 이익형량을 거쳐 정보공개 여부를 결정하여야 한다.

영업수탁자의 경우에는 자본시장법에서 이에 관하여 보다 상세한 규율을 하고 있다(제113조 참조).

(2) 검사인 또는 신탁재산관리인의 선임

신탁법은 법인의 감사와 같이 수탁자의 사무처리에 대한 내부적 통제장치를 두고 있지 않다. 또 중립적인 기관에 의한 감사를 받을 의무도 정하고 있지 않다. 법이 정하고 있는 검사인(제105조 제2항)은 이해관계인의 청구에 의해 비로소 선임되는 일시적인 기관이고, 상시적인 것은 아니다. 법원은 검사인의 검사결과에 따라 수탁자에게 시정을 명할 수 있다(비송사건절

---

4) Schmidt v. Rosewood Trust Ltd., [2003] 3 All E.R. 76.

차법 제44조의19 제3항). 우리 법은 검사인이 직접 수익자에게 검사결과를 보고하는 취지의 규정은 두지 않고 있고,[5] 수탁자가 법원의 시정명령을 받으면 그 사실을 수익자에게 통지하도록 하고 있을 뿐이다(비송사건절차법 제44조의19 제4항).

구법에서는 수탁자가 법원의 허가를 얻어 사임하거나 법원의 결정으로 해임된 경우에만 신탁재산관리인을 선임할 수 있도록 되어 있었다(제16조). 즉 이 경우 신탁재산관리인은 신탁재산에 관한 권리의 귀속주체에 공백이 없도록 함과 동시에 구수탁자로부터 신수탁자에게로의 사무인계가 원활히 될 수 있도록 하는 역할을 하는 것이었다. 그런데 신법은 수탁자와 수익자 사이의 이해가 상반하는 경우에도 이해관계인의 청구에 의해 법원이 신탁재산관리인을 선임할 수 있도록 정하였다(제17조 제1항). 본래 수탁자는 충실의무에 의해 수익자와 자신의 이해가 상반하는 결과를 초래하는 사무처리를 회피하여야 한다. 그럼에도 불구하고 수탁자가 이해상반의 결과를 초래하는 사무처리를 하려고 할 때 이해관계인은 법원에 신탁재산관리인의 선임을 청구할 수 있다. 신탁재산관리인은 선임된 목적 범위 내에서 수탁자와 동일한 권리·의무가 있으므로(제17조 제4항 본문) 수탁자와 수익자 사이에 이해가 상반되는 사무를 처리할 수 있다. 그 외의 사무에 관

---

5) 일본의 개정 신탁법 제47조는 검사인이 법원에 직접 검사결과를 보고하도록 정하고 있다. 이는 검사인의 주주에 대한 통지의무를 정한 일본 회사법 제358조 제7항의 규정을 참고한 것이라고 한다. 鈴木正具·大串淳子 編, コンメンタール信託法, ぎょうせい(2008), 597면. 일본 회사법 제358조 제7항은 주식회사의 업무집행에 관하여 부정행위 또는 법령이나 정관에 위반한 중대한 사실이 있다고 의심할 만한 사유가 있는 때 주주의 신청에 의해 법원이 검사인을 선임할 수 있도록 한 규정이다. 우리 상법에는 주주총회가 이사가 제출한 서류를 조사하게 하기 위하여 검사인을 선임할 수 있고, 회사 또는 발행주식 총수의 100분의 1 이상에 해당하는 주식을 가진 주주가 총회의 소집절차나 결의방법의 적법성을 조사하기 위해 주주총회 전에 법원에 검사인의 선임을 신청할 수 있게 하고 있으나(상법 제367조), 일본 회사법의 위 규정과는 그 내용이 다르다.

한 권한은 여전히 수탁자에게 남아 있다. 이해상반 상태가 해소되면 신탁재산관리인의 임무는 종료한다(제19조 제1항).6) 이와 같이 신탁재산관리인은 이해상반의 문제에 한정하여 수탁자의 신탁사무 처리에 관한 권한을 일시적으로 박탈하는 제도라고 할 수 있다.

(3) 신탁위반행위의 유지청구

구법에는 수탁자의 신탁위반행위에 대하여 사전에 이를 금지시킬 수 있는 규정을 두지 않았다. 수탁자가 신탁사무를 처리함에 있어 의무의 위반으로 수익자에게 손해를 가하는 행위는 채무불이행 또는 불법행위에 해당할 뿐이므로 사후적 구제수단으로서 금전에 의한 손해배상만이 가능한 것이 원칙이다. 따라서 구법의 태도는 민사법의 일반원칙과 일관성을 유지하는 것이었다고 할 수 있다. 한편 이에 대하여 학설 중에는 수익자가 수탁자에 대한 감독권능에 기하여 신탁위반행위의 금지를 청구할 수 있다는 것이 있었으나,7) 명문의 규정이 없다는 점에서 의문의 여지가 있었다. 개정 신탁법은 이러한 해석상의 의문을 제거하고 수익자 보호의 실효성을 제고하기 위해 일정한 요건 하에 금지청구를 허용하였다(제77조). 다만 용어는 상법의 그것을 본받아 "留止"청구라고 하였다. 제77조에 의하여 금지청구를 하기 위해서는 수탁자가 법령 또는 신탁행위로 정한 사항을 위반하거나 위

---

6) 이 경우 선임되는 신탁재산관리인과 역외신탁(offshore trust)에서 보호자(protector)는 그 기능이 다르다. 역외신탁에서 보호자는 수탁자와 수익자의 이해상반이 없이도 선임되고, 수탁자로서 사무를 처리하는 것이 아니라 수탁자의 사무처리를 감독하는 역할을 한다. 역외신탁에 관한 일반적인 소개로는 李縯甲, "非公益 目的信託에 관한 一考察", 國際去來法研究 제18집 제2호, 163면 이하 참조.

7) 李重基, 505면, 이근영, "신탁법상 수익자의 수익권의 의의와 수익권포기", 民事法學 제30집(2005), 190-192면. 일본에서는 能見善久, 現代信託法, 有斐閣(2004), 179면이 이러한 주장을 하였다.

반할 우려가 있고 해당 행위로 신탁재산에 회복할 수 없는 손해가 발생할 우려가 있어야 한다. 이 금지청구권은 수익자만 행사할 수 있다(제77조 제1항). 또 수익자 전부가 아니라 일부 수익자에게만 회복할 수 없는 손해가 생길 우려가 있는 경우에도 금지청구를 할 수 있다(제77조 제2항).

(4) 수탁자의 해임

수탁자의 감독권한으로서 가장 강력한 것은 수탁자 해임권이라고 할 수 있다. 구법에서는 수탁자의 해임은 일정한 사유가 있는 경우 법원의 결정에 의해서만 가능하였다. 즉 수탁자가 그 임무에 위반하거나 기타 중요한 사유가 있는 경우, 위탁자나 그 상속인 또는 수익자의 청구에 의하여 법원이 해임의 재판을 하도록 되어 있었다(제15조). 신탁계약의 당사자인 위탁자조차 의사표시에 의해 수탁자를 해임하지 못하고 법원의 결정에 의해서만 해임하도록 한 것은 일단 신탁이 성립한 후에 위탁자가 임의로 수탁자를 해임하는 경우 수익자의 이익에 반하게 될 우려가 있기 때문이었고, 수익자가 법원에 해임을 청구하도록 한 것은 수익자는 신탁행위의 당사자가 아니어서 해지권이 없고, 임의로 해지하는 것을 허용하면 위탁자의 신탁설정 의사에 반하게 될 우려가 있기 때문이었다. 또 그 해임사유를 제한한 것은 수탁자의 해임을 용이하게 하는 경우 신탁재산의 지속적인 관리에 지장을 줄 우려가 있기 때문이었다.

한편 구법상 위탁자가 신탁이익의 전부를 향수하는 신탁은 위탁자 또는 그 상속인이 언제든지 신탁을 해지할 수 있었으므로(제56조 전문), 이러한 신탁의 경우 위탁자나 그 상속인은 수탁자를 해임할 만한 사유가 없더라도 신탁을 종료시키고 다른 사람을 수탁자로 삼아 새로 신탁을 성립시킬 수 있었다. 따라서 이러한 신탁의 경우 수탁자의 해임은 해임사유가 없더라도 언제든지 가능하다고 해석해야 하는가 하는 의문이 있었다. 기존의 수탁자를 해임하고 새로운 수탁자를 선임하는 방법이나 신탁을 해지하고 수탁자로부터 신탁재산을 반환받은 다음 새로운 수탁자와 사이에 새로운 신탁을 성립시키는 방법은 모두 동일한 효과를 얻는 것이나, 후자를 택하는 경우 신탁재산의 권리이전에 관한 비용(예컨대 등기비용)이나 조세채무(예컨대 취득세 등)를 추가로 발생시킴으로써 수익자에게 불이익만 초래할 뿐이기 때문이다.

신법은 구법 제56조의 규정은 그대로 존치하면서(제99조 제2항), 수익자가 단독으로는 신탁을 종료시킬 수 없다는 미국 신탁법의 원칙[8])을 따르는 한편(제99조 제1항 단서), 신탁행위로 달리 정하지 않으면 위탁자와 수익자의 합의에 의해, 위탁자가 없으면 수익자가 단독으로 수탁자를 해임할 수 있다는 규정을 신설하였다(제16조 제1항 본문). 신법의 특징은 무엇보다도 법원의 재판 없이 수탁자를 해임할 수 있는 방법이 제도화되었다는 데 있다. 즉 구법에서와 같이 위탁자가 단독수익자인 경우 신탁을 종료하고 새로 신탁을 성립시키는 불편은 해소될 수 있게 되었다. 또 위탁자가 존재하는 경우에는 위탁자와 수익자의 합의로 수탁자를 해임할 수 있으므로 위탁자의 의사도 존중되고, 수익자의 이익도 보호될 수 있다(제16조 제1항 본문). 한편 위탁자가 사망 등으로 존재하지 아니하는 경우 수익자가 단독으로 수탁자를 해임할 수 있도록 한 것은, 수익자는 신탁의 이익이 전부 귀속되는 자이므로 신탁재산 관리자의 적정성에 관한 판단도 수익자에게 맡기는 것이 타당하다는 취지에서이다. 즉 법원의 도움을 받지 않고도 수탁

---

8) 영국법상으로는 수익자가 단독으로(수익자가 여럿이고 모두 성인인 경우에는 수익자 전원의 동의로) 신탁을 종료시킬 수 있다. Saunders v. Vautier (1841) 4 Beav. 115. 그럼에도 불구하고 1996년 이전에는 수익자가 수탁자를 해임하는 권한은 인정되지 않았다. 그러나 1996년 토지신탁 및 수탁자선임법(Trusts of Land and Appointment of Trustees Act 1996) 제19조에 의해 모든 수익자가 확정되고 능력자일 때 수탁자를 해임할 수 있는 권한이 부여되었다.

자를 교체할 수는 있게 하되, 신탁을 임의로 종료시킬 수는 없게 한 것이다. 이 한도에서 국가의 후견적 지원은 후퇴하고 자기책임의 원칙이 강화된 입법이라고 할 수 있다. 수익자의 해임권은 신탁행위로 제한할 수 있으므로, 위탁자로서는 자기가 믿고 선임한 수탁자가 수익자에 의해 정당한 사유 없이 교체되는 것을 막을 수 있는 길이 열려 있다.

IV. 신탁재산의 보호를 통한
수익자의 보호

1. 서 론

　수익자의 보호는 앞서 본 수탁자의 의무 강화에 의해서도 가능하지만, 이는 궁극적으로 수탁자에 대한 손해배상청구로써 실현되는 간접적인 보호라고 할 수 있다. 신탁이 위임 등의 계약관계와 다른 특징은 바로 계약당사자 아닌 수익자에게 직접 신탁재산의 보호를 위한 수단을 제공하고 있다는 점에 있다.

　영미신탁법에서 수익자에게 신탁재산의 소유자에게 부여하는 것과 같은 정도의 보호를 인정하고 있는 데 비하여, 독일신탁법에서 수익자는 제3자를 위한 계약의 수익자로서의 지위밖에 인정되지 않으며, 따라서 위탁자와 달리 신탁재산에 대한 강제집행 또는 파산절차에서 신탁재산을 배제할 권리는 부여되어 있지 않다.

　우리 신탁법은 영미신탁법의 모범에 따라 수탁자가 신탁재산을 처분한 경우 수익자가 직접 상대방 또는 전득자에 대하여 처분된 재산의 반환을 구할 수 있고, 수탁자의 채권자가 신탁재산에 대하여 강제집행하는 경우 제3자이의의 소를 제기할 수 있으며, 수탁자가 파산한 경우 신탁재산이 파산재단에 속하지 않는 등의 효과를 두고 있다. 또한 독일신탁법과 달리 강제집행 또는 파산절차에서 배제되는 재산의 범위에 아무런 제한이 없다. 즉 위탁자가 수탁자에게 직접 이전하지 않은 것이나 신탁재산의 대위물에 대해서도 신탁재산성이 인정되어, 이들 재산 역시 수탁자의 강제집행 또는 파산절차에서 배제될 수 있게 한 것이다. 신탁법은 이와 같이 영미신탁법에서와 유사한 결과를 신탁법의 규정을 통해 얻으려고 노력하였다.

　신탁의 구조 또는 수익권의 성질에 관한 채권설은 이들 규정이 수익자의 보호를 위해 둔 특별한 규정이라고 설명한다. 그러나 앞서 본 바와 같이 우리 민법과의 정합성을 유지하기 위해 채권설을 택한다고 하더라도, 이들 규정을 단순히 특별한 규정이라고만 해서는 별다른 의미가 없다. 그렇다고 해서 이들 규정이, 수익자가 신탁재산을 직접 지배하는 권리로서 물권을 가진다는 주장의 근거가 된다고 할 수도 없다. 영미에서 수익권이 형평법상 소유권이라고 할 때 그것은 수익자가 신탁재산을 직접 지배한다는 의미에서가 아니라, 수익자로서의 지위를 선의유상취득자를 제외한 제3자에 대해서도 주장할 수 있다는 의미에 불과하기 때문이다. 필자는 이들 규정은 신탁재산의 보호를 통한 수익자 보호를 목적으로 한 규정이고, 신탁재산의 보호는 신탁재산을 수탁자의 고유재산과 구별되는 특별재산으로서 취급하여 신탁재산에 대한 규율을 고유재산에 대한 규율과 달리하는 데서 출발한다고 생각한다.

2. 신탁재산의 특별재산성

가. 특별재산

(1) 특별재산의 의미

어떤 사람이 소유한 재산 중 일부가 특정한 목적을 위하여 분리되어 독자적인 재산의 집합체를 이루는 경우, 이를 특별재산(Sondervermögen)이라고 한다. 우리나라에서는 이에 관하여 많은 논의가 이루어지지는 않고 있지만, 우리 민법에서도 특별재산을 인정할 수 있다. 독일에서 특별재산은 모두 물상대위성이 인정되므로, 신탁재산의 물상대위성을 긍정하기 위하여 신탁재산이 특별재산의 일종이라고 보려는 견해가 있다.[1] 만약 신탁법이 제정되지 않았더라면, 우리 법에서도 신탁재산을 특별재산으로 인정하여 그에 물상대위성을 부여할 수 있었을까? 이 문제는 특별재산의 개념과 그 성질, 그리고 물상대위에 관한 규정의 일반적 적용가능성에 관한 검토를 통하여 해답을 얻을 수 있을 것이다. 아래에서는 우선 민법과 「채무자회생 및 파산에 관한 법률」(아래에서 채무자회생법이라고 한다)이 정한 특별재산에 관한 규정을 살펴보고, 이들 규정을 종합하여 얻을 수 있는 특별

---

1) Larenz/Wolf, § 21 Rn. 49; Hein Kötz, *Trust und Treuhand: eine rechtsvergleichende Darstellung des anglo-amerikanischen Trust und funktionsverwandter Institute des deutschen Rechts,* Vandenhoeck & Ruprecht 1963, S. 137; Helmut Coing, *Die Treuhand Kraft privaten Rechtsgeschäfts,* C.H. Beck 1973, S. 118.

재산의 개념과 성질, 그리고 물상대위성의 한계에 관하여 검토한 다음, 우
리 신탁법이 이 문제에 대하여 어떻게 대응하고 있는가에 관해 살펴보고자
한다.

(2) 우리 법에 나타난 특별재산

(가) 조합재산

조합은 전형계약의 일종이지만, 민법 제704조는 조합재산을 조합원의
합유라고 정함으로써, 조합원의 고유재산과는 구별되는 조합재산의 개념
을 인정하고 있다. 조합에 법인격이 인정되는 것은 아니므로 조합 자체의
재산이라고 할 수는 없다. 그러므로 조합재산은 조합원에게 속할 수밖에
없다. 그러나 조합은 단체로서의 성질도 가지고 있고, 단체로서 조합원의
공동의 목적을 위하여 활동을 하게 되므로, 각 조합원의 고유재산과 구별
되는 재산의 관념을 인정할 필요가 생긴다. 그러므로 조합재산은 조합원
모두에게 속하지만, 다른 한편 각 조합원의 고유재산과 구별되는 재산이
다. 이러한 의미에서 조합재산은 조합원 개개인의 고유재산과 구별되는 특
별재산을 이룬다.[2] 그러나 조합채권자는 조합재산에 대해서만, 각 조합원
의 채권자는 각 조합원의 고유재산에만 강제집행할 수 있는 것은 아니다.
각 조합원의 개인채권자는 조합재산에 대하여 강제집행할 수 없고, 이 때
다른 조합원은 보존행위로서 제3자이의의 소를 제기할 수 있다.[3] 반면 조
합채권자는 조합재산에 대해서도, 조합원의 개인재산에 대해서도 강제집
행할 수 있다(민법 제712조).[4] 조합재산에 관하여 민법은 물상대위의 규정

---

2) 郭潤直 편집대표, 民法注解 제16권, 52-53, 109면(金載亨).
3) 대법원 1997. 8. 26. 선고 97다4401 (공 1997, 2821).
4) 郭潤直 편집대표, 民法注解 제16권, 114면(金載亨).

을 두고 있지는 않으나,[5] 조합재산에서 생긴 과실, 조합재산의 멸실·훼손·
침탈로 인한 손해배상청구권이나 보험금, 수용보상금, 부당이득반환청구
권, 그리고 전조합원 또는 업무집행조합원이 조합의 업무집행을 하면서
취득한 재산은 모두 조합재산에 속한다고 해석되고 있다.[6] 다만 업무집
행조합원이 조합사무의 처리로 인하여 받은 금전 및 그 수취한 과실은 민
법 제684조 제1항을 준용하여 조합에 인도하는 절차를 거쳐야 한다고 해
석된다.[7]

(나) 상속의 승인, 포기 전의 상속재산

상속인은 피상속인이 사망한 때로부터 피상속인의 재산에 관한 포괄적
권리의무를 승계한다(민법 제1005조 본문, 제997조). 한편 상속인은 상속
개시 있음을 안 날부터 3월 내에 단순승인이나 한정승인 또는 포기를 할
수 있다(제1019조 제1항 본문). 상속인이 단순승인을 하면 아무런 제한 없
이(제1025조), 한정승인을 하면 상속으로 취득할 재산의 한도에서 피상속
인의 채무와 유증을 변제할 의무를 지고(제1028조), 포기를 하면 상속개시
시로 소급하여 피상속인의 재산에 관한 권리의무를 승계하지 않는다(제
1042조). 이처럼 상속인은 당연상속주의의 원칙(제1005조)에 따라 일단 상
속재산을 취득하지만, 그 후 일정한 시간이 경과하거나 한정승인 또는 포
기에 의하여 상속재산의 최종적인 귀속이 결정된다. 그런데 상속개시시부
터 승인 또는 포기가 있을 때까지 사이에 상속인의 고유재산과 상속재산이

---

5) 독일민법 제718조 제2항은 조합재산에 속하는 권리에 기하여 취득된 것, 또는 조
   합재산에 속하는 목적물의 멸실, 훼손 또는 침탈에 대한 배상으로 취득한 것도 조
   합재산에 속한다고 규정하고 있다.
6) 郭潤直 편집대표, 民法注解 제16권, 54면(金載亨).
7) 郭潤直 편집대표, 民法注解 제16권, 81면(金載亨). 따라서 물상대위가 아니라 채
   권적 대위라고 할 수 있다.

혼합되고 나면, 단순승인의 경우는 문제가 없지만, 상속인이 한정승인 또는 포기를 한 경우에는 피상속인의 채권자에게 불측의 손해를 입히는 결과가 생기게 된다. 따라서 상속재산과 상속인의 고유재산을 분리할 필요가 있게 된다.[8] 민법 제1022조가 "고유재산"과 "상속재산"을 구분하고, 상속인에게 상속재산의 관리의무를 부과하고 있는 것은 이 취지이다. 따라서 상속인은 상속재산과 고유재산을 구별하여 관리하여야 한다. 다만 상속인이 상속재산을 처분한 경우에는 단순승인을 한 것으로 간주되므로(제1026조 제1호), 여기서 관리는 처분을 제외한 민법 제118조 소정의 행위에 제한될 것이다. 이해관계인은 재산관리인의 선임 등 보존에 필요한 조치를 법원에 신청할 수 있다(제1023조 제1항).[9] 만약 재산관리인이 선임되면 상속재산의 관리권은 재산관리인에게 이전되지만, 여전히 상속재산은 상속인의 소유에 속한다. 여기서 상속재산은 고유재산과 함께 상속인의 재산에 속하지만, 고유재산과 분리되어 관리되는 특별재산이라고 할 수 있다. 민법은 그 외에 승인, 포기 전의 상속재산에 관하여 물상대위에 관한 규정은 두지 않고 있다.

(다) 한정승인을 한 경우의 상속재산

한정승인을 하게 되면 상속인은 상속재산의 한도에서 피상속인의 채무와 유증을 변제할 의무를 지게 된다(제1028조). 이 경우 상속인의 피상속인에 대한 권리의무는 혼동으로 소멸하지 않는다(제507조, 제1031조). 한정승인자는 채권 또는 유증의 신고를 받고(제1032조), 피상속인에 대한 채권

---

8) 金疇洙, 親族相續法, 法文社(1989), 523면.
9) 상속인이나 상속의 포기를 한 자의 관리가 부적절하거나 불가능한 경우 다른 공동상속인이나 이해관계인의 입장에서 상속재산의 보존을 위한 조치를 취할 필요가 있게 된다는 취지에서 둔 규정이다. 대법원 1999. 6. 10.자 99으1 결정(공 1999하, 1410).

자와 유증권리자에 대하여 변제를 하여야 한다(제1032, 1034, 1036조). 피
상속인에 대한 채권자와 유증권리자에 대한 책임재산은 상속재산에 한정
되고(제1039조 참조), 한정승인자는 부당변제 등의 사유가 없는 한(제1038
조), 고유재산으로는 책임을 지지 않는다. 이와 같이 한정승인을 한 경우
상속인의 고유재산과 상속재산이 분리되고, 별개의 책임재산을 이룬다.10)
그러나 고유재산 뿐 아니라 상속재산도 그 소유자는 여전히 상속인이다.
민법은 이 경우에도 물상대위에 관한 별도의 규정은 두고 있지 않다.

(라) 상속재산을 분리한 경우

한편 민법은 상속채권자나 유증을 받은 자의 청구에 의하여 법원이 상
속재산과 상속인의 고유재산을 분리할 것을 명령할 수 있다고 정한다(제
1045조). 채무초과인 상속인의 고유재산과 그렇지 않은 상속재산이 혼합되
어 상속채권자나 유증을 받은 자가 손해를 입는 것을 방지하기 위한 제도
이다.11) 반대로 상속인의 채권자도 채무초과인 상속재산과 그렇지 않은 고
유재산이 혼합되어 손해를 입을 수 있으므로, 이를 방지하기 위하여 재산
분리명령을 신청할 수 있다(제1045조). 법원의 재산분리명령이 있으면 상
속인은 단순승인을 하였더라도 상속재산을 관리할 의무를 지게 된다(제
1048조). 또한 피상속인에 대한 상속인의 재산상권리의무는 혼동으로 소멸

---

10) 따라서 한정승인을 한 상속인의 고유재산에 대하여 상속채권자가 강제집행할 수
    없다. 그러므로 상속인에 대한 이행판결의 주문은 "피상속인으로부터 상속받은 재
    산의 한도에서 지급하라"로 기재하여야 한다. 대법원 2003. 11. 14. 선고 2003다
    30968 판결(공 2003하, 2346). 그와 같은 유보 없는 판결이 선고되어 확정되더라
    도, 상속인은 한정승인 사실을 내세워 청구에 관한 이의의 소를 제기할 수 있다.
    대법원 2006. 10. 13. 선고 2006다23138 판결(공 2006하, 1910). 또한 상속인에
    대한 승계집행문을 받았더라도, 상속인의 고유재산에 대하여 강제집행할 수 없다.
    서울고등법원 1979. 3. 2. 선고 78나2890 판결(확정)(고등법원판결집 1979 민, 95).
11) 金疇洙, 註釋民法 相續(2), 151면.

하지 않는다(제1050조). 한정승인의 경우와 달리, 상속인이 피상속인의 권리의무를 포괄적으로 승계한 사실은 변함이 없으므로, 상속재산에서 우선변제받지 못한 상속인의 채권자와 유증권리자는 고유재산으로부터, 고유재산에서 우선변제받지 못한 상속인의 채권자는 상속재산으로부터 각 변제받을 수 있다(제1052조). 그러므로 이 경우도 고유재산과 상속재산이 분리되기는 하지만, 엄격하게 말하면 별개의 책임재산을 구성하는 것은 아니고, 다만 우선변제권이 부여되어 있을 뿐이므로, 일종의 법정담보권이 설정된 것과 같은 효과를 생기게 할 뿐이다. 이 경우에도 물상대위에 관한 별도의 규정은 없다.

(마) 유언집행의 경우

유언 중에 특정유증이 포함되어 있으면 반드시 유언집행자를 두어야 한다.[12] 그런데 유언자가 유언집행자를 지정하지 않거나, 그 지정을 제3자에게 위탁하지 않은 경우, 또는 제3자에게 위탁하였으나 그가 사퇴한 경우(제1094조 제1항), 상속인 기타 이해관계인으로부터 최고를 받고도 최고기간 내에 유언집행자 지정의 통지를 하지 않은 경우(제1004조 제2항 후단)에는 상속인이 유언집행자가 된다(제1095조). 이 때 상속인은 포괄유증의 경우와 달리 특정유증의 목적인 재산도 상속하게 되지만, 이를 수증자에게 인도할 의무를 진다.[13] 이 경우 상속인은 유증목적물을 관리할 의무를 진다(제1101조). 지정 또는 선임에 의하여 유언집행자가 있게 된 경우에도 마찬가지로 유언집행자는 유증목적물을 관리할 의무를 진다(제1101조). 다만 이 때 유증목적물의 관리권은 유언집행자에게만 있다.[14] 민법 제1103조는

---

12) 金疇洙(주 11), 290면.
13) 대법원 2003. 5. 27. 선고 2000다73445 판결 (공 2003하, 1419); 金疇洙(주 11), 257면.
14) 대법원 2001. 3. 27. 선고 2000다26920 판결 (공 2001상, 994).

지정 또는 선임에 의한 유언집행자는 상속인의 대리인으로 본다고 정하고 있지만, 이것은 유언집행자의 행위의 효과가 상속인에게 귀속한다는 의미일 뿐이고,[15] 반드시 상속인의 이익을 대표하는 것은 아니다.[16]

이와 같이 유언집행의 경우에도 일정한 기간 동안 재산관리의무가 부여되어 있지만, 상속인이 유언집행자로 되지 않는 한, 특별재산이 성립되는 것은 아니다. 청산주의에 입각한 영미의 경우와 달리, 우리나라는 당연상속주의를 취하고, 따라서 유언집행자는 상속재산의 명의인이 되지 않기 때문이다. 따라서 유언집행자를 기준으로 보았을 때, 그의 고유재산과 유증재산이 분리되는 것은 상정할 수 없다.

민법은 유증에 관하여 물상대위의 규정을 두고 있다. 민법 제1083, 1084조가 그것이다. 이에 따르면, 유증의 목적물이 물건인 경우(제1083조), 그 멸실, 훼손 또는 점유의 침해로 인하여 제3자에 대하여 생긴 손해배상청구권, 유증목적물이 채권인 경우(제1084조) 그 변제로 받은 물건도 유증목적물로 본다.

(바) 파산재단

채무자회생법 제382조에 의하면, 채무자에 대하여 파산절차가 개시되면 절차 개시 당시 채무자가 소유하고 있던 모든 재산으로 파산재단이 구성되고, 파산재단의 관리처분권은 채무자로부터 파산관재인에게 이전되며(같은 법 제384조), 파산재단은 절차 개시를 기준으로 그 전의 원인으로 발생한

---

15) 대법원 2001. 3. 27. 선고 2000다26920 판결 (공 2001상, 994).
16) 金疇洙(주 11), 310면. 유언집행자의 법률상 지위에 관하여는 민법이 의제한 대리인이라는 견해(李根植·韓奉熙, 신친족상속법, 308면), 독립적으로 유언내용을 실현할 사적 의무를 부담하는 자라는 견해(郭潤直, 상속법, 437면), 유언자의 권리능력의 일부가 사후에 존속하는 것으로 보고 유언자의 진정한 의사를 실현하는 것을 임무로 하는 자라는 견해(金疇洙, 親族相續法, 601-602면) 등이 있다.

재산상의 청구권, 즉 파산채권(같은 법 제423조)의 책임재산이 되고, 그 후의 원인으로 발생한 채권의 책임재산으로는 되지 않는다.

파산재단의 성질과 관련하여 일본에서는 파산재단 자체에 법적 주체성을 인정할 것인지 여부에 관하여 다툼이 있다. 긍정설(권리주체설)에 따르면, 채무자회생법에서 "파산재단을 위하여" 부인한다거나(제391조),[17] "파산재단에 대하여" 효력이 있다거나(제385, 386조), "파산재단에 대하여 생긴 청구권"(제473조 제5호), "파산재단이 받은 이익의 한도"(제332조 제2항), "파산재단에 생긴 손해"(제313조 제4항) 등의 규정이, 묵시적으로 파산재단이 권리의무의 주체인 것을 인정하는 취지라고 해석한다.[18] 이에 대하여 부정설(권리객체설)은 파산법이 채무자가 파산선고 후 파산재단에 속하는 재산에 관하여 한 법률행위는 파산채권자에게 대항할 수 없다고 규정한 것(제329조 제1항)은, 파산절차가 개시되더라도 채무자는 관리처분권만을 가지지 못할 뿐, 여전히 파산재단에 속하는 물건 또는 권리의 권리자임에는 변함이 없음을 전제로 한 것이고,[19] 긍정설이 드는 여러 규정이 반드시 파산재단의 법주체성을 인정하는 취지라고 단정할 수 없으므로, 파산재단은 권리의 객체이지 주체가 될 수는 없다고 주장한다.[20] 최근에는 파산재단의 법주체성을 부정하면서, 파산재단이 아니라 재산관리기구로서의 파산관재인에게 법주체성을 인정하고, 파산재단은 파산관재인이 가지는 관리처분권의 객체인 재산의 집합체일 뿐이라는 견해,[21] 파산절차가 개시되면 이해관계인에 의해 권리능력 없는 사단인 파산단체가 구성되고, 파산관재인은 이 파산단체의 대표기관이며, 파산재단은 파산단체에 귀속하는

---

17) 이하 이 절에서 일본의 구 파산법의 조문 대신에 우리 채무자회생법의 조문을 기재하기로 한다.
18) 兼子一, 民事法研究 第1卷, 酒井書店(1950), 421면; 中田淳一, 破産法和議法, 有斐閣(1959), 79면 등.
19) 齋藤秀夫·麻上正信·林屋札二 編, 注解破産法(上), 青林書院(1998), 81면.
20) 齋藤秀夫 외 編(주 236), 71-72면.
21) 伊藤 眞, 破産法·民事再生法, 有斐閣(2007), 172면.

재산의 집합체라는 견해,[22] 파산절차 개시와 동시에 채무자의 재산이 파산
관재인에게 신탁적으로 양도되는 것으로 의제되어, 일종의 법정신탁관계
가 생기고, 신탁재산인 파산재단을 법인격 없는 재단으로 이해하는 견해[23]
등이 주장되고 있다.

파산재단을 권리의무의 주체로 보지 않는 한, 파산재단이 채무자의 자유
재산과 구별되어 별도의 책임재산을 구성하고, 일종의 특별재산을 이루고
있다는 사실에 대하여는 대체로 의견이 일치되고 있다.[24] 파산법에서도 민
법의 다른 특별재산의 경우와 마찬가지로 물상대위에 관한 명시적인 규정
은 존재하지 않는다.

(3) 특별재산의 성질

앞서 본 민법 및 채무자회생법상의 특별재산은 모두 하나의 소유자에
속한 재산의 일부가 특정한 목적을 위하여 분리되고, 별도의 책임재산을
구성한다(상속재산을 분리한 경우는 제외)는 특징을 지닌다. 그러나 우리
민법이나 채무자회생법에는 이들 특별재산에 관하여 물상대위에 관한 규
정은 두지 않고 있다. 따라서 만약 신탁법이 제정되지 않은 상태에서 독일
신탁법의 법리에 의하여 신탁을 구성할 경우, 독일과 달리 특별재산에 관
한 물상대위의 규정을 유추적용하여야 한다는 견해 자체도 성립할 수 없게
된다.

이들 특별재산의 성질에 관하여, 그것이 독립적인 법적 주체가 될 수 있

22) 宗田親彦, 破産法槪說(新訂第3版), 慶應義塾出版會(2006), 306면.
23) 加藤哲夫, 破産法, 第4版補正版, 弘文堂(2006), 116면; 霜島甲一, 倒産法体
   系, 勁草書房(1990), 52면; 小林秀之, 新破産から民法がみえる, 日本評論社
   (2006), 102면.
24) 齋藤秀夫 외 編(주 19), 70면; 伊藤 眞(주 21), 171면; 宗田親彦(주 22), 302면.

는가에 관하여 의문이 생길 수 있다.25) 신탁재산의 법주체성을 인정하는
견해,26) 파산재단의 법주체성을 인정하는 견해,27) 그리고 상속법상 특별재
산을 비법인 재단으로 인정하려는 견해28)는 모두 특별재산을 권리의무의
주체로서 파악하려는 점에서 공통적이다. 분명 이 견해는 나름의 장점이
있다. 예컨대 파산재단의 경우, 파산관재인에게 관리처분권이 부여될 뿐,
소유권이 인정되는 것은 아니다. 채무자에게 소유권이 남아 있다고는 하지
만, 관리처분권이 없는 소유권은 공허하다. 따라서 파산관재인도, 채무자도
아닌 다른 법적 주체를 상정하고, 파산관재인은 그 대리인으로 구성하려는
시도가 나타난 것이다. 그러나 어떤 근거에서 권리의 객체가 권리의 주체
로 바뀌는가가 분명하지 않다. 민법상 비법인 재단은 일정한 목적에 출연
된 재산, 출연된 재산을 운영할 인적 조직 뿐만 아니라, 이 재산이 원래의
소유자의 소유에서 벗어나 사회적으로 독립한 존재가 되는 경우에 인정되
는 것이다.29) 즉 따라서 원래의 소유자에게 복귀할 가능성이 있거나, 사회
적으로 독자적인 권리주체로서 인식될 수 없거나 그와 같이 활동할 것이
예정되어 있지 않으면, 이를 비법인 재단으로 볼 수 없다. 이 관점에서 앞
서 본 민법 및 채무자회생법상의 특별재산의 성질을 검토해 보자.

조합재산은 각 조합원에게 합수적으로 속하는 재산이다. 조합 자체는 법
인격이 인정되지 않지만, 민법은 조합재산을 조합원의 합유로 하고(민법
제704조), 조합의 업무집행을 다수결로 하게 하며(민법 제706조), 조합의
해산, 청산을 인정하는 등(민법 제720조 이하) 조합원과는 별개의 단체로
서의 성질을 인정하고 있다. 따라서 조합재산은 조합 자체의 재산도 아니

---

25) 조합에 관하여는 독일민법 제54조 참조.
26) 四宮和夫, 70-74면.
27) 前註 18 참조.
28) 李英俊, 857면.
29) 郭潤直, 民法總則(제7판), 博英社(2006), 128면; 朴駿緒 편집대표, 註釋民法
    總則(1), 579면(鄭鍾休).

고,30) 각 조합원의 개인재산도 아니지만, 조합재산 자체가 조합 또는 조합원과 별개의 독립된 권리주체로서 인식된다고 할 수 없다.

상속의 승인, 포기 전의 상속재산은 상속인의 단순승인에 의하여 언제든지 상속인의 고유재산으로 전환될 수 있다. 또한 상속재산이 사회적으로 독립된 존재로 인식되지도 않고, 그러한 존재로서 활동할 것이 예정되어 있다고 할 수 없다.

한정승인을 한 경우의 상속재산도, 상속인의 부정소비 등의 사유에 의하여(민법 제1026조 제3호) 언제든지 상속인의 고유재산으로 전환될 수 있다.31) 또한 이 경우 상속재산이 사회적으로 독립한 존재로 인식될 수 있거나 그러한 존재로서 활동할 것이 예정되어 있다고 할 수 없다.

상속재산이 분리된 경우는 상속재산과 고유재산이 분리되기는 하지만, 엄격한 의미에서 서로 별개의 책임재산이 되는 것은 아니다. 또한 상속재산이 고유재산에서 분리됨에도 불구하고 이것이 공시되지도 않으므로, 사회적으로 독립한 존재로서 인식될 수 있다거나 그러한 존재로서 권리를 행사하고 의무를 부담하게 될 것이라고 예정되어 있지 않다.

파산재단의 경우에도 마찬가지이다. 채무자의 자유재산32)과 파산재단이

---

30) 독일에서의 전통적 견해는 조합 자체에 권리능력이 인정되지 않고, 다만 조합재산은 조합원의 개인재산과 구별되는 특별재산이라는 것이었으나, Flume 이래 여러 학자들이 조합을 그 조합원과 구별되는 권리의무의 귀속주체로 인정하여야 한다고 주장하였고, 이 견해가 최근 판례에 의해 받아들여졌다. BGHZ 146, 341 = NJW 2001, 1056. 자세한 것은 MünchKomm-Ulmer Vor § 705 Rn. 9-11. 한편 독일의 도산법(InsO)은 조합에 대하여도 도산능력(Insolvenzfähigkeit)을 인정하고 있다. § 11(2) InsO.

31) 한정승인 후에 상속재산을 처분한 사실만으로는 법정단순승인사유로 되지 않는다. 대법원 2004. 3. 12. 선고 2003다63586(공 2004상, 622).

32) 파산이 선고되더라도 채무자 소유의 모든 재산이 파산재단을 구성하는 것은 아니다. 예컨대 압류금지재산이나 면제재산은 파산재단을 구성하지 않는다. 이들 재산은 채무자가 자유로이 관리처분할 수 있다는 의미에서 강학상 自由財産이라고 한다.

142   신탁법상 수익자 보호의 법리

분리되고, 서로 별개의 책임재산이 되며, 이것이 공시되기까지 하지만(채무자회생법 제24, 27조),[33] 파산관재인이 파산재단에 속하는 재산을 포기하면 이것은 채무자의 자유재산이 되고(채무자회생법 제492조 제12호),[34] 파산재단이 사회적으로 독자적인 권리주체로서 인식되지는 않는다.

그러므로 이들 특별재산 중 어느 것도 권리주체로 될 수 없고, 권리객체에 머물러 있을 뿐이다. 그리고 어떤 사람의 고유재산과 분리되기는 하지만, 여전히 그 사람의 소유에 속한다.

나. 신탁재산의 특별재산성

신탁재산은 수탁자의 상속재산에 속하지 않고(제25조), 수탁자의 파산재단에도 속하지 않으며(제22조), 신탁재산에 속하는 채권과 신탁재산에 속하지 아니하는 채무와는 상계하지 못하고(제20조), 신탁재산이 소유권 이외의 권리인 경우 수탁자가 그 목적인 재산을 취득하여도 그 권리는 혼동으로 인하여 소멸하지 아니하며(제23조), 신탁재산에 대하여 첨부가 발생한 경우 신탁재산과 고유재산을 서로 다른 소유자에게 속하는 것으로 간주하는 등(제24조) 고유재산과 분리된다. 이것은 신탁재산이 수탁자의 소유에 속하지만, 고유재산으로부터 차단된 재산의 집합체로서 독립된 재산을

---

33) 구 파산법(2005. 3. 31. 채무자 회생 및 파산에 관한 법률에 의하여 폐지되기 전의 것) 제110조는 채무자 소유의 등기된 권리에 관하여도 파산등기를 촉탁하도록 정하고 있었다. 그러나 등기에 드는 시간과 비용 등의 문제로 법인의 경우는 상업등기부에 파산등기를 촉탁하는 것으로 등기된 권리에 관한 파산등기를 대신하고, 개인채무자의 경우에만 등기된 권리에 파산등기를 촉탁하도록 하였다. 서울中央地方法院 破産部 實務研究會, 法人破産實務, 博英社 (2006), 20면.
34) 齋藤秀夫 외 編(주 19), 75면; 宗田親彦(주 22), 315면.

구성하고 있다는 전제에서 나오는 당연한 결론이다. 그러나 수탁자는 신탁사무의 처리에 관하여 부담하는 채무에 관하여 신탁재산으로서만 책임을 지는 것은 아니고, 고유재산으로서도 책임을 진다(제42, 46조 참조). 이와 같이 수탁자가 신탁사무의 처리에 관하여 무한책임을 진다는 원칙은 영미에서도 당연히 인정되고 있는 법리이고,[35] 일본이나 우리나라에서도 마찬가지이다.[36] 이 한도에서는 신탁재산과 고유재산의 독립성은 인정되지 않는 것이 된다. 따라서 신탁재산의 독립성은 신탁재산이 수탁자의 채권자의 책임재산이 되지 않는다는 것을 의미할 뿐이고, 거꾸로 고유재산이 신탁채권자의 책임재산이 되지 않는다는 것을 의미하는 것은 아니다.

(1) 신탁재산의 非相續性

신탁재산은 수탁자의 소유이지만, 수탁자는 신탁재산에서 생기는 경제적 이익을 향수할 수 없고, 이 이익은 모두 수익자에게 귀속되는 것이다. 그러므로 수탁자가 사망한 경우 신탁재산은 수탁자의 상속인에게 승계되지 않는다(제23조). 예컨대 유류분 산정에 있어서 신탁재산은 수탁자 개인이 피상속인으로서 "상속개시시에 있어서 가진 재산"(민법 제1113조 제1항)에 포함시켜서는 아니된다. 또한 수탁자가 사망하였다고 해서 수탁자의 지위가 수탁의 상속인에게 승계되는 것도 아니다. 그렇다고 신탁이 종료되는 것은 아니며, 특별한 정함이 없는 한 새로운 수탁자의 선임에 의해 신탁은 계속될 수 있다. 즉 수탁자의 사망은 수탁자의 임무종료의 사유일 뿐, 신탁의 종료사유는 아니다(제12조 제1항 제1호). 이 점에서 신탁은 민법상

---

35) Hayton & Marshall(주 32), p. 693; Scott on Trusts, vol. IIIA, § 261.
36) 대법원 2004. 10. 15. 선고 2004다31883 판결(공 2004하, 1829). 李重基, 386면
    (일종의 담보책임이라는 견해); 崔東軾, 299면.

대리(민법 제127조 제2호) 또는 위임(민법 제690조)과 다르다. 이 때 수탁
자의 상속인은 신수탁자가 신탁사무를 처리할 수 있을 때까지 신탁재산을
보관하고 신탁사무의 인계에 필요한 행위를 하여야 한다(제12조 제4항).
수탁자가 여럿인 경우, 그 중 한 사람이 사망하더라도 그 상속인이 신탁재
산을 보관할 필요는 없고, 신탁재산은 다른 수탁자에게 귀속된다(제50조
제2항 참조).37) 만약 공시방법이 마련되어 있는 신탁재산에 관하여 수탁자
가 공시를 갖추지 않은 채 사망한 경우, 수탁자의 채권자가 상속재산이라
고 하여 신탁재산을 압류하면, 수익자 또는 위탁자는 그 재산이 상속재산
이 아니고 신탁재산이라는 사실을 들어 제3자이의의 소로써 다툴 수 없다.
이들 재산은 공시방법을 갖추지 않으면 제3자에 대하여 신탁재산인 것을
대항할 수 없기 때문이다(제4조). 그러나 수익자 또는 위탁자는 공시되어
있지 않은 신탁재산에 대하여도 수탁자의 상속인에 대하여 그것이 신탁재
산임을 주장할 수 있다. 수탁자의 상속인은 법 제4조의 제3자에 해당하지
않기 때문이다.

(2) 신탁재산의 不可侵性

신탁재산은 수탁자의 고유재산 또는 다른 신탁재산과는 별개의 독립된

---

37) 합유지분이 상속될 수 있는가에 관해서는 학설상 다툼이 있다. 그러나 신탁재산을
   수인의 수탁자의 합의로 정하고 있다고 하더라도, 각 수탁자가 출자를 하여 공동의
   사업을 하는 것은 아니므로, 수탁자가 신탁재산에 대하여 자익권적 성질을 가지는
   권리를 가지는 것은 아니다. 그러므로 수탁자 중 1인이 사망하더라도 그 상속인이
   신탁재산에 대한 상속지분을 주장하는 것은 타당하지 않다. 신탁법 제45조 제1항
   이 신탁재산을 수탁자의 합유로 한다고 정하고 있는 것은, 수탁자가 신탁재산에 대
   하여 지분을 가지고 있다거나, 신탁재산에 대하여 고유한 재산상 이익을 가지고 있
   기 때문이 아니라, 오로지 신탁재산의 단독처분을 제한하기 위한 것이다(민법 제
   272조 참조).

재산이지만, 형식상 수탁자의 명의로 되어 있으므로 수탁자의 채권자 또는
다른 신탁재산의 채권자 등에 의해 신탁재산이 강제집행 또는 경매되는
경우가 생길 수 있다. 여기에서 법은 신탁재산의 보호를 위하여 신탁재산
에 대하여 강제집행, 담보권 실행 등을 위한 경매, 보전처분을 할 수 없다
고 정하였다(제22조 제1항 본문). 이 규정은 신탁재산이 수탁자의 개인채
권자 또는 다른 신탁의 채권자의 책임재산이 되지 않는다는 것을 선언한
것이다.

　이 규정은 신탁재산이 공시된 것을 전제로 하는 것이지만, 제3자의 보호
를 위해 같은 항 단서에서 신탁 전의 원인으로 발생한 권리 또는 신탁사무
의 처리상 발생한 권리에 기한 경우에는 신탁재산에 대하여 강제집행 또는
경매를 할 수 있는 것으로 정하였다. "신탁 전의 원인으로 발생한 권리"는
신탁이 성립되기 전에, 즉 신탁설정의 합의와 신탁재산에 관한 권리이전이
되기 전에 그 발생원인이 갖추어진 신탁재산으로부터 우선적인 변제를 받
을 수 있는 권리를 말한다. 그 예로는 미리 저당권이 설정된 부동산을 신탁
재산으로 하여 신탁이 설정된 경우, 또는 수탁자가 신탁사무를 처리하는
과정에서 취득한 부동산에 이미 저당권이 설정되어 있는 경우의 저당권을
들 수 있다. "신탁사무의 처리상 발생한 권리"란 수탁자가 신탁재산을 관
리처분하는 과정에서 생긴 채무에 대응하는 권리를 말한다. 그 예로서 신
탁재산에 대한 조세·공과, 신탁재산과 타인의 재산 사이에 첨부가 발생하
여 상대방에게 생긴 보상청구권(민법 제261조), 신탁목적의 수행을 위해
借財한 경우 상대방의 대여금반환청구권, 수익자의 신탁이익급부청구권[38]
외에도, 수탁자의 고의 또는 과실 없이 생기는 손해배상청구권, 즉 신탁사
무의 처리로 매도한 물건에 대한 하자담보책임(민법 제580조) 또는 신탁재
산에 속하는 공작물의 설치·보존의 하자로 인한 공작물 소유자로서의 손

---

38) 일본 신신탁법 제21조 제1항 제1호, 제3호, 제21조 제1항 제3호에 의하면 수익채
　　권도 신탁재산책임부담채무로서, 강제집행금지의 예외가 된다.

해배상책임(민법 제758조)에 대응하는 채권도 포함된다.

그 외에 수탁자의 고의 또는 과실에 기하여 발생한 손해배상청구권에 기하여 신탁재산에 대하여 강제집행할 수 있는가? 판례는 "수탁자의 통상적인 사업활동상의 행위"에 관련된 불법행위로 인한 손해배상채권도 법 제22조 제1항의 "신탁사무의 처리상 발생한 권리"에 해당한다고 본다.39) 신탁에서의 책임분배구조를 사용자책임이나 법인의 불법행위책임의 그것과 유사하게 본 것이 아닌가 생각된다. 그러나 그와 같은 견해에 대해서는 의문이 있다.40)

만약 법 제21조 제1항 본문에 반하여 강제집행 또는 경매를 하는 경우, 위탁자 또는 그 상속인, 수익자 및 수탁자는 이의를 신청할 수 있다(제21조 제2항 전문).41) 이 경우 민사집행법 제48조(제3자이의의 소)의 규정이 준용된다(같은 항 후문).

---

39) 대법원 2007. 6. 1. 선고 2005다5843 판결.

40) 자세한 것은 李縯甲, "信託財産에 强制執行할 수 있는 債權者," 중앙법학 제11집 제4호 (2009), 291-293면.

41) 일본 신신탁법 제23조 제5항은 이의신청을 할 수 있는 자를 수익자와 수탁자에 한정하였다. 신탁설정 후에는 위탁자 또는 그 상속인은 더 이상 경제적 이해관계를 가지지 않으므로, 이들에게 수익자에 버금가는 강력한 관리 내지 감독권한을 부여하는 것은 불필요하게 신탁관계를 번잡하게 하고, 위탁자와 수익자 사이에 의견이 불일치되는 경우 쓸모없는 혼란만 생기게 할 뿐이라는 것이 그 이유였다. 福田政之 외, 詳解 新信託法, 淸文社(2007), 381-82면. 그러나 원래 위탁자에게 이와 같이 강력한 권한을 인정한 것은 위탁자가 신탁행위의 당사자이기 때문이고 그 의사를 존중하기 위한 것이므로, 이와 같은 입법적 전환은 단순히 법률관계를 번잡하게 한다거나 혼란만 생기게 할 우려가 있다는 것 이상으로, 신탁관계를 계약적 법률관계로부터 이탈시키는 방향으로 한걸음 더 나아갔다는 의미를 가진다.

(3) 신탁재산의 非相計性

신탁재산은 수탁자의 명의로 되어 있으므로, 수탁자가 거래상대방에 대하여 채권을 가지고, 동시에 수탁자는 그 상대방에 대하여 자기의 채권과 동종의 채무를 부담하는 경우, 상계적상에 있는 한 수탁자나 그 상대방 어느 쪽도 상계할 수 있는 것이 원칙이다(민법 제492조 제1항). 그러나 신탁재산은 수탁자의 고유재산과 구별되는 독립된 재산이므로, 수탁자 개인의 채무와 신탁재산에 속하는 채권은 형식적으로는 채권채무의 당사자가 동일하지만, 실질적으로는 서로 귀속주체가 다르다. 예를 들면 은행이 고객에게 신탁재산인 금전을 대여하고, 고객은 은행에 예금을 한 경우, 앞의 것은 신탁재산에 속하는 채권이고, 뒤의 것은 신탁재산에 속하지 않는 채무이다. 이 때 앞의 채권은 수탁자로서 가지는 채권이지만, 뒤의 것은 개인으로서 부담하는 채무이다. 만약 이 경우 상계를 허용하게 되면, 수탁자는 신탁재산에 의해 자기 고유의 채무를 면하고, 그만큼 신탁재산은 감소하게 된다. 여기에서 법은 신탁재산의 보호를 위해 신탁재산에 속하는 채권과 신탁재산에 속하지 아니하는 채무와는 상계하지 못한다고 정하였다(제25조 제1항 본문). 마찬가지로 수탁자가 복수의 신탁의 수탁자인 경우, 서로 다른 신탁재산에 속하는 채권과 채무 사이의 상계도 금지된다. 또 신탁재산에 속하는 채무에 대한 책임이 신탁재산만으로 한정되는 경우에는 신탁재산에 속하지 아니하는 채권과 신탁재산에 속하는 채무 사이의 상계도 금지된다(제25조 제2항 본문). 다만 이들의 경우 상계의 의사표시를 하는 제3자의 이익을 보호하기 위해, 제3자가 자동채권과 수동채권이 같은 재산에 속하지 아니함에 대하여 선의무과실인 경우에는 상계가 유효하다(제25조 제1항 단서, 제2항 단서).[42] 신탁재산에 속하는 채무에 대한 책임이 신탁재

---

[42] 구법하에서도 이와 같이 해석하는 것이 통설이었다. 李重基, 216-217면; 崔東軾, 122-123면; 최수정, "신탁법상의 상계," 중앙법학 제9집 제4호 (2007), 140면; 오

산에 한정되지 않는 경우에는 신탁재산에 속하는 채무와 신탁재산에 속하지 않는 채권 사이의 상계가 금지되지 않는다.43) 수탁자는 고유재산으로 신탁채무를 변제한 것과 마찬가지이므로, 비용상환청구권을 행사할 수 있다(제46조 제1항). 한편 동일한 신탁에서 신탁재산에 속하는 채권과 신탁재산에 속하는 채무를 상계하는 것은 동일한 권리주체에 귀속되는 채권과 채무이고 그 상계를 허용하더라도 신탁재산에 손해가 없으므로 금지되지 않는다.

(4) 신탁재산의 非混同性

민법의 원칙에 의하면 동일한 물건에 대한 소유권과 다른 물권이 동일한 사람에게 귀속되면 다른 물권은 소멸한다(제191조 제1항 본문). 이 경우

영준, "가. 신탁법 제20조의 규정 취지 및 신탁재산 독립의 원칙의 의미, 나. 수탁자 개인이 수익자에 대하여 갖는 고유의 채권을 자동채권으로 하여 수익자가 신탁 종료시 수탁자에 대하여 갖는 원본반환채권 내지 수익채권 등과 상계하는 것이 허용되는지 여부," 대법원판례해설 제72호 (2008), 47-48면. 미국의 신탁법 제2차 리스테이트먼트 제323조는 자동채권과 수동채권이 각 성립할 당시 제3자가 자신에 대한 채권(수동채권)이 신탁에 속하는 것을 알지 못한 경우 제3자의 상계가 허용된다고 규정한다. 일본의 개정 신탁법 제22조도 우리 개정법과 같이 선의무과실을 요건으로 하여 제3자의 상계를 허용하는 것으로 바꾸었다.

43) 구 신탁법 제20조는 이에 관한 규정을 두고 있지 아니하여 신탁재산에 속하는 채무와 신탁재산에 속하지 않는 채권을 상계할 수 있는가에 관하여 견해가 나뉘었다. 신탁재산에 속하는 채무는 수탁자 개인이 부담해야 하는 것이므로 수탁자 개인이 갖는 채권과 상계할 수 없다는 견해(이재욱·이상호, 신탁법해설, 87면), 원래 상계가 불가능하지만 수탁자 개인의 채권포기와 신탁재산의 채무면제가 합체된 것으로 신탁재산에 불이익이 없다는 견해(홍유석, 신탁법, 113면), 신탁재산에 대해 채무가 발생하면 원칙적으로 수탁자에게도 채무가 발생하여 수탁자는 연대채무자가 되므로 상계가 가능하다는 견해[김성필, "신탁재산의 재산관계", 민사법학 제17호 (1999), 205면] 등이 있었다. 자세한 것은 崔秀貞(주 42), 119면 이하 참조.

에는 다른 물권이 소유권에 흡수되고 그 존재의 필요성이 없게 되기 때문이다. 신탁에서도 이와 같은 상황이 생길 수 있다. 예컨대 저당권이 신탁재산인 경우, 그 저당목적물을 수탁자가 개인의 지위에서 매수한 때, 형식적으로는 저당권자와 소유권자가 동일하게 된다. 그러나 이 때 저당권은 수탁자의 지위에서 가지는 것인 반면, 저당목적물의 소유권은 개인의 지위에서 가지는 것이다. 이 때 만약 저당권이 혼동으로 소멸한다고 하면, 수탁자 개인은 저당권의 부담이 없는 재산을 취득하는 것이 되고, 그만큼 신탁재산의 감소가 생긴다. 여기에서 법은 민법의 혼동원칙에 대한 특칙으로서, 신탁재산이 소유권 외의 권리인 경우 수탁자가 그 목적인 물건을 취득하여도 신탁재산인 권리가 혼동으로 소멸하는 것은 아니라고 규정하였다(제26조 제1호). 민법 제191조 제1항 단서는 "그 물권이 제3자의 권리의 목적이 된 때"에는 혼동으로 소멸하지 않는다고 정하고 있는데, 신탁재산의 형식적 귀속주체인 수탁자는 위 규정의 제3자에 속하지 않으므로, 이와 같은 특칙이 필요하게 되었다. 동일한 수탁자가 복수의 신탁을 인수한 경우 서로 다른 신탁재산 사이에서 혼동이 생기는 경우에도 혼동이 인정되지 않는다(제26조 제1호). 반대로 신탁재산이 소유권이고, 그 후 수탁자가 그 목적물에 대한 다른 권리를 취득한 경우에는 혼동의 문제가 생길 여지가 없다. 수탁자가 신탁재산에 대한 권리를 취득하는 것은 허용되지 않기 때문이다(제34조 제1항).[44] 예외적으로 수탁자가 신탁재산에 대한 권리를 취득하는 경우(제34조 제3항)에도 제26조 제1호가 적용된다. 제한물권과 그 제한물권을 목적으로 하는 다른 권리가 하나는 고유재산에 다른 하나는 신탁재산에 속하는 경우에도 제한물권을 목적으로 하는 다른 권리가 혼동으로 소멸하지 않는다(제26조 제2호). 또 수탁자가 신탁재산에 대하여 채무를 부담하거나 채권을 취득한 경우에도 마찬가지의 법리에 의해 혼동이 생기지 않

---

44) 김성필(주 43), 206-207면; 오영준, "신탁재산의 독립성," 민사판례연구 제30집 (2008), 898면.

는다(제26조 제3호). 이 역시 민법 제507조가 정하는 혼동의 원칙에 대한 예외로서, 신탁재산의 특별재산성을 고려한 것이다.

(5) 添附에 관한 특칙

신탁재산이 수탁자의 고유재산과 첨부된 경우, 형식적으로는 그 권리자가 동일하므로, 서로 소유자를 달리 하는 물건이 첨부된 경우를 전제로 하는 민법상 첨부에 관한 규정(민법 제256조 내지 제261조)이 적용될 여지가 없다. 그러나 고유재산과 신탁재산은 서로 분리, 독립된 재산이므로 법은 첨부에 관한 민법의 규정을 준용할 때 신탁재산과 고유재산이 서로 다른 소유자에게 속하는 것으로 간주하는 규정을 두었다(제28조). 이렇게 함으로써 신탁재산과 수탁자의 고유재산 사이에 첨부가 생긴 경우 민법상 첨부 규정이 무리 없이 준용될 수 있다. 복수의 신탁을 인수한 경우 각 신탁재산 사이에서 첨부가 생긴 경우에도 이 규정이 적용된다.

다만 가공의 경우에는 법 제28조 단서에 특칙을 두었다. 민법상으로는 원칙적으로 타인의 동산에 가공한 때 그 물건의 소유권이 원재료의 소유자에게 속하되, 가공에 의한 가액의 증가가 원재료의 가액보다 현저히 다액인 때에는 가공자의 소유로 한다(민법 제259조 제1항 단서). 예컨대 수탁자가 가공을 가하여 새로운 물건을 만든 때, 그 가공물은 신탁재산에 속하는 것이 원칙이나, 가공에 의한 가액의 증가가 원재료의 가액보다 현저히 다액이면 그 가공물의 소유권이 수탁자에게 속하게 되는 것이다. 그러나 법 제28조 단서는 "가공자가 악의인 경우에는 가공으로 인한 가액의 증가가 원재료의 가액보다 많을 때에도 가공으로 인하여 생긴 물건을 원재료소유자에게 귀속시킬 수 있다"고 정하였다. 이 부분 규정은 원재료가 신탁재산이라는 사실을 가공자가 안 경우에는 가공으로 인한 가액의 증가가 원재료의 가액보다 많은 때에도 가공으로 인해 생긴 물건이 신탁재산에 속하는 것으로 미리 신탁행위에서 정할 수 있다는 의미로 이해될 여지도 있다. 그런데 민법 제259조는 임의규정이라는 것이 통설이므로,[45] 신탁행위에서 달리 정할 수 있는 것은 법 제24조 단서가 없이도 인정될 수 있는 바이다. 그렇다면 법 제28조 단서는 불필요한 규정인가? 그렇게 보기보다는, 이 규정이 신탁재산의 감소 방지를 목적으로 한다는 점, 수탁자는 신탁재산으로부터 이익을 향수할 수 없다는 점, 수탁자가 신탁재산에 가공하면서 그 재산이 신탁재산이라는 사실을 알지 못하였다는 주장은 선관의무에 반하는 것으로 인정되기 어려운 점 등에 비추어, 특별한 약정이 없는 한 가공자가 수탁자인 경우에는 가액으로 인한 가액의 증가의 다과를 묻지 않고 가공으로 인해 생긴 물건이 신탁재산에 속함을 정한 규정이라고 보는 것이 타당하다. 한편 가공자가 수탁자가 아닌 경우에는 법 제28조가 적용되지 않고, 민법 제259조가 적용된다.

(6) 신탁재산의 공시

신탁재산의 특별재산성을 대외적으로 주장하기 위한 요건으로, 법은 신탁재산의 공시(제4조)를 들고 있다. 신탁의 설정을 위해 신탁재산이 수탁자에게 이전되면(제1조 제2항), 그 재산은 수탁자의 명의로 귀속된다. 그러나 이 상태에서는 신탁재산과 고유재산, 또는 복수의 신탁재산이 대외적으로는 모두 수탁자 개인의 재산으로만 나타나므로, 서로 구별할 수 없게 된다. 따라서 외형상 수탁자는 신탁재산의 소유자로 보이게 되는 것이다. 그런데 신탁재산은 수탁자의 고유재산 또는 다른 신탁재산과는 별개의 독립

---

45) 郭潤直 편집대표, 民法注解 제5권, 507면(權五坤); 朴駿緒 편집대표, 註釋民法 物權(1), 792면(鄭權燮).

된 재산이다. 여기에서 신탁법은 권리관계가 복잡해지는 것을 피하기 위해, 공시라는 방법에 의해 신탁재산임을 외부에서 알 수 있도록 하였다. 앞서 본 바와 같이 신탁법은 신탁재산에 대해 특별한 보호를 부여하고 있으므로, 수탁자와 거래하는 제3자는 물론, 이해관계를 가지는 모든 자에 대해 신탁재산이 수탁자의 고유재산 또는 다른 신탁재산과 구별됨을 명확히 표시해 두는 것이 필요하다. 그렇지 않으면 신탁재산이라는 사실을 알지 못하고 수탁자와 거래한 제3자에게 불측의 손해를 끼치게 되기 때문이다. 신탁의 공시에 의해 신탁의 대상이 되는 재산이 신탁재산으로서 수탁자에게 귀속하고 있을 뿐이고, 수탁자의 고유재산과는 구별되는 것이 대외적으로 나타난다. 그리하여 법은 제3조에서 등기 또는 등록해야 할 재산권, 유가증권, 주식, 사채권에 관해서 공시를 갖추지 않으면 제3자에 대해 신탁재산임을 주장할 수 없다고 정하고 있다. 이들 재산에 관하여 공시방법을 갖추면, 그 재산은 수탁자의 상속재산이 되지 않고, 수탁자의 채권자에 의한 강제집행이나 수탁자의 파산절차에서 배제될 수 있으며, 수탁자에 의한 신탁재산의 위법한 처분에 대하여 취소할 수 있게 된다. 그러므로 신탁의 공시는 거래안전을 위한 제도일 뿐 아니라, 신탁재산의 보호를 통해 수익자를 보호하는 제도이기도 하다.

(가) 공시방법이 갖추어진 재산권

신탁법 제4조 제1항은 신탁을 제3자에게 대항하기 위한 요건으로서, "등기 또는 등록하여야 할 재산권"은 그 등기 또는 등록을 할 것을 정하고 있다. 여기에서 "등기 또는 등록하여야 할 재산권"이란 권리를 제3자에게 대항하기 위해 등기 또는 등록하여야 할 재산권을 가리키는 것으로, 부동산에 관한 소유권, 기타의 물권, 환매권(민법 제592조), 부동산임차권(민법 제621조), 선박, 중기, 자동차에 대한 권리, 건설기계, 광업권, 어업권 등을 모두 포함한다. 이 중 권리의 득실변경을 위해 등기 또는 등록하여야 하는 재산권에 대하여는 신탁재산으로 되기 위해 등기 또는 등록을 하고(제2조), 다시 신탁재산임을 제3자에게 대항하기 위해 등기 또는 등록을 하여야 하는 것이지만, 실제로는 하나의 절차로 할 수 있도록 하고 있다(부동산등기법 제82조 제1항 등).

대항할 수 있다는 것은 구체적으로는 수탁자의 채권자에 대하여 신탁재산임을 주장할 수 있다는 것(제22, 24조)과, 수탁자가 신탁의 목적에 반하여 신탁재산을 처분한 경우 상대방 또는 전득자에 대하여 신탁재산임을 주장할 수 있다는 것(제75조)을 의미한다. 따라서 수탁자의 채권자가 신탁재산에 대하여 강제집행을 할 때 수익자 등이 제3자이의를 할 수 있으나(제22조 제2항), 만약 공시가 되어 있지 않았다면 그 청구는 기각될 것이다. 또 수탁자가 신탁의 목적에 반하여 신탁재산을 처분한 경우 상대방 또는 전득자는 당해 재산이 공시되어 있지 않았음을 증명하면 그 처분행위의 취소를 막을 수 있다.

(나) 공시방법이 갖추어져 있지 않은 재산권

구법 제3조 제2항은 유가증권의 경우 증권에 신탁재산인 사실을 표시하고, 주권과 사채권은 주주명부 또는 사채원부에 신탁재산인 사실을 표시함으로써 제3자에게 대항할 수 있게 하였다. 그러나 대량으로 유통되는 유가증권에 대하여 그러한 공시방법을 강제하는 것이 현실적이지 않다는 비판이 있었다.

구법에는 등기 또는 등록과 같은 공시방법이 갖추어져 있지 않은 재산 - 건축중인 건물 등의 미등기 부동산, 등기·등록방법이 없는 동산, 구법 제3조 제2항과 같은 공시방법이 없는 채권, 그리고 금전 등 - 에 관하여 그것이 신탁재산임을 제3자에 대하여 주장할 수 있는 방법에 관한 규정이 없었다. 이에 관하여는 이들 재산에 관한 신탁을 공시할 수 있는 방법이 없으므로 제3자에게 대항할 수 없다는 견해와,[46] 신탁재산임을 증명할 수 있으면 제3자에게 대항할 수 있다는 견해[47]가 주장되고 있었다.

개정 신탁법은 등기 또는 등록할 수 없는 재산에 관하여는 이를 고유재산과 분별하여 관리하고 그 물건 또는 권리에 신탁재산임을 표시하면 제3자에게 대항할 수 있다고 정하였다(제4조 제2항). 만약 등기 또는 등록할 수 없는 재산에 관한 장부가 있는 경우에는 그 장부에 신탁재산임을 표시하는 것으로도 충분하다(제4조 제4항). 여기서 등기 또는 등록할 수 없는 재산에는 등기 또는 등록하여야 하지만 그 재산권에 관한 등기부나 등록부가 없는 경우도 포함된다(제4조 제3항).

이와 같이 개정 신탁법상 신탁재산의 공시에 관한 가장 큰 특징은 분별관리를 공시방법으로 전면에 내세우는 한편, 물리적 분별관리가 아니라 장부상의 분별관리만으로도 가능한 경우를 확대함으로써 민법상 공시원칙을 대폭 완화한 점이라고 할 수 있다. 구법에서도 수탁자에게는 분별관리의무가 부과되어 있었는데(구법 제30조), 개정 신탁법은 수탁자의 의무로서 분별관리의무를 인정하는 데 그치지 않고(제37조), 분별관리를 공시방법으로 승격시켰다. 즉 수탁자가 분별관리의무를 다하지 않은 경우 그로 인하여 신탁재산에 손해가 생긴 경우 원상회복 또는 손해배상의무를 부담하게 될 뿐 아니라, 제3자에 대하여 신탁재산임을 주장할 수 없게 된 것이다.

분별관리는 신탁재산을 고유재산에서 분리하여 신탁재산임을 표시하는 것을 가리킨다. 부동산 기타 등기 또는 등록할 수 있는 재산은 신탁등기 또는 신탁등록을 함으로써 분리와 표시가 동시에 이루어진다. 구법상 미등기

---

46) 장형룡(주 100), 119-120면; 김정수, "부동산신탁과 처분제한의 등기," 토지법학 제14호(1999), 66면.

47) 李重基, 117면; 崔東軾, 90-91면; 한민·박종현, "신탁과 도산법 문제," 서울대학교 BFL 제17호 (2006), 38면; 김진우, "신탁재산의 특수성," 법조 제533호(2002), 39면.

부동산의 경우에는 이를 공시할 방법이 없었으나, 이제는 토지대장이나 임야대장, 건축법상 가설건축물대장이나 건축물대장에 신탁재산임을 표시하면 대항요건을 갖춘 것으로 인정된다(법 시행령 제2조). 또 도시개발사업 등에 의해 취득하게 되는 환지·체비지·보류지의 경우에는 각 관련 법령에서 정하는 장부에 신탁재산임을 표시함으로써 대항요건을 갖출 수 있다(법 시행령 제2조).

신탁재산이 동산인 경우, 고유재산과 물리적으로 분리하여 신탁재산임을 표시하여야 한다. 유가증권의 경우는 별다른 공시방법이 없으므로 물리적으로 분리하여 보관하는 것으로 충분하다. 다만 주식은 상법상 주주명부 또는 전자주주명부, 신탁수익권인 경우에는 법 제79조 제1항에 따른 수익자명부 등에 신탁재산임을 표시하면 대항요건을 갖춘 것으로 인정된다(법 시행령 제2조).

채권은 물리적 분별이 있을 수 없으므로 신탁재산목록이나 자산에 관한 장부에 해당 채권을 특정하고 그것이 신탁재산에 속함을 표시하면 된다.

금전이나 대체물도 물리적 분별을 하는 것이 원칙이나, 물건 자체의 개성보다는 가치로서의 성격이 강한 재화이므로 계산상 분별을 하더라도 분별관리로서 인정된다(제37조 제3항). 다만 신탁업자가 유동화자산을 관리할 때에는 물리적 분별을 하여야 한다(자산유동화에 관한 법률 제16조 제3항).

(다) 수탁자의 분별관리의무

신탁의 공시는 수탁자에게 분별관리의무를 강제함에 의해서도 확보된다. 법 제37조는 이에 관하여 정하고 있다. 이에 따르면 수탁자는 신탁재산을 수탁자의 고유재산과 분별하여 관리하고 신탁재산임을 표시하여야 한다. 또 여러 개의 신탁을 인수한 수탁자는 각 신탁재산을 분별하여 관리하고 서로 다른 신탁재산임을 표시하여야 한다. 분별관리의 구체적인 방법은 앞서 본 바와 같다.

분별관리의무는 신탁행위로 면제할 수 있다. 즉 제37조는 임의규정이다.[48] 효율적인 신탁재산 관리를 위해 필요한 경우도 있고, 위탁자가 혼합관리의 위험성이 있음을 알면서도 신탁행위로 이를 승인하려 한다면 막을 이유가 없다.

수탁자가 분별관리의무를 위반한 경우, 앞서 본 바와 같이 신탁재산에 대한 강제집행을 막을 수 없고 신탁재산의 부당한 처분을 취소할 수 없게 되므로 신탁재산의 손실을 초래하게 된다. 따라서 수익자 등은 수탁자에게 원상회복 또는 손해배상을 청구할 수 있다(제43조 제1항, 제2항). 이 때 분별관리 위반과 신탁재산의 손실 사이의 인과관계 부존재의 증명책임은 수탁자에게 있다(제44조).

---

48) 일본에서는 구 신탁법 제28조(우리 법 제37조와 같은 내용을 정하고 있다)가 강행규정인가에 관하여 견해가 나뉘고 있었다. 일본 신탁법 제34조 제1항 단서는 "분별하여 관리하는 방법"에 관하여 신탁행위로 정할 수 있다고 정하였는데, 그럼에도 불구하고 분별관리의무 자체를 면제하는 신탁행위의 정함은 신탁재산의 독립성을 완전히 해치는 것으로 무효라고 해석되고 있다.

3. 신탁재산의 범위

신탁설정행위에서 특정한 재산을 수탁자에게 이전하기로 정하고, 그에 따른 권리이전행위를 마치면 그 재산은 수탁자에게 귀속한다. 이와 같이 신탁설정행위에 의해 수탁자에게 이전, 귀속하게 된 재산을 신탁재산이라 고 한다. 아래에서는 신탁재산의 범위와 관련하여 문제되는 쟁점들에 관하 여 논하기로 한다.

가. 적극재산과 소극재산

구법상으로는 소극재산의 신탁도 가능한가에 관하여 논의가 있었다. 구 법 제1조 제2항은 "본법에서 신탁이라 함은 … 위탁자가 특정의 재산권을 수탁자에게 이전하거나 기타의 처분을 하고"라고 정하고 있어서, 소극재산 의 신탁은 가능하지 않다는 견해도 있었다. 그러나 신법은 소극재산의 신 탁도 가능하다는 것을 명백히 하는 의미에서 "재산권"을 "재산"으로 바꾸 었다. 이에 따라 적극재산과 함께 소극재산도 신탁하는 것은 적법하다. 이 경우 소극재산도 신탁재산으로서 수탁자에게 귀속된다. 즉 수탁자가 그 채 무자로 된다. 그러나 소극재산만을 신탁하는 것은 허용되지 않는다고 해석 되어야 할 것이다. 신탁은 그 운용으로부터 생기는 이익을 수익자에게 지 급하거나 특정한 목적에 사용하기 위하여 설정되는 것으로, 소극재산만 신 탁하는 경우에는 그러한 이익의 발생이 전제되지 않는다. 이는 신탁의 본질에 반한다고 하지 않을 수 없다.

나. 신탁재산의 범위

(1) 신탁법 제27조

법 제27조는 "신탁재산의 관리, 처분, 운용, 개발, 멸실, 훼손, 그 밖의 사유로 인하여 수탁자가 얻은 재산은 신탁재산에 속한다."고 정하고 있다. 즉 신탁재산에 속하는 각 물건 또는 권리가 그 형태의 변경에도 불구하고 가치를 유지하고 있다고 평가되는 경우, 위와 같이 변경된 형태의 재산 역시 신탁재산에 속한다. 예컨대 신탁재산에 속하는 부동산이 매도된 경우 그 매매대금청구권이나 수령한 매매대금, 신탁재산에 속하는 동산이 제3자의 고의 또는 과실로 멸실된 경우 그 제3자에 대한 손해배상청구권 또는 그로부터 수령한 손해배상금, 신탁재산에 속하는 부동산에 화재보험이 가입되어 있었는데 화재로 인하여 취득한 보험금청구권 또는 그 행사로 취득한 보험금, 신탁재산에 속하는 금전으로 취득한 물건 또는 권리 등은 그에 대하여 별도로 신탁을 설정하는 행위가 없더라도 신탁재산으로 된다.

(2) 규정의 연혁

영미신탁법에서도 신탁재산의 代償이 신탁재산에 속하는 법리가 인정된다. 즉 수탁자가 대외적으로 신탁재산을 처분할 권한을 가지는 경우 그 권한의 범위 내에서 신탁재산을 처분하면 그 대상은 당연히 신탁재산에 속한다. 이 경우 수탁자로부터 그 재산을 이전받은 제3자는 신탁의 부담이 없는 완전한 권리를 취득하게 된다. 수익자는 이 제3자에 대하여 신탁재산을 추급할 수 없다. 한편 수탁자가 대외적으로 신탁재산을 처분할 권한을 가지지 않는데도 그 권한을 넘어 신탁재산을 처분하면 수익자는 당해 재산을 수탁자로부터 이전받은 제3자에 대하여 그 재산이 신탁재산에 속함을 주장할 수도 있고, 수탁자에 대하여 그 대상이 신탁재산에 속함을 주장할 수도 있다. 제3자에 대하여 신탁재산임을 주장하는 경우 그 제3자는 당해 재산을 수탁자에게 반환할 때까지 수탁자로 의제된다(의제신탁). 제3자가 이전받은 신탁재산의 代償에 대해서도 신탁재산임을 주장할 수 있다. 제3자가 소유하고 있는 목적물이 신탁재산 또는 그 대상이라는 점을 증명하는 것을 추급(tracing)이라고 한다. 다만 이 때 제3자는 선의유상취득자임을 주장·증명하면 신탁재산 또는 그 代償의 반환을 거절할 수 있다.

구 신탁법 제19조는 "물상대위"라는 표제 아래 "신탁재산의 관리, 처분, 멸실, 훼손 기타의 사유로 수탁자가 얻은 재산은 신탁재산에 속한다"고 정하고 있었다. 이 규정의 내용은 일본의 구 신탁법 제14조를 본받은 것이나 일본의 구 신탁법 제14조에는 "신탁재산의 범위"라는 표제가 붙어 있다. 따라서 위 표제는 우리 신탁법 제정자가 붙인 것이다. 이러한 표제를 붙인 이유에 관해서는 입법자료가 없어 알 수 없으나, 아마도 민법상 물상대위와 유사한 구조라고 본 것이 아닌가 추측된다.

민법에는 담보물권의 물상대위(민법 제340조, 제370조)와 유증목적물의 물상대위(민법 제1083조, 제1084조)에 관한 규정이 있다. 담보물권의 물상대위는 담보 목적물의 멸실·훼손·공용징수 등으로 그 목적물에 갈음하는 금전 기타의 물건이 목적물 소유자에게 귀속하게 된 경우 담보물권이 그 목적물에 갈음하는 것에 관하여 존속하는 성질을 가리킨다.[1] 그 인정근거에 관하여 통설은, 담보물권은 목적물의 교환가치를 지배하는 가치권이므

---

1) 郭潤直, 物權法(제7판), 博英社(2005), 279면.

로, 목적물 자체가 멸실 또는 훼손되더라도 그 교환가치를 대표하는 다른 물건이 존재하면 그 물건 위에 담보권을 존속시키는 것이 담보물권의 본질상 당연하기 때문이라고 설명한다.[2]

반면 민법 제1083, 1084조에서 정한 물상대위는 유언자의 추정적 의사에서 그 근거를 찾는다.[3] 즉 채권의 일반원칙에 의하면 유증의 목적물이 유증의 효력발생 전에 존재하지 않게 된 경우, 그 유증은 목적물이 존재하지 않게 되어 효력이 생기지 않는 것이 원칙이지만, 유증의 목적물에 갈음하는 것이 존재한다면, 그 대상물을 유증의 목적으로 하려는 것이 유언자의 통상의 의사라고 추측되므로, 그 대상물에 대하여 유증의 효력이 미치게 한 것이다. 민법 제1083조에서 인정되는 물상대위의 범위는 담보물권에 대하여 인정되는 그것과 같으나, 민법 제1084조의 물상대위는 채권의 변제로 받은 것도 포함한다. 이 점에서 민법 제1084조의 물상대위는 담보물권의 경우보다 그 범위가 넓다.

이와 같이 민법이 정하는 물상대위는 모두 어떤 권리의 목적물이 있고, 그 목적물이 본래의 형태를 유지하지 못한 때, 그에 갈음하는 변형물에 대하여 권리의 효력을 법률상 당연히 미치게 하는 것이다.

한편 판례와 다수설은 후발적 불능의 경우 원래의 급부에 갈음하는 이익이 생긴 때 이 이익의 급부를 청구할 수 있다고 하는데,[4] 이 대상청구권

---

2) 郭潤直(주 1), 279면; 李英俊, 物權法(민법강의II), 博英社(2001), 717면; 李銀榮, 물권법(제4판), 博英社(2006), 585면.

3) 谷口知平 외 편집대표, 新版注釋民法 (28), 243, 253면(上野雅和). 일본 민법 제999조 제1항, 제1001조는 우리 민법 제1083, 1084조에 각 대응하지만, 일본 민법에서는 유증의 목적으로 한 것으로 "추정한다"고 정하고 있는 반면, 우리 민법에서는 "본다"고 정하고 있는 점에 차이가 있다. 일본 민법의 이 부분 규정은 독일민법 제2169조 제3항, 제2164조 제2항, 제2173조를 본받은 것이다. 이에 관한 독일민법의 설명도 마찬가지로 이들의 사례에서 유언의 효력이 없다고 보는 것은 유언자의 의사에 부합하지 않는다는 점을 근거로 들고 있다. MünchKomm-Schlichting § 2173 Rn. 1.

은 채무자에게 대상물의 인도를 구할 수 있는 채권적 청구권이므로, 물상
대위의 한 예로 보기는 어려울 것이다.[5]

  신탁법상 수익권을 채권으로 본다면 수익자가 신탁재산의 "가치를 지
배"한다는 관념은 인정될 수 없다. 따라서 법 제27조를 담보물권의 물상대
위 법리에 준하여 설명하는 것보다는 유증목적물에 관한 물상대위에 준하
여 이해하는 것이 보다 적절하다고 생각된다. 즉 신탁설정행위에 의해 수
탁자에게 이전된 물건 또는 권리에 갈음하는 代償에 대해서 당연히 신탁의
효력이 미치는 것은 아니다. 다만 그러한 대상에 대해서도 신탁의 목적으

---

4) 대법원 1992. 5. 12. 선고 92다4581, 4598 판결 (집 40-2, 21). 대상청구권을 이행
  불능의 효과로서 일반적으로 인정할 것인가, 인정하는 경우에도 그 범위를 채권자
  의 손실의 한도로 제한할 것인가에 관하여는 여러 견해가 제시되고 있다. 대상청구
  권을 일반적으로 인정하여야 한다는 견해로는 朴駿緒 편집대표, 註釋民法 債權
  各則(Ⅰ), 322면(金錫宇); 梁彰洙, "이행불능의 효과로서의 대상청구권," 민법연구
  제3권, 385면 이하(채권자가 입은 손해를 한도로 인정하는 견해); 金壽亨, "代償
  請求權을 인정하되, 그 代償請求權의 範圍를 損失의 한도로 제한하자는 견해,"
  판례실무연구 제1권 (1997), 509면 이하; 宋德洙, "代償請求權," 民事判例硏究
  第16卷 (1994), 19면 이하(대상이익 전부를 채권자에게 인도하여야 한다는 견해);
  池元林, "代償請求權", 民法學論叢 第2卷 - 郭潤直先生 古稀記念論文集, 博
  英社(1995), 205면 이하; 李垠厓, "우리 민법상 이른바 대상청구의 인정," 司法
  論集 제26집 (1995), 179면 이하 등. 대상청구권을 제한적으로 인정하여야 한다는
  견해로는 崔秉祚, "代償請求權에 관한 소고 - 로마법과의 비교고찰을 중심으로,"
  판례실무연구 제1권 (1997), 494-495면(당사자의 일방이 편무적으로 급부의무를
  부담하는 사례에서만 제한적으로 대상청구를 인정하는 것이 타당하다고 하고, 그
  예로서 민법 제1083, 1084조를 들고 있음); 李相京, "代償請求權," 민사재판의
  제문제(대상청구권은 민법상 다른 규정에 의해 도저히 용인할 수 없는 부당한 결
  과의 시정을 위하여 필요한 최소한의 범위 내에서만 제한적으로 인정되어야 하나,
  인정되는 경우 그 범위는 채권자의 손실의 한도가 아니라 대상 전체라는 견해); 金
  俊鎬, "履行不能의 效果로서의 代償請求權," 司法行政 제34권 제6호 (1993.
  6), 83면 등.
5) 독일에서 이행불능 등으로 인한 대상청구권의 법적 성질에 관한 판례, 통설이다.
  BGH NJW 1997, 2317; MünchKomm/Emmerich § 285 Rn. 25.

로 한다는 것이 신탁을 설정한 당사자의 통상의 의사일 것이다. 신탁법은
이러한 당사자의 의사를 추측하여 본래 신탁재산의 대상에 대해서도 신탁
의 효력이 미치게 한 것이다.

신법은 표제를 "물상대위"에서 "신탁재산의 범위"로 변경하고, 수탁자가
신탁재산을 "운용, 개발"하여 수탁자가 얻은 재산도 신탁재산에 속한다고
정하여 신탁재산에 속하는 재산의 취득원인을 추가하였다. "운용, 개발"은
민법상의 용어가 아니라 신탁실무에서 이용되는 용어로서 관리 또는 처분
의 한 예라고 할 수 있을 것이므로 신탁재산의 취득원인을 추가함으로써
실질적인 변경이 있다고는 할 수 없다. 그러므로 본조 개정의 요지는 그 표
제의 변경에 있다고 하겠다.

(3) 법 제27조의 해석

법 제27조는 "신탁재산의 관리, 처분, 운용, 개발, 멸실, 훼손 그 밖의 사
유로 수탁자가 얻은 재산은 신탁재산에 속한다."고 정하고 있다.

신탁재산의 '관리'에는 보존, 이용, 개량이 포함되므로(민법 제118조 참
조), 신탁재산인 주택을 수리한 경우 그 수리부분, 부패하기 쉬운 신탁재산
을 처분한 경우 그 대금, 신탁재산인 주택을 임대한 경우 차임채권, 신탁재
산인 금전을 대여한 경우 대여금채권, 신탁재산인 주택을 리모델링한 경우
그 부분, 금전채권을 담보하기 위하여 취득한 담보물권 등도 모두 신탁재
산에 속한다.6)

신탁재산의 '처분'에는 신탁재산의 제3자에 대한 양도, 신탁재산에 대한
담보권의 설정이 포함된다. 따라서 신탁재산인 물건 또는 권리를 제3자에

---

6) 四宮和夫, 信託法(新版), 有斐閣(1989), 177면; 松本崇, 信託法, 第一法規(1972)
   103-104면.

게 매도하고 받은 대금, 신탁재산인 물건 또는 권리에 담보를 설정하고 받은 대금도 신탁재산에 포함된다. 신탁재산이 금전인 경우 그 금전을 지급하고 취득한 물건 또는 권리도 신탁재산에 포함된다.

신탁재산의 멸실 또는 훼손을 이유로 성립하는 권리, 예컨대 불법행위로 인한 손해배상청구권, 또는 보험금청구권도 신탁재산에 속한다.

'기타의 사유'로 얻은 재산에는 신탁재산인 부동산이 수용된 경우 그 보상금, 법 제38, 39조에 의하여 전보된 금전 기타 재산, 법 제52조에 의하여 회복된 재산, 신탁재산과 다른 재산이 첨부되어 수탁자가 얻은 소유권, 공유권 등(법 제24조),[7] 수탁자에게 그 소유권, 공유권이 귀속되지 않는 경우의 보상금청구권(민법 제261조), 수탁자의 신탁위반에 대한 손해배상청구권 등이 포함된다.

법 제27조는 신탁행위로 수탁자에게 당해 신탁재산의 처분권한이 부여되었는지 여부를 묻지 않고 적용된다. 신탁행위로 특정 재산의 처분을 허용한 경우 수탁자가 신탁행위의 정함에 따라 이를 처분한 대가(매매나 담보설정의 경우에는 금전, 교환의 경우에는 다른 물건)에 대하여도 신탁재산으로 하기로 하는 약정이 있었다고 할 수 있다. 따라서 이 경우에는 법 제27조가 없더라도 그 처분의 대가를 신탁재산으로 보는 데 문제가 없다. 신탁행위에 특정 재산의 처분금지에 관한 약정이 없다고 하더라도 수탁자는 신탁재산에 관한 모든 권리의무의 귀속자이므로 반대의 약정이 없으면 신탁재산의 처분이 수익자에 대한 관계에서도 허용되는 것으로 보아야 할 것이다.

한편 신탁행위로 처분을 금지한 재산을 수탁자가 처분한 경우, 수탁자는 수익자에 대한 관계에서는 의무의 위반이 있는 것이지만 제3자에 대한 관계에서 가지는 처분권에는 소장이 없다. 따라서 그 처분은 유효하고 제3자는 원칙적으로 그 권리를 유효하게 취득한다.

---

7) 일본 신신탁법 제16조 제2호.

만약 수탁자가 신탁재산인 금전을 자기의 채무 변제에 사용한 경우, 그 변제가 유효한 한 수탁자가 이로써 얻은 재산이 없다. 그러나 위와 같이 소멸된 채무에 주채무자 또는 다른 연대보증인이 있는 경우에는 변제자대위권이 성립하고 이는 신탁재산의 처분에 따른 대상으로서 신탁재산에 속하므로, 적어도 구상권의 범위 내에서는 대위에 의하여 원채권 또는 담보권을 행사할 수 있다(민법 제481, 482조).

신탁재산과 수탁자의 고유재산이 모두 투입되어 취득한 물건에 대하여는, 당해 물건에 대하여 신탁이 투입된 신탁재산의 비율에 따른 공유지분을 가지는 것으로 해석할 것이다.8)

한편 수탁자가 신탁의 목적에 반하는 처분을 하는 경우에는 당해 처분을 취소하고 처분된 재산의 반환을 구할 수 있다(제75조 제1항). 전술한 바와 같이 신탁행위로 신탁재산의 처분에 제한을 가하였다고 하더라도 이러한 제한이 대외적으로 효력을 가지는 것은 아니므로 제3자의 권리 취득에는 영향이 없는 것이 원칙이다. 그러나 신탁위반을 알았거나 중대한 과실로 이를 알지 못한 경우에는 제3자의 보호보다는 수익자(신탁재산)의 보호를 더 우선해야 한다는 것이 제75조 제1항의 취지이다.

다. 신탁재산의 혼화와 신탁재산의 귀속 추정

신탁재산이 고유재산과 혼화되어 물리적으로 구별할 수 없게 된 경우 수익자로서는 어느 것이 신탁재산인지 증명하기가 곤란해진다. 이러한 문

---

8) 이 점에서 신탁재산과 고유재산이 모두 투입되어 취득한 물건에 대하여 투입된 신탁재산 상당액의 반환청구권을 담보하기 위한 법정담보권이 성립된 것으로 보는 영미법의 경우보다 신탁재산의 손실전보가 불완전하게 될 수 있다.

제는 수탁자가 여럿의 신탁을 인수하고 어느 한 신탁의 신탁재산과 다른 신탁의 신탁재산이 혼화된 경우에도 생긴다. 구법에서는 이 문제에 관한 규정을 두지 않고 있었는데, 개정 신탁법 제29조 제1항은 "신탁재산과 고유재산 간에 귀속관계를 구분할 수 없는 경우 그 재산은 신탁재산에 속한 것으로 추정한다."고 정하였다. 이로써 당해 재산이 수탁자의 고유재산에 속한다는 증명을 하지 못하는 한 수익자는 그 재산이 신탁재산에 속한다고 주장할 수 있다. 입법론적으로는 일본의 개정 신탁법 제18조와 같이 공유의 법리에 준하여 정하는 것도 생각해 볼 수 있고, 제29조 제1항과 같은 규정을 두지 않으면 공유법리에 따라 혼화 당시의 가액의 비율에 따른 공유지분이 신탁재산과 고유재산에 귀속한다고 해석될 여지가 많을 것이나 (민법 제258조, 제257조 참조), 우리 법은 영미신탁법의 원칙에 가깝게 정하였다.

여기의 신탁재산에는 금전도 포함되므로, 유체물 뿐 아니라 금전이 혼화되어 그 귀속을 알 수 없게 된 경우에도 위 규정이 적용된다고 해석되어야 할 것이다. 따라서 예컨대 수탁자가 신탁재산 100원을 고유재산 100원과 혼장보관한 후 일부를 소비하여 100원만 남게 된 경우 그 남은 100원은 수탁자가 고유재산이라는 사실을 증명하지 못하는 한 신탁재산이 된다. 또 수탁자가 신탁재산 100원을 고유재산인 100원이 입금되어 있던 예금계좌에 입금한 후 일부를 인출하여 100원만 남게 된 경우 그 남은 100원에 대한 예금채권은 신탁재산으로 추정된다. 더 나아가 신탁재산과 고유재산이 혼장된 후 그 중 일부의 금전으로 물건을 취득한 경우, 그 물건은 신탁재산으로 취득한 것으로 추정된다.

그러나 만약 수탁자가 혼화된 금전을 모두 소비하고 그 대상이 남지 않은 경우에는 위 규정이 적용될 여지가 없다. 이 경우 수익자는 수탁자에 대한 손해배상으로 손해를 전보받을 수밖에 없다.

4. 신탁재산의 보호 – 수탁자에 대한 구제

가. 수탁자를 상대로 한 구제방법 개관

　신탁재산의 보호는 신탁재산을 신탁행위와 위탁자의 의사에 따라 보존·관리함으로써 달성될 수 있다. 따라서 만약 수탁자의 의무위반행위에 의해 신탁재산에 손해가 생기거나 변경이 생긴 경우에는 이를 원래의 상태로 회복시켜야 한다. 나아가 신탁재산이 얻을 수 있었으나 수탁자의 충실의무 위반에 의해 얻지 못한 이득도 신탁재산에 귀속시켜야 한다. 이들 구제는 모두 신탁재산 자체의 회복을 목적으로 하는 것이므로 그 구제를 법원에 구할 수 있는 자에게 개인적인 이익이 돌아가도록 해서는 아니된다.

　법 제43조는 수탁자가 그 의무를 위반하여 신탁재산에 손해가 생기거나 신탁재산에 변경이 생긴 경우 수탁자에게 신탁재산의 원상회복 또는 손해배상의무를 부과하고(제1, 2항), 한편 제33조에서 제37조까지의 규정에 정한 의무를 위반한 경우에는 신탁재산에 손해가 생기지 않았더라도 그로 인하여 수탁자 또는 제3자가 얻은 이익을 신탁재산에 반환할 의무를 정하고 있다(제3항). 구체적으로 설명하면 다음과 같다.

(1) 원상회복 또는 손해배상

(가) 구법하의 해석론

구법 제38조는 "수탁자가 관리를 적절히 하지 못하여 신탁재산의 멸실, 감소 기타의 손해를 발생하게 한 경우 또는 신탁의 본지에 위반하여 신탁재산을 처분한 때에는 위탁자, 그 상속인, 수익자 및 다른 수탁자는 그 수탁자에 대하여 손해배상 또는 신탁재산의 회복을 청구할 수 있다."고 정하고 있었다.

이 규정의 의미에 관해서는 다음과 같은 해석상 논란이 있었다. 우선 손해배상이 신탁재산의 관리부적절로 인한 신탁재산의 손해에 대한 구제이고, "신탁재산의 회복"은 신탁의 본지에 위반하여 신탁재산을 처분한 경우의 구제인가, 아니면 어느 경우이든 손해배상 또는 신탁재산의 회복을 구할 수 있는가가 분명하지 않았다. 문리해석으로는 어느 쪽도 가능하다고 하겠는데, 우리와 같은 문장구조를 가지고 있던 일본 구 신탁법 제27조는 후자로 해석되고 있었다.[1] 이에 따르면 신탁재산에 손해가 생긴 경우이든

---

[1] 四宮和夫, 283면; 松本 崇, 176면; 新井 誠(第2版), 234면. 일본 구 신탁법 제27조의 "복구"(그리고 우리 구 신탁법 제38조의 "회복")은 일본 구 신탁법의 모법인 구 캘리포니아주 민법 2237조에서 충실의무 위반의 효과로서 인정되는 "replace"를 차용한 것이다. 전문은 다음과 같다. "A Trustee who uses or disposes of the trust property, contrary to section 2229, may, at the option of the beneficiary, be required to account for all profits so made, or to pay the value of its use, and, if he has disposed thereof, to replace it, with its fruits, or to account for its proceeds, with interest." 한편 Restatement (Second) of Trusts § 199에서는 "restoring property"라고 표현되고 있고, 이 표현은 통일신탁법전에도 그대로 받아들여지고 있다. Uniform Trust Code § 1001(b)(3). 한편 제3리스테이트먼트 § 208은 "수탁자가 보유할 의무 있는 재산을 매각한 경우, 수익자가 그 매매를 추인하지 않는 한, 수익자는 재판시에 그 재산의 가액에 그 재산이 매각되지 않았더라면 얻을 수 있었을 이익의 합계액의 지급을 구하거나, 사안에 따라 합리적인 경우

신탁재산을 처분한 경우이든 손해배상 또는 신탁재산의 회복을 청구할 수 있고, 이 때 "신탁재산의 회복"은 손해배상의 방법으로서 원상회복을 가리키며, 따라서 신탁법의 위 규정은 손해배상의 방법으로서 금전배상주의의 원칙에 대한 예외를 이룬다.2)

또 구법의 해석론으로 문제된 것이 손해배상과 신탁재산 회복의 관계이다. 법문상으로는 "손해배상 또는 신탁재산의 회복"이라고 되어 있어서, 원고가 어느 쪽이든 선택적으로 권리를 행사할 수 있는 것으로 되어 있다. 그렇게 해석하는 것이 일본의 구 신탁법상 다수설이었다.3)

마지막으로 여기의 손해배상이 채무불이행에 의한 손해배상과 같은 성질의 것인가에 관해서도 논란이 있었다. 민법상 손해배상과는 별개의 독자적인 구제수단이라는 견해,4) 채무불이행책임이자 불법행위책임의 성격도 가지는 것이라는 견해 등이 제시되었다.5)

(나) 개정법의 내용

제43조 제1항은 "수탁자가 그 의무를 위반하여 신탁재산에 손해가 생긴 경우 위탁자, 수익자 또는 수탁자가 여럿인 경우에 다른 수탁자는 그 수탁자에게 신탁재산의 원상회복을 청구할 수 있다. 다만, 원상회복이 불가능하거나 현저하게 곤란한 경우, 원상회복에 과다한 비용이 드는 경우, 그 밖에 원상회복이 적절하지 아니한 특별한 사정이 있는 경우에는 손해배상을 청구할 수 있다."고 정한다. 또 같은 조 제2항은 수탁자가 그 의무를 위반

그 재산 자체의 복구(specific reparation)를 요구할 수 있다"고 정하고 있는데, 여기서 재산 자체의 복구도 위 캘리포니아 민법전의 "replace"와 같은 의미로 이해된다.
2) 松本 崇, 176면.
3) 四宮和夫, 283면; 新井 誠(第2版), 234면.
4) 崔東軾, 257면; 田中 實·山田 昭, 信託法, 學陽書房(1998), 91면.
5) 四宮和夫, 279-280면.

하여 "신탁재산이 변경된 경우"에도 제1항을 적용한다. 이와 같이 신법 제
43조 제1항, 제2항은 구법의 태도를 유지하면서도 그 책임의 성립요건과
효과(구제수단)에 관하여 불명확한 점을 제거하려 하였다. 이를 상론하면
다음과 같다.

1) 청구권자

구법 제38조는 위탁자의 상속인에게도 원상회복 또는 손해배상청구권을
인정하였으나, 개정법은 이 부분을 삭제하였다. 이것은 위탁자의 상속인이
수익자와 이익상반의 관계에 있을 수 있다는 점을 고려한 것이다.6)

제43조는 위탁자, 수익자 또는 다른 수탁자를 청구권자로 정하고 있으
나, 위탁자나 수익자가 피고가 할 이행의무의 상대방으로 되는 것은 아니
다. 원상회복이나 손해배상은 모두 신탁재산의 보전을 위한 것이고 그로
인하여 위탁자나 수익자가 개인적으로 이익을 얻어서는 아니되기 때문이
다. 따라서 다른 수탁자가 있거나 신수탁자가 선임된 경우에는 그를 이행
의 상대방으로 하고, 그렇지 않은 경우에는 부득이 소를 제기한 위탁자나
수익자를 이행의 상대방으로 하여 이행을 명해야 한다. 이 때 피고로부터
임의이행을 받은 위탁자나 수익자는 받은 것을 신탁재산에 반환하여야 한
다. 이 반환의무의 성질은 일종의 침해부당이득이다.

2) 책임 성립의 요건

제43조 제1항의 책임이 성립하기 위해서는 수탁자가 신탁관계에서 부담
하는 의무를 위반하고 그로 인하여 신탁재산에 손해가 발생하여야 한다.
여기의 의무에는 신탁행위로 정한 의무 뿐 아니라, 신탁법이 정한 여러 의
무도 포함한다. 당연히 충실의무위반의 경우에도 그로 인하여 신탁재산에

---

6) 법무부, 신탁법 해설, 2012, 353면.

손해가 발생하였다면 수탁자는 본조의 책임을 진다. 그리고 의무위반과 손해발생 사이에는 인과관계가 있어야 한다.

제43조 제2항의 책임이 성립하기 위해서는 수탁자가 그 의무를 위반하고 그로 인하여 신탁재산에 변경이 생겨야 한다. 구법에서는 신탁재산을 처분한 경우만 정하고 있었으나, 신법은 널리 신탁재산이 변경된 경우로 정하였다. 신탁재산의 변경으로 신탁재산에 손해가 생길 수도 있으나, 신탁재산에 손해가 없는 경우에도 신탁재산의 변경으로 위탁자가 정한 신탁의 목적을 달성할 수 없게 될 수도 있고, 신탁재산 구성의 유지에 관한 수익자의 이익을 해칠 수도 있게 되므로 원상회복을 구할 수 있게 하였다. 그러므로 제43조 제2항의 책임 성립을 위해서는 신탁재산에 대한 손해의 발생은 그 요건이 아니다. 의무 위반의 내용과 인과관계는 같은 조 제1항의 그것과 같다.

3) 책임의 내용

개정 신탁법은 구제수단으로서 원상회복과 손해배상은 선택적인 관계에 있지 않고, 원상회복을 제1차적인 구제방법으로 하며 그것이 주효하지 아니한 경우에만 손해배상을 구할 수 있게 하였다. 이것은 다음과 같은 이유에서이다.

첫째, 민법상 금전배상을 원칙적인 손해배상의 모습으로 정하고 있는 것은 가해자(채무불이행자 또는 불법행위자)를 배려해서이다. 즉 손해배상은 원상회복의 방법으로 하는 것이 가장 이상적이지만, 원상회복이 언제나 가능한 것은 아니고, 원상회복에 과다한 비용이 들어 채무자에게 지나치게 불리한 경우가 있으므로, 채무자의 입장을 배려해 금전배상의 원칙을 정하고 있는 것이다.[7] 그러나 신탁에 있어서 수탁자는 오로지 수익자의 이익만

---

7) 郭潤直 편집대표, 民法注解 제9권, 589면(梁三承).

을 위하여 신탁사무를 처리하여야 하는 의무가 있으므로, 신탁위반을 한 수탁자를 배려할 이유가 없다.

둘째, 계속적으로 수익을 발생하는 재산은 그 재산이 멸실한 대가로 그 가액 상당을 금전으로 배상한다고 해도 그 수익에 대하여 권리를 가지는 수익자의 이익을 완전히 전보하기 어렵다. 예컨대 신탁재산인 부동산의 차임에 대하여 권리를 가지는 수익자는, 부동산이 타에 처분되면 수탁자로부터 부동산의 시가상당액을 신탁재산에 반환받더라도 차임의 지급에서 얻는 것만큼의 경제적 이익을 얻지 못하게 될 수도 있다.

셋째, 신탁에는 서로 이해관계가 다른 수익자가 존재할 수 있고 그 대표적인 것이 연속적 수익자가 있는 경우인데, 이 때 신탁재산은 앞의 수익자 뿐 아니라 뒤의 수익자를 위해서도 신탁이익의 발생근거로서의 기능을 한다. 따라서 만약 신탁재산 자체가 회복되지 않고 그에 상당하는 금전이 배상되면, 그 금전이 다시 어떤 방법으로 투자되는가에 따라 뒤의 수익자의 신탁이익에 큰 영향을 미치게 된다. 사해행위취소제도에 비유하여 설명하자면, 신탁재산은 앞의 수익자 뿐 아니라 뒤의 수익자의 수익채권을 위해서도 책임재산의 기능을 하는 것이다. 그러므로 모든 수익자의 권리가 보호될 수 있는 가장 확실한 방법은 신탁재산을 회복하는 것이다.

넷째, 신탁재산 자체를 회복시키지 않고 그것이 가능한데도 금전배상을 허용하게 되면 위탁자의 의사에 반하게 되는 수가 있다. 예컨대 부동산의 차임을 수익의 원천으로 하는 신탁을 설정한 경우, 위탁자의 의사는 차임이 정기적이고 안정적으로 지급될 수 있으므로 수익자의 생활 안정에 도움이 될 것이라고 생각하였을 수 있다. 만약 부동산이 신탁위반으로 처분된 후, 부동산 자체의 회복도 가능한데 금전배상을 허용한다면, 수탁자의 신탁재산 관리방법에 따라서는 수익자에게 정기적이고 안정적인 수익의 지급을 할 수 없게 되는 사태가 생길 수 있고, 이는 위탁자가 신탁설정을 한 취지에 반하게 된다. 이러한 이유에서 개정 신탁법은 신탁재산에 변경이 생긴 경우에도 원칙적인 구제수단을 변경 전 상태로의 회복으로 하고, 그것이 불가능하거나 현저히 곤란한 경우에만 금전배상을 허용하는 것으로 정하였다.

4) 책임의 성질

법 제43조 제1항, 제2항에서 정하는 원상회복 또는 손해배상책임은 수탁자의 귀책사유를 요건으로 하는 채무불이행책임이다. 따라서 수탁자의 수탁자의 의무위반에 고의 또는 과실이 없는 경우에는 본조 제1항, 제2항에 의한 책임은 성립하지 않는다.[8]

나. 수탁자에 대한 이득반환청구

(1) 문제상황

수탁자가 신탁법상 의무에 반하여 신탁재산에 손해가 생긴 경우, 위에서 본 신탁재산의 회복 또는 손해배상의 방법으로 신탁재산을 보전할 수 있다. 앞서 본 바와 같이 신탁위반으로 인한 손해배상의 성질을 채무불이행으로 인한 손해배상과 같은 것으로 이해하게 되면, 신탁재산에 생긴 손해

---

8) 법무부, 신탁법 해설, 2012, 352면은 원상회복과 손해배상을 나누어, 원상회복은 신탁법에 특수한 법정책임이고, 손해배상은 채무불이행 또는 불법행위책임이라고 한다. 그러나 위 구제방법은 신탁법이 정한 수탁자의 의무위반에 대한 제재이고, 이 의무는 일반적인 명령을 준수할 의무가 아니라 신탁의 법률관계에서 수탁자에게 요구되는 의무이므로 그 의무의 위반은 채무불이행이다. 또 원상회복의무의 성립요건으로 수탁자의 의무위반에 귀책사유를 요구한다면 그것이 어떠한 의미에서 법정책임인지 알 수 없다.

에 비하여 수탁자가 얻은 이익이 큰 경우, 또는 수탁자가 신탁사무를 처리하는 과정에서 이득을 얻었으나 신탁재산에 손해가 생겼다고 보기는 어려운 경우, 법 제43조 제1항에 의한 구제는 받을 수 없다. 구법에서는 이 경우 어떤 근거에 의해 수탁자가 얻은 이득을 신탁재산에 반환하도록 할 수 있는지에 관하여 논의가 있었다.[9]

(2) 구법하에서의 논의

여기서 문제되는 사안을 두 유형으로 분류하면, ① 신탁재산에 속하는 금전 또는 정보를 이용해서 수탁자가 이득을 얻은 경우와, ② 신탁재산에 속하는 금전 또는 정보를 이용하지 않고 수탁자가 이득을 얻은 경우로 나눌 수 있다. 그러므로 각 유형별로 채무불이행 또는 불법행위로 인한 손해배상청구, 사무관리에 의한 손해배상청구, 부당이득반환청구가 성립될 수 있는지에 관해 검토해 본다.

우선 채무불이행 또는 불법행위로 인한 손해배상의 방법에 의해 여기서의 이득반환을 구하는 것은 손해배상의 목적이 채권자에게 생긴 불이익(손실)의 전보에 있다는 점 때문에 한계를 가진다.[10] 위 ①의 유형에서는 분

---

9) 자세한 것은 李重基, 546-547면; 崔東軾, 262-264면; 能見善久, 144-145면; 沖野眞已, "救濟 - 受託者の利益の吐き出し責任について," 信託法と民商法の交錯--日本私法學會シンポジウム資料, NBL 791号 (2004. 8. 15.), 49면 이하 참조.

10) 손해개념에 관하여 차액설을 취하는 경우와 구체적 손해설을 취하는 경우에 차이는 없다. 차액설에 의하면 피해자의 재산의 총체를 기준으로, 채무불이행 또는 불법행위가 없었더라면 있었을 상태와 현재의 상태의 차이를 손해라고 한다. 그런데 신탁재산에 속하는 금전이 수탁자에 의해 임의로 처분되지 않았더라면 있었을 상태는 통상 금전의 액면금액에 이자를 더한 금액일 것이고, 따라서 이 금액이 손해가 될 것이다. 예컨대 수탁자가 신탁재산에 속하는 1억 원을 임의로 투자하여 2억 원의 이익을 얻은 경우, 신탁재산이 입은 손해는 1억 원에 법정이자를 가산한 금액

명히 신탁재산에 속하는 재산상 이익에 손실이 생겼지만, 그 손실을 초과하는 범위의 이익을 반환청구할 수는 없다. 이 때 수탁자가 얻은 이익이 곧 신탁재산에 생긴 손해라고 볼 수 있다는 견해도 있을 수 있으나,[11] 법률에 특별한 규정이 없는 한,[12] 이는 손해 개념의 지나친 확장이 아닌가 생각한다.

또한 위 ②의 유형에서는 신탁재산에 속하는 재산상 이익에 아무런 손실이 생긴 바 없다. 그러므로 이 유형의 사안에서는 채무불이행 또는 불법행위로 인한 손해배상청구의 방법이 사용될 수 없다.

다음, 사무관리에 의한 해결방법에 관해 본다. 사무관리에 의한 이득은 모두 본인에게 인도하여야 한다(민법 제738, 684조). 따라서 타인의 사무를 타인의 사무로서 처리하는 이른바 진정사무관리에서는 본인에게 어떤 재산상 불이익이 생기는지 상관없이 사무처리로 얻은 이득의 전부를 본인에게 인도하여야 한다. 그러나 수탁자는 원래 수익자를 위해 신탁사무를 처리할 의무를 부담하는 자이므로, "의무없이" 타인을 위하여 사무를 관리하는 경우에 관한 위 규정이 적용될 여지는 없다. 민법 제734조 제3항에 의한 손해배상 역시 같은 이유에서 인정될 수 없다. 한편 학자에 따라서는 수

이 될 것이다. 그러므로 나머지 1억 원을 손해배상으로 구할 수는 없게 된다. 구체적 손해설은 피해자의 재산을 구성하는 개별 권리 또는 법익이 입은 불이익(손실)을 손해라고 하는데, 이 견해에 의하더라도 위 예의 결론은 차액설과 다르지 않다. 수탁자가 1억 원을 횡령함으로써 신탁재산은 1억 원만큼의 재산이 감소되는 손해를 입었다고 할 수 있기 때문이다.

11) 예컨대 郭潤直 편집대표, 民法注解 제17권, 97면(崔秉祚)(무단사무관리에 의해 관리자가 얻은 이득을 전부 본인에게 귀속시키는 방법으로, 무단관리자의 위법한 이득이 바로 본인의 손해라고 보아서 불법행위로 인한 손해배상청구를 인정할 수 인정할 수 있다는 견해).

12) 지적재산권의 침해에 관해서는 권리를 침해한 자가 얻은 이익을 권리자가 입은 손해액으로 추정하는 규정을 두고 있다. 저작권법 제93조, 특허법 제128조, 상표법 제67조, 의장법 제64조, 컴퓨터프로그램보호법 제27조, 부정경쟁방지 및 영업비밀 보호에 관한 법률 제14조의2 등이 그 예이다.

탁자가 신탁재산에 속하는 재산을 무단사용하여 얻은 이익을 반환시키기 위해 부진정사무관리(또는 준사무관리)의 법리를 이용할 수 있다고 주장하기도 하는데,[13] 부진정사무관리의 개념을 인정하는 것과는 무관하게,[14] 위와 같은 이유에서 부정되어야 할 것이다. 즉 수탁자는 수익자를 위하여 신탁사무를 처리할 법률상 또는 계약상 의무가 있고, 그 의무에 반하여 자기 또는 제3자의 이익을 위하여 신탁사무를 처리했다고 해서, 그와 같은 의무의 존재가 부정되는 것은 아니다.

마지막으로 상법상 개입권에 관한 규정(상법 제17조 제2항, 제397조 제2항)을 이득반환의 경우에 원용할 수 있는지에 관해 검토해 본다.[15] 개입권은 상법상 상업사용인 또는 이사의 경업금지의무 위반에 대하여 인정되는 것으로, 상업사용인 또는 이사가 자기의 계산으로 경업금지의무에 반하는 거래를 한 때에는 이를 영업주 또는 회사의 계산으로 한 것으로 볼 수 있고, 제3자의 계산으로 거래를 한 때에는 영업주 또는 회사가 상업사용인 또는 이사에 대하여 이로 인한 이득의 양도를 청구할 수 있는 권리이다. 개입권을 인정한 취지는 손해액의 입증 곤란을 구제하고, 경업거래로 인한 거래처의 이탈을 막고자 하는 데 있다고 설명된다.[16] 경업금지의무위반은 충실의무위반의 대표적인 유형이므로, 경업금지의무위반에 대한 상법의 규정을 수탁자에 대하여 유추적용할 수 있는 여지가 없지 않다. 그러나 이 견해를 주장하는 학자에 의하면 개입권 행사의 효과는 물권적이라고 하는

---

13) 예컨대 能見善久, 145면.
14) 부진정사무관리의 개념을 인정할 것인가에 관해서는 긍정설과 부정설이 있다. 긍정설은 불법관리(무단관리)의 경우 관리자가 얻은 이득을 본인에게 전부 귀속시키기 위해 사무관리의 규정이 적용될 필요가 있다는 것이고, 부정설은 손해배상 또는 부당이득으로 해결할 수 있다는 취지의 주장이다. 자세한 것은 郭潤直, 채권각론 (제6판), 342-343면; 郭潤直 편집대표, 民法注解 제17권, 93면 이하(崔秉祚); 朴駿緒 편집대표, 註釋民法 債權各則(5), 412-422면 참조.
15) 李重基, 568면.
16) 孫珠瓚·鄭東潤 편집대표, 註釋商法 (III) 會社(2), 442면(朴吉俊).

데,17) 그와 같이 해석할 근거가 분명하지 않다.

이와 같이 구법 하에서는 이득반환의무의 근거에 관하여 다양한 의견이 제시되었지만, 모두 만족할 만한 해석론이라고 할 수 없었다. 이에 개정 신탁법은 제43조 제3항을 신설하여 수탁자의 이득반환의무를 정하였다. 따라서 이제 이득반환의무의 근거에 관한 논의는 불필요하게 되었다. 이하에서는 제43조 제3항의 내용에 관하여 상술한다.

---

17) 李重基, 562면. 일본 개정신탁법 제32조 제4항은 경업금지의무 위반의 경우 "수익자는 당해 행위는 신탁재산을 위하여 된 것으로 볼 수 있다. 단, 제3자의 권리를 해하지 못한다"고 정한다. 입법과정에서 이 개입권 행사의 효과는 물권적인 것으로 볼 수 있다는 견해가 제시되었다. 日本 法務省民事局參事官室, 信託法改正要綱試案 補足說明, 45면; 寺本振透 編輯代表, 解說 新信託法, 弘文堂(2007), 72면. 한편 일본 개정신탁법의 입법과정에서, 신탁재산에 손실이 없는데도 수탁자가 그 지위를 이용하여 이익을 얻는 행위(여기에는 신탁재산을 이용하여 부당한 이익을 취득하는 행위와, 신탁사무의 처리에 있어서 부당한 이익을 취득하는 행위가 포함한다)를 금지하는 규정을 둘 것인가, 수탁자가 이와 같이 취득한 이익을 신탁재산에 토해 내어 신탁재산에 반환하는 규정을 둘 것인가에 관하여 논의가 있었다. 앞의 문제에 관하여는 규정을 두지 않기로 하였다. 그 이유로는, 부당한 이익에 해당하는가의 판단이 곤란하고, 수탁자의 행동을 필요 이상으로 제약할 우려가 있다는 점, 수탁자가 신탁재산을 이용하여 이익을 취득한 경우에는 당해 이익은 수탁자의 주관적 의도에 불구하고 신탁재산에 속하는 것으로 볼 수 있다는 점, 수탁자가 신탁사무의 처리에 있어서 이익을 취득한 경우에는 이익의 수취에 의하여 신탁재산에 손실이 생기는 것이 통상이므로, 수익자는 수탁자에 대하여 신탁재산에 생긴 손실보상책임 등을 물을 수 있다는 점 등이 거론되었다. 한편 뒤의 문제, 즉 이득반환책임(일본에서는 이를 利益吐き出し責任이라고 한다)에 관하여는, 수탁자가 충실의무에 관한 규정에 위반하는 행위를 한 경우, 수탁자는 당해 행위에 의하여 수탁자 또는 이해관계인이 얻은 이익의 액과 동액의 손실을 신탁재산에 생기게 한 것으로 추정하는 규정(제40조 제3항)을 신설하기로 하였다. 寺本昌廣, 逐條解說 新しい信託法, 商事法務(2007), 130-132면.

(3) 청구권자

제43조 제3항에는 이득반환을 구할 수 있는 자에 관하여 규정하고 있지 않으나, 제1항 및 제2항과 마찬가지로 위탁자, 수익자 또는 다른 수탁자가 청구할 수 있다고 해석된다.[18] 제43조 제1항, 제2항과 마찬가지로 이득반환청구에서도 위탁자나 수익자가 원고로 된 경우 피고(수탁자)의 이행의무의 상대방(즉 변제수령권자)이 누구로 되어야 하는가의 문제가 있다. 원상회복 또는 손해배상의 경우와 마찬가지로 이득의 반환도 신탁재산에 대하여 행하여져야 하는 것이므로 그 수령권자는 원칙적으로 다른 수탁자 또는 신수탁자이어야 한다. 다른 수탁자가 없고 유일한 수탁자도 계속 신탁사무를 처리할 권한이 있는 경우에는 부득이하게 원고인 위탁자나 수익자에게 이행을 명할 수밖에 없을 것이다.

(4) 이득반환의무의 성립요건

제43조 제3항에 의한 이득반환의무가 인정되려면 수탁자가 제33조부터 제37조까지의 규정에 정한 의무를 위반하여야 하고, 그로 인하여 수탁자나 제3자에게 이득이 발생하여야 한다.

제33조부터 제37조까지의 규정은 모두 충실의무에 관한 것이다. 즉 충실의무의 일반규정(제33조), 그 내용으로서 자기거래의 금지(제34조), 이익취득의 금지(제36조), 충실의무의 이행을 확보하기 위한 분별관리의무(제37조), 그리고 수익자가 여럿인 경우의 이익상반을 피하기 위한 공평의무(제35조)를 위반한 경우에만 이득반환의무가 인정된다.

여기의 "이득"에는 수탁자가 신탁사무의 처리를 하는 과정에서 제3자로

---

18) 법무부, 신탁법 해설, 2012, 358면.

부터 받은 뇌물, 수수료 등, 신탁행위에 의해 금지되어 있는 신탁재산의 처분을 통해 얻은 대가나 신탁재산을 임대하여 얻은 차임, 자기의 은행에 신탁재산의 계정을 개설하는 등 자기거래에 의하여 얻은 이익, 신탁재산인 동산을 고유재산에 혼화시켜 고유재산에 귀속시킨 경우, 수탁자로서 구입하여야 할 재산을 개인으로서 구입하거나, 채무변제금을 신탁재산에 속하는 채권이 아니라 개인의 채권의 변제에 충당하는 등 자기거래 외의 이익 상반행위에 의하여 얻은 이익, 신탁재산에 속하는 정보를 매각하거나 이용하여 얻은 이익, 신탁이 구입을 계획하고 있는 재산이어서 가치가 오를 가망이 높은 주식을 개인적으로 매수하였다가 가격이 오른 후 매각하여 얻은 차익 등 신탁사무처리를 통하여 얻은 정보를 이용하여 얻은 이익 등이 포함된다.

또한 수탁자가 얻은 이득 뿐 아니라 간접적 자기거래 등에서 제3자가 얻은 이득도 포함된다.

(5) 이득반환의 방법과 범위

수탁자가 얻은 이득 자체를 반환하는 것이 원칙이고, 그 이득을 소비하는 등으로 원물의 반환이 불가능하면 그 가액을 반환하여야 한다.

신탁재산에 손해가 발생한 것을 전제로 하지 아니하므로, 설령 신탁재산에 손해가 발생하였다고 하더라도 그 손해의 한도로 반환할 이득이 감소되는 것도 아니다. 또 수탁자는 자기 또는 제3자가 일단 취득한 이득이 그 후 소멸하였다는 항변을 할 수 없다. 제43조 제3항은 이득의 "전부"를 반환하여야 한다고 규정하여 이를 명백히 하였다.

5. 수익권에 기한 방해배제

신탁법상 신탁재산의 관리처분권은 수탁자에게 있고, 수익자는 신탁재산의 관리처분에 관여할 수 없는 것이 원칙이다. 그러나 만약 신탁재산이 제3자에 의하여 침탈되고 있는데 수탁자가 그 방해를 배제하기 위한 아무런 조치를 취하지 않고 있는 경우 수익자는 어떠한 조치를 취할 수 있는가? 사후적으로 수탁자에 대하여 선관의무위반에 따른 손해배상청구를 할 수 있는 것은 당연하지만, 이것은 死後藥方文에 불과할 것이다. 그렇다면 수익자는 그 외에 어떤 조치를 취하여 신탁재산을 보호할 수 있는가? 이에 관해서는 수익권을 채권으로 인정하는 앞서의 논의를 전제로, 수탁자의 방해배제청구권을 수익자가 대위행사할 수 있는지, 수익자가 수익권에 기하여 직접 제3자에 대하여 방해배제청구를 할 수 있는지 검토한다.

가. 채권자대위

수익자는 수탁자에 대하여 신탁이익의 지급청구권이 있으므로, 이 채권의 보전을 위하여 신탁재산상의 권리를 수익자가 대위행사할 수 있다고 법률구성을 하는 것도 가능하다. 과연 이와 같은 법률구성으로 신탁재산 보호의 목적을 달성할 수 있는가?[1]

---

1) 不法占有者에 대한 引渡請求와 같은 物權的請求權도 채권자대위의 목적이 될 수 있음은 판례가 여러 차례 확인한 바 있다. 대법원 1989. 4. 25. 선고 88다카

이 구성의 문제점은 보전의 필요성에 관한 요건을 갖추지 못할 우려가 있다는 것이다. 판례는 특정채권의 보전을 위한 경우를 제외하고 채무자의 無資力을 채권자대위권 행사의 요건으로 하고 있다.2) 수익자의 수탁자에 대한 신탁이익 지급청구권은 금전채권이므로, 이를 피보전채권으로 하여 채권자대위권을 행사하려면 채무자의 무자력이 증명되어야 한다. 그리고 신탁이익의 급부청구권은 신탁재산만을 책임재산으로 하므로 이 경우 수탁자의 무자력 판단은 신탁재산만을 기준으로 판단하여야 한다. 따라서 신탁재산이 남아 있는 한 수탁자가 무자력이라고 할 수 없다. 한편 수탁자에 대한 손해배상채권을 피보전권리로 하는 경우에는 수탁자의 고유재산까지 포함하여 수탁자의 무자력 여부를 판단하여야 한다. 이 경우에는 신탁재산이 없게 되더라도 수탁자의 고유재산이 남아 있으면, 수탁자는 무자력이라고 할 수 없다.

따라서 채권자대위에 의해 수익자가 수탁자를 대위하여 수탁자의 권리를 행사하기 위해서는 그 피보전권리가 특정채권이라고 하거나,3) 금전채권이기는 하지만 무자력을 요건으로 하지 않는다는 법리를 구성해야 한다.

넓은 의미의 수익권에는 수탁자에 대하여 신탁이익의 급부를 청구할 수 있는 금전채권(이를 개정 신탁법 제62조는 "수익채권"이라고 부른다) 외에 수탁자의 신탁사무 처리를 감독하기 위한 다양한 권리가 포함되어 있다. 예컨대 서류의 열람·복사 청구권, 설명요구권(제40조 제1항), 수탁자 해임권(제16조 제1항) 또는 해임청구권(제16조 제3항), 신탁재산관리인의 선임청구권(제17조 제1항) 또는 해임청구권(제19조 제3항), 신수탁자 선임권(제21조 제1항) 또는 선임청구권(제21조 제2항) 등이다. 이들 권리를 포괄하는 넓은 의미의 수익권은 단순한 금전채권이라고 할 수 없다. 그러나 채권자

4253, 4260 판결(공 1989, 809) 등.
2) 대법원 1969. 7. 29. 선고 69다835 판결(집 17-2, 민 405) 등.
3) 특정채권을 피보전권리로 하는 경우에는 채무자의 무자력을 요건으로 하지 않는다. 대법원 1992. 10 27. 선고 91다483 판결 등.

대위가 허용되는가를 판단할 때에는 구체적인 사안에서 피보전권리로 되는 권리마다 보전의 필요성을 따져야 한다. 판례에 의하면 특정채권을 피보전권리로 하는 채권자대위 행사의 요건으로서 보전의 필요성은 피보전권리와 피대위권리가 밀접하게 관련되어 있어야 하고, 채권자가 채무자의 권리를 대위하여 행사하지 않으면 자기 채권의 완전한 만족을 얻을 수 없게 될 위험이 있는 경우 인정된다.4) 그러므로 예컨대 수탁자에 대한 서류의 열람청구권을 피보전권리로 하여 수탁자를 대위하여 신탁재산에 대한 불법점유자의 배제를 구할 수는 없는 것이다.

그렇다면 수익자의 수탁자에 대한 금전채권(수익채권)을 피보전권리로 하면서도 수탁자의 무자력을 요건으로 하지 않는다고 이론구성할 수 있을까? 판례 중에는 임대차보증금반환채권을 양수한 채권자가 그 이행을 청구하기 위하여 임차인의 가옥인도가 선이행되어야 할 필요가 있어서 그 인도를 구하는 경우에는 "그 채권의 보전과 채무자인 임대인의 자력 유무는 관계가 없는 일이므로" 무자력을 요건으로 하지 않는다는 것이 있다.5) 금전채권을 피보전권리로 하면서도 무자력을 요건으로 하지 않는 예외는 현재로서는 이것이 유일하다고 할 수 있다. 이 판례를 수익자가 수탁자의 제3자에 대한 방해배제청구권을 대위행사하는 경우에 적용하기 위해서는 수익채권의 보전과 수탁자의 자력 유무는 관계가 없다고 볼 수 있어야 할 것이다. 그런데 수익채권은 신탁재산만을 담보로 하는 것이므로 수익채권의 보전과 신탁재산의 보전 사이에는 밀접한 관계가 있다고 하지 않을 수 없다. 따라서 위 판례에 기대어 무자력을 요건으로 하지 않는다고 보기는 어려울 것으로 생각된다.

---

4) 대법원 2007. 5. 10. 선고 2006다82700, 82717 판결(공 2007, 857) 등.
5) 대법원 1989. 4. 25. 선고 88다카4253, 4260 판결(공 1989, 809).

나. 수익권에 기한 방해배제청구

(1) 학설과 판례

일반적으로 채권에 기한 방해배제청구권이 인정될 수 있는가에 관하여
는 채권의 일반적 성질을 근거로 이를 긍정하는 견해, 채권의 일반적 성질
을 근거로는 인정할 수 없으나 공시방법을 갖춘 채권에 기한 방해배제는
인정할 수 있다는 견해, 대항력 또는 점유를 갖춘 임차권에 대하여만 인정
할 수 있다는 견해 등이 있다.6) 한편 판례는, 민법 시행 전에는 이를 긍정
한 것이 있으나,7) 그 이후의 판례는 원칙적으로 이를 부정하고 있다.8) 따

---

6) 학설의 소개에 관하여는 朴駿緒 편집대표, 註釋民法 채권총칙(1), 378-386면(金
  亨培) 참조.

7) 대법원 1953. 2. 2. 선고 4235민상129 판결(집 1-6, 민 1)("채권도 법률이 보호하
  는 권리인 이상 일반인이 이를 존중하여야 하며, 정당한 이유없이 이를 침해치 못
  할 법률상 의무가 있다. 그러므로 정당한 이유 없이 타인의 채권을 침해한 자는 채
  권자에 대한 불법행위가 성립되고 채권자는 그 제3자에 대하여 이로 인하여 받은
  손해의 배상을 청구할 수 있다. 또 정당한 이유없는 제3자의 행위로 인하여 채무의
  이행이 방해될 우려가 있을 때에는 그 제3자에 대하여 방해행위의 배제를 청구할
  수 있다."). 한편 신민법에 따른 판례는 등기된 임차권이 침해된 경우, 그 임차권에
  기한 방해배제를 인정한 것이 있다. 대법원 2002. 2. 26. 선고 99다67079 판결(집
  50-1, 168). 위 판결은 원고가 임차한 선박에 대하여 원인무효의 가등기 및 본등기
  가 경료되어 원고의 임차권등기가 말소되자, 보증금반환채권에 기하여 위 가등기
  및 본등기의 말소를 구한 사안에 관한 것이다. 대법원은 "등기된 임차권에는 용익
  권적 권능 외에 임차보증금반환채권에 대한 담보권적 권능이 있고, 이 담보권적 권
  능은 임대차기간이 종료되어도 임차보증금을 반환받을 때까지는 존속하기 때문에,
  임차권등기가 원인없이 말소된 경우에는 그 방해를 배제하기 위한 청구를 할 수
  있다"고 한다.

8) 대법원 2001. 5. 8. 선고 99다38699 판결(집 49-1, 319)은, "원고가 도로공사에 대
  하여 기흥주유소에 원고의 상표를 표시하고 원고의 석유제품을 공급할 권리가 있
  다 하더라도 이는 채권적 권리에 불과하여 대세적인 효력이 없으므로 피고가 기흥

라서 수익권의 본질을 채권으로 이해하는 경우, 판례에 의하면 수익자가 직접 제3자에 대하여 방해배제를 구할 수는 없게 된다.

(2) 신탁재산의 침해와 불법행위의 성부

제3자가 신탁재산을 멸실·훼손하여 신탁재산이 감소하는 경우 신탁재산의 소유자인 수탁자에 대한 관계에서 제3자에게 불법행위책임이 성립하는 점에는 의문이 없다. 이 경우 수탁자가 신탁재산으로부터 이익을 누릴 수 없으므로 신탁재산의 감소로 손해가 없다는 입론도 불가능한 것은 아니지만, 수탁자를 신탁재산에 관한 권리의 귀속자로서 보는 한 그 권리의 상실이 손해가 아니라고 보는 것은 문제가 있다.

한편 같은 사안에서 수익자의 채권도 침해된다고 할 수 있을 것인가? 수익자의 수탁자에 대한 권리를 물권이 아니라 채권이라고 하더라도, 이 채권은 신탁행위의 정함에 따라 여러 종류가 있을 수 있다. 예컨대 특정물의 인도청구권일 수도 있고, 단순한 금전채권일 수도 있으며, 작위를 구하는 청구권일 수도 있고 부작위를 구하는 청구권일 수도 있다. 제3자의 행위에 의해 이들 권리의 실현이 방해되는 경우에는 채권의 침해로 인정할 수 있을 것이나, 그 권리의 실현이 방해되는가 여부는 각 채권의 종류에 따라 달리 평가되어야 할 것이다.

수익채권이 특정물채권인 경우에는 수탁자에게 귀책사유가 있지 않은 한 신탁재산의 멸실로 수익채권이 소멸하므로 채권의 목적인 급부가 침해

주유소에 현대정유의 상호와 상표를 표시하고 그 석유제품을 공급받음으로써 원고의 위 권리가 사실상 침해되었다는 사정만으로 곧 제3자인 피고에게 현대정유와 관련된 시설의 철거나 상호·상표 등의 말소 및 판매금지 등을 구할 수는 없다"고 판단하고, 같은 취지로 제3자에 의한 채권침해를 원인으로 한 방해배제청구를 배척한 원심 판단을 수긍하였다.

된다. 이 때 수탁자에게 귀책사유가 있다면 수익채권은 수탁자에 대한 손해배상채권으로 변하여 존속한다. 그러나 이 경우에도 손해배상청구권이 본래 채무의 내용은 아니므로 불법행위가 성립한다는 데 이견이 없다.

수익채권이 종류채권인 경우, 같은 종류의 물건이 거래계에 존재하지 않거나 존재하더라도 거래관념상 급부를 기대할 수 없는 경우에는 수탁자는 급부의무를 면한다. 이 때 이행불능에 대하여 수탁자에게 귀책사유가 없는 경우에는 수익채권이 소멸하나, 귀책사유 있는 경우에는 수익채권이 손해배상채권으로 변하여 존속한다. 이 경우에도 수익자는 제3자에 대하여 불법행위를 이유로 한 손해배상청구를 할 수 있다. 신탁행위의 내용에 따라 수익채권이 재고채권(한정종류채권)인 경우도 있을 수 있는데, 그 때에는 수탁자에게 조달의무가 없으므로 수탁자는 급부의무를 면하고 수익채권은 소멸한다. 이 경우에도 제3자의 행위는 수익자에 대하여 불법행위가 된다.

수익채권이 금전채권인 경우에는 신탁재산이 멸실 또는 훼손되더라도 수익채권이 소멸되지는 아니한다. 금전채권에 대해서는 이행불능이 있을 수 없기 때문이다. 따라서 이 경우에는 신탁재산의 멸실 또는 훼손으로 수익채권의 이행에 필요한 자력이 부족하게 될 뿐이다. 일반적으로 제3자가 채무자의 일반재산을 감소케 하는 것이 제3자의 채권침해로서 불법행위로 되는가에 관해서는 논란이 있다. 학설은 대체로 제3자의 행위가 위법성이 있으면 그로써 "채권의 실행을 곤란케 한다"9)거나 "채권의 실질적인 가치가 손상"10)되므로 불법행위가 성립한다는 데 일치되어 있다. 그러나 판례

9) 郭潤直, 債權總論(제6판), 博英社(2006), 66면; 李銀榮, 債權總論(제4판), 博英社(2009), 74면; 어인의, "제3자에 의한 채권침해," 한국민사법학의 현대적 전개: 연남 배경숙교수 화갑기념논문집, 박영사(1991), 550면; 김재형, "제3자에 의한 채권침해 - 판례의 전개를 중심으로," 민법학의 현대적 양상: 나암 서민 교수 정년기념논문집, 법문사(2006), 179면.
10) 장경학, "제3자에 의한 채권침해," 고시연구 제15권 제1호 (1987), 71면; 서광민, "제3자에 의한 채권침해," 현대민법의 과제와 전망: 남송 한봉희교수 화갑기념, 1994, 1017면; 金尙容, 채권총론, 화산미디어(2009), 90면.

중에는 책임재산의 감소만으로 불법행위가 성립하지는 않는다는 취지의 것이 있다. 大判 1975. 5. 13. 73다1244가 그것이다. 이 사건은 원고에게서 위탁받은 소를 판매한 대금을 가지고 있던 소외인에게서 피고들이 이 돈을 편취하자 원고가 피고들을 상대로 불법행위에 의한 손해배상을 청구한 사안에 관한 것이다. 대법원은 피고들이 소외인의 돈을 편취한 사실행위에 의해 원고의 소외인에 대한 채권이 소멸하는 것도 아니고 소외인의 책임재산이 감소되었을 뿐으로서 "원고는 간접적 손해를 본데 불과하므로" 불법행위가 성립한다고 할 수 없다고 판단하였다. 따라서 이 판례를 따르는 경우 수익채권의 책임재산인 신탁재산이 멸실되더라도 직접 수익자에게 불법행위가 성립한다고 볼 수는 없게 된다.

(3) 수익권의 침해에 대한 금지청구의 가능성

이와 같이 수익권의 침해가 인정되는 경우, 금지청구가 가능할 것인가? 종래 이 문제에 관한 논의는 거의 없었다. 그러나 채권 일반의 침해에 대하여 금지청구가 가능한가에 관한 논의는 오래 전부터 있어 왔다. 채권의 일반적 성질로서 침해배제청구권이 생긴다는 견해도 있으나, 현재 통설은 공시방법을 갖춘 채권, 특히 임차권의 경우에 한하여 방해배제청구권을 인정한다.11) 물권과 채권을 준별하는 우리 법체계에서 채권의 일반적 성질로부터 방해배제청구권을 논리필연적으로 도출하는 것은 타당하지 않다. 그러나 채권을 보호하기 위해 필요한 경우에는 거래안전을 침해하지 않는 한도에서 채권에 기한 방해배제청구도 허용되어야 할 것이다.

신탁법은 수익권만을 제3자에게 대항할 수 있는 규정은 두고 있지 않다. 그러나 수익권은 신탁의 당연한 구성요소이므로, 신탁의 대항요건(제4조)

---

11) 郭潤直, 68; 金尙容, 93-94면; 송덕수, 채권법총론, 박영사(2013), 40면.

을 갖추면 제3자에 대하여 수익권의 존재도 주장할 수 있다. 그러므로 신탁의 공시방법을 갖춘 경우에는 수익권에 기한 방해배제청구도 허용되어야 할 것이다.

6. 수익자 취소권

신탁재산의 이전에 의해 신탁재산이 침해된 경우는 신탁재산 이전의 원인에 따라 둘로 나누어 볼 수 있다. 하나는 상속과 같이 당사자의 의사에 의하지 아니하고 이전되는 경우이고, 다른 하나는 당사자의 의사에 의해 이전되는 경우이다. 수탁자가 사망하더라도 신탁재산이 수탁자의 상속인에게 상속되지 않는다는 법리는 앞서 설명한 바와 같다. 여기에서는 수탁자가 신탁의 목적에 반하여 신탁재산을 제3자에게 양도한 경우 수익자가 그 신탁재산을 회복할 수 있는 방법에 관하여 검토한다.

가. 개요

수탁자는 신탁재산의 소유자이므로, 이를 제3자에게 처분하면 원칙적으로 제3자는 유효하게 그 소유권을 취득한다. 그러나 위 처분이 신탁의 목적에 반하는 것이면, 제3자가 유효하게 소유권을 취득함으로 인하여 신탁재산은 감소하고, 그로써 수익자는 회복할 수 없는 손해를 입게 될 수 있다. 여기서 수익자는 신탁위반의 처분을 승인하고, 수탁자가 취득한 대가를 신탁재산이라고 주장하거나(제27조), 신탁위반의 처분을 취소하고 신탁재산 자체를 되찾아올 수 있다(제75조).

법 제75조 제1항은 "수탁자가 신탁의 목적을 위반하여 신탁재산에 관한 법률행위를 한 후 수익자는 상대방이나 전득자(轉得者)가 그 법률행위 당시 수탁자의 신탁목적의 위반 사실을 알았거나 중대한 과실로 알지 못하였을 때에만 그 법률행위를 취소할 수 있다."고 정하고 있다.12) 이를 강학상 수익자 취소권이라고 한다. 이 취소권은 취소권자인 수익자가 취소원인을 안 날부터 3개월 이내, 또는 수탁자의 신탁위반처분이 있은 날부터 1년 이내에 행사하지 않으면 소멸한다(제76조). 수익자가 복수인 경우에는 각 수익자가 한 취소권행사의 효과는 모든 수익자에 미친다(제75조 제2항). 또한 수탁자의 신탁위반처분에 대하여 동의 내지 추인한 수익자는 취소권을 행사할 수 없다.13) 이와 같이, 법 제75조는 신탁재산의 종류와 무관하게 수탁자의 신탁위반에 대한 제3자의 주관적 용태를 기준으로, 수익자와 제3자 사이의 이해관계를 조정하려고 하고 있다.

여기서는 영미와 유럽신탁법원칙, 그리고 일본의 개정 신탁법에서 수탁자의 신탁위반처분의 문제를 어떻게 해결하고 있는지 살펴보고, 우리 법의 규정이 현재와 같은 모습으로 된 연유를 검토한 다음, 신탁재산 보호의 관점에서 법 제75조의 해석론을 제시해 보려고 한다.

---

12) 구 신탁법 제52조는 제1항에서 "제3조의 규정에 의하여 신탁의 공시를 한 신탁재산을 수탁자가 신탁의 본지에 위반하여 처분한 때에는 수익자는 상대방 또는 전득자에 대하여 그 처분을 취소할 수 있다."고 정하고, 같은 조 제2항에서 "제3조의 신탁의 공시방법이 규정되지 아니한 신탁재산에 관하여는 상대방과 전득자가 그 처분이 신탁의 본지에 위반하는 사실을 안 때 또는 중대한 과실로 알지 못한 때에 한하여 전항의 취소를 할 수 있다."고 정하였다. 즉 부동산 등 신탁의 공시방법을 갖추어야 제3자에게 대항할 수 있는 신탁재산(제3조)에 대하여는 양도된 신탁재산에 신탁의 등기, 등록이 되어 있는 경우, 그 밖의 재산에 대하여는 신탁재산을 양수받은 제3자에게 악의 또는 중과실이 있는 경우, 수익자가 수탁자가 한 신탁위반 처분을 취소할 수 있다고 정한 것이다. 이와 같이 신탁의 공시방법을 갖춘 재산과 그렇지 않은 재산으로 나누어 취소의 요건을 달리 정한 것은, 공시를 통하여 "신탁의 본지"를 제3자가 알 수 있기 때문이다. 이와 같이 제52조의 취소권은 제3조의 공시와 밀접하게 결합되어 있었다. 이것은 수익자의 권리가 대외적으로 효력을 미치기 위하여는 공시가 필요하다는 민사법의 원칙을 관철한 것이었다.

13) 四宮和夫, 256면.

나. 비교법적 검토

(1) 영미신탁법의 추급 및 의제신탁이론

수탁자가 그 권한 범위 내에서 신탁재산을 처분한 경우, 그 상대방이 신탁의 존재를 알았다고 하더라도, 수익자는 그 처분을 취소할 수 없다. 수탁자에게는 신탁재산의 처분권이 있기 때문이다. 그러나 수탁자가 그 처분권한을 넘어서 처분행위를 한 경우, 그 양수인이 특별한 지위에 있지 않으면, 그는 수익자를 위하여 신탁재산을 보유하는 수탁자의 지위에 서게 된다. 즉 擬制信託(constructive trust)이 성립한다.[14] 여기서 양수인의 특별한 지위란 그가 그 재산이 신탁재산이라는 사실에 관하여 善意이며(without notice),[15] 有償으로(for value) 신탁재산에 관한 보통법상 권리(legal title)를 취득한 경우를 말한다. 이와 같이 善意有償取得者에게 신탁재산이 양도되면, 그에 붙어 있던 모든 형평법상 권리는 소멸한다. 그러나 양수인이 선의가 아니거나 무상으로 취득한 경우에는 수익자의 형평법상 권리가 소멸하지 않은 채 존속한다.[16] 이를 受益者의 관점에서 보면, 수익자는 善意有償取得者에게 신탁재산이 이전된 경우를 제외하고는, 신탁위반의 처분이 있

---

14) Underhill & Hayton, 916; Lionel Smith, Transfers, Peter Birks & Arianna Pretto eds., Breach of Trust, Hart Publishing, 2002, p. 111. 이하 영미법의 논의는 李縯甲, "신탁법상 수익자의 지위", 민사판례연구 제30권(2008), 946-949면을 옮긴 것이다.

15) 善意란 신탁의 존재(즉 수익자의 형평법상 권리의 존재)에 관하여 실제로 알았거나(actual notice), 합리적인 조사를 하였더라면 알 수 있었는데 그와 같은 조사를 하지 않은 경우(constructive notice), 제3자의 대리인이 알았거나 알 수 있었을 경우(imputed notice)를 포함한다. Underhill & Hayton, pp. 922-923; Hanbury & Martin, pp. 34-40; Moffat, pp. 719-723; Bogert § 891.

16) David Fox, Overreaching, Birks & Pretto(주 14), pp. 95-96.

어도 신탁재산의 양수인에 대하여 여전히 수익권을 주장할 수 있다는 것이다. 이를 두고 수익자가 信託財産을 追及(follow)한다고 표현한다.[17]

어떤 이유로 이와 같은 법리가 형성되었는가? 이를 이해하기 위해서는 우선 영국형평법상 優先順位(priority)에 관한 원칙을 이해하여야 한다. 형평법은 보통법의 엄격함을 보완하기 위해 형평법관이 개별적인 사건에서 보통법에 어긋나지 않으면서도 구제를 부여하기 위해 보통법과 별도의 법리를 발전시키면서 체계화되었는데,[18] 그 과정에서 어쩔 수 없이 동일한 물건에 보통법상 권리와 형평법상 권리가 양립하거나, 복수의 형평법상 권리가 함께 생기는 사태가 발생하게 되었다. 이 때 형평법원은 두 가지 원칙을 세워서 이들 권리의 우선순위 문제를 해결하려고 하였다. 즉 (1) 衡平의 상태가 동등하면 보통법상의 권리가 우선한다(where the equities are equal the law prevails), (2) 衡平의 상태가 동등하면 형평법상의 권리 상호간에는 권리취득의 시기가 앞선 것이 우선한다(as between mere equitable claimants qui prior in tempore, potior in jure est).[19] 여기서 衡平의 상태가 동등하다

---

17) 영미에서 추급(following 또는 tracing)은 두 가지 의미로 쓰인다. 하나는 신탁재산의 變形物에 수익권이 미친다는 것이고, 다른 하나는 신탁재산이 제3자에게 이전되더라도 그 재산에 수익권이 미친다는 것이다. 앞의 것을 tracing, 뒤의 것을 following이라고 구분하여 부르기도 한다. 영미법상 추급법리에 관하여는 일반적으로 Lionel D. Smith, *The Law of Tracing,* Clarendon Press, 1997 참조.

18) 예컨대 보통법에 의하면 채권(chose in action)의 양도는 무효였지만, 형평법은 대가를 지급하고 채권양도를 받은 자가 보통법상 무효로 되어 아무런 권리도 취득하지 못하는 것은 형평의 관념에 반한다고 보아, 보통법상 그 양도가 무효임을 인정하면서도, 형평법상 권리로서 양수인은 양도인의 명의로 스스로 채권을 행사할 수 있고, 만약 양도인이 양수인의 이와 같은 권리행사를 허용하지 않으면, 형평법원에 그 권리행사의 허가를 구하는 소를 제기할 수 있다고 하는 식이다. 이 때 만약 양도인이 다시 채권을 제2양수인에게 양도하면 제1양수인과 제2양수인 모두 형평법상 권리를 가지지만, 제1양수인과 제2양수인 사이에 형평의 상태가 동등하면 제1양수인의 권리가 제2양수인의 권리에 우선한다.

19) Underhill & Hayton, p. 917.

(equal equities)는 것은, 당사자 쌍방의 권리취득의 사정 일체를 참작하여 형평의 관념에 비추어 판단한 결과, 형평법원이 개입할 필요성을 느끼지 않을 정도로 공평하다는 의미이다. 어떤 재산에 관하여 A가 형평법상 권리를 가지고 있고, 그 보통법상 권리자인 B가 이를 C에게 이전하면, 동일한 재산에 관한 A의 보통법상 권리와 C의 보통법상 권리의 우선순위가 문제되는데, 이 때 A와 C의 형평의 상태를 고려하여 동등하면, 형평법원은 A에게 구제를 부여하지 않고, 따라서 C가 A에 우선하게 되지만, 만약 A의 형평의 상태가 C의 형평의 상태보다 열악하면, A를 구제하여 C는 A의 형평법상 권리의 제한을 받는 보통법상 권리자가 되는 것이다. 그러면 어떤 경우에 A와 C 사이의 형평의 상태가 동등하지 않은가? 목적물에 관하여 이미 다른 권리가 존재한다는 사정을 안 경우, 또는 합리적인 조사를 하였더라면 알 수 있었을 경우, 목적물을 無償으로 취득한 경우가 그에 해당한다. 이들 경우에 A의 구제를 거절하면 형평법원은 A와 C 사이에서 형평의 상태가 동등하지 않은 것을 교정하지 않는 것이 되고, 이는 良心法院(court of conscience)으로서 형평법원으로서는 할 수 없는 일이다. 그러나 C가 A의 권리의 존재를 알지 못하고, 합리적인 조사를 하였더라도 알 수 없었으며, 정당한 대가를 치르고 목적물을 양수하였다면, 良心과 衡平의 관념에 비추어 C를 비난할 아무런 근거가 없고, A와 C의 형평의 상태를 비교할 때 어느 한 쪽도 우월하다고 할 수 없으므로, 형평법원은 누구에게도 구제를 부여하지 않은 채 A와 C의 보호를 보통법원에 일임하며, 따라서 보통법상 권리가 우선하게 된다.[20] 이것이 善意有償取得者의 법리(bona fide purchaser rule)이다.[21] 이로써 추급법리가 A와 C 사이의 우열관계를 실체

---

20) Underhlll & Hayton, p. 917.

21) 이와 같은 전통적인 선의유상취득법리는, 최근 미국에서 변화의 조짐을 보이고 있다. 즉 종래의 판례에 의하면, 수탁자와 거래하는 자는 목적물이 신탁재산이라는 사실을 알았거나 이를 알 수 있었다면, 수익자가 그 거래를 취소할 수 있다. 이 때문에, 수탁자와 거래하는 상대방은 그 거래가 취소될 위험성을 이유로 대금의 할인

법적으로 해결하는 것이 아니고, 어디까지나 형평법원이 특정인에 대하여
구제를 부여하지 않는 소극적인 태도에서 비롯된 것이라는 점,[22] 擬制信託
법리와 짝을 이루어 작동하고 있다는 점,[23] 그리고 형평법원이 수익자의
권리를 信託財産에 대한 재산으로 파악하였다는 점을 알 수 있다.[24]

(2) 유럽신탁법원칙

유럽신탁법원칙 제7조는 제3자의 책임(Liability of third parties)이라는
제목 아래, 다음과 같이 정하고 있다.[25]

을 주장하고, 이에 따라 신탁재산이 제값에 거래되지 못하는 사태가 발생하게 되었
다. 원래 수익자를 보호하기 위해 만들어진 법리가 결과적으로 수익자의 이익을 해
하게 된 것이다. 이 때문에 현재 미국의 판례는, 대부분의 주에서, 제3자가 거래상
대방이 수탁자인 사실, 거래목적물이 신탁재산인 사실을 알았더라도 선의유상취득
자의 지위를 인정하고 있다. 이렇게 함으로써 수탁자와 거래하는 상대방은 안심하
고 거래할 수 있고, 수탁자는 높은 가격에 신탁재산을 처분할 수 있게 된다. 물론
상대방이 신탁위반인 사실에 관하여 알고 있었다면 그렇지 않다. Uniform Trust
Code § 1012.

22) 학자들은 이와 같은 연혁적인 이유 외에도, 금반언(estoppel), 상거래의 신속성, 대
리와의 유사성, 수익자 자신의 잘못 등에서 선의유상취득자법리의 근거를 찾고 있
다. Bogert § 882 at 172-174.

23) 木下 毅, 20면.

24) 영미신탁법상 선의유상취득의 법리와 우리 민법상 선의취득의 법리를 비교하면,
다음과 같은 점에서 차이가 있다. 선의유상취득의 법리는 보통법상 진정한 권리자
(즉 수탁자)로부터 신탁재산을 취득한 자를 보호하는 형평법상의 법리인 반면, 선
의취득은 무권리자로부터 재산을 취득한 자를 보호하는 법리이다. 선의유상취득의
법리는 부동산에 대해서도 인정되는 법리인 반면, 선의취득은 동산에 대해서만 인
정된다.

25) David Hayton, S.C.J.J. Kortmann, H.L.E. Verhagen ed., *Principles of European
Trust Law*, Kluwer Law International, 1999 p. 19.

"수탁자가 신탁재산(trust fund)을 부당하게(wrongfully) 제3자에게 양도한 경우, 양수인이 선의의 유상취득 기타의 이유로 보호되지 않는 때에는, 양수인은 신탁재산에 생긴 손실을 보상하여야 한다. 또는 법원은 양수인에 대해서 당해 재산(asset)(또는 그 대체물)을 자기의 재산과 별개의 신탁재산으로서, 또는 위 책임의 담보로서 보유하도록 명할 수 있다. 이 책임은 선의의 유상취득 또는 기타 이유로 보호되지 않는 후속 양수인에게도 미친다."

이에 대한 주석(commentary)에서는 이 원칙을 다음과 같이 설명하고 있다.[26]

"수탁자 T가 신탁위반으로 신탁재산의 일부를 X에게 양도한 때, T는 이로 인한 손실에 상당하는 금액을 신탁재산에 보상할 인적 책임을 진다. 따라서 만약 T가 신탁재산인 그림을 부당하게 증여하였고 증여 당시 가격이 x파운드였는데, 신탁위반이 드러났을 때 그림의 가격이 2x 파운드라면, T는 2x 파운드를 보상해야 한다. 어쨌든 신탁계좌에 2x 파운드의 그림에 상당하는 자산이 계상되어야 한다. 만약 신탁위반이 발각된 무렵에는 T가 무자력이거나 사망하고 그 상속재산이 이미 모두 분배된 후라면, X가 x 파운드 또는 2x 파운드의 인적 책임을 지는지(위 그림이 그 담보로 되는가는 별론으로 하고), 아니면 마치 시종일관 신탁재산의 일부였던 것처럼 그림 자체를 반환할 책임을 지는지의 문제가 생긴다. 만약 X가 이미 그 그림을 선의유상취득자에게 1.5x 파운드에 매각하고 이 돈으로 새로운 그림을 매수하였으며 그 그림의 현재가격이 3x 파운드라면, 더 나아가서 X가 1.5x 파운드 또는 3x 파운드의 인적 책임을 지는지(위 그림이 그 담보로 되는가는 별론으로 하고), 아니면 이 새로운 그림을 그가 매수한 순간부터 마치 시종일관 신탁재산의 일부였던 것처럼 반환할 책임을 지는지 문제된다.
어떤 법역에서는 이 문제를, X가 T의 처리를 부당하다고 알면서 또는 부당성을 의심하면서 결과를 두려워하여 고의적으로 또는 무모하게(따라서 불성실하게) 추가적인 조회를 생략했는지 여부에 따라 결정할 수 있다. 영미법계 법역에서는 X가 수증자이고 수익자의 희생 아래 부당이득을 취하게 된다는 사실만으로 X에게 보상 또는 그림의 반환책임이 있다고 한다.
이 분야에서는 법역마다 고유한 법리를 발전시킬 여지가 많다. 이 법리에는 피고가 파산하였는지 여부에 따라 달라지거나, 피고가 그에 대한 양도가 부당하거나 부당할 개연성을 알았거나 알 수 있었는지에 따라 달라지는 것이 있을 수 있다.

---

26) Hayton et al.(주 25), pp. 59-61.

만약 T가 수익자 B만을 위해 보유하는 재산을 신탁위반으로 X에게 증여하고, X가 B의 권리를 알고 있었다면, X는 이 재산을 B에게 인도해야 할 것이다. X가 B의 권리의 존재를 알지 못했으나 수증자로서 그 재산을 보유한다면 부당이득이 되는 경우에, 대응이 달라져야 할 이유는 무엇인가? 왜 그 재산을 B에게 또는 신탁위반을 한 T를 대신한 수탁자에게 인도하도록 강제함으로써 신탁재산의 존재가 확인되어서는 안되는가? X, Y 및 Z를 수익자로 하는 신탁이나, X, Y, Z 및 그 배우자나 자손 중에서 그 후 80년 동안 수탁자가 지명하는 자를 수익자로 하는 신탁에서도 사정은 전혀 동일하다. X가 파산한 경우에도 그 취급이 달라질 이유는 없을 것이다. 그러나 이 점은 근대사회에서 자산보유자로 보이는 자에 대하여 채권자가 어디까지 조사한 후 거래를 하는가, 자산의 일부가 거래상대방에게 속하지 않는 것이 나중에 판명되어 손실을 입는 사태가 어느 정도 발생하는가에 따라 좌우될 것이다. 영미법계 법역의 다수는, 실제로는 파산자 소유가 아니면서 파산자가 소유한 것처럼 보이는 재산이 파산관재인에게 승계된다는 파산법의 규정을 폐지했다. 그러나 신탁재산에 관한 한, 이러한 파산법의 규정이 실제로 적용된 적은 한 번도 없다. 신탁재산은 수탁자가 파산한 경우 파산관재인에게 승계될 수 있는 재산을 구성하지 않기 때문이다. 그러나 대륙법계의 여러 국가에서는 아직 소유권의 공시를 매우 강조하고 있다.

위 문제는 X가 수증자가 아니고 선의 아닌 유상취득자인 경우에 관해서도 제기될 수 있다. X가 선의유상취득자라면 X에게는 아무런 책임이 없고 T가 양도대금 또는 대체물을 신탁재산으로서 보유하게 된다. 토지 등 특정 종류의 유통성을 제고하기 위해, 법률로 X를 보호하는 규정이 있는 경우에도 결과는 마찬가지다. 영미법계 국가에서는 X가 토지의 매수대금(또는 토지를 담보로 하는 대여금)을 2인의 수탁자 또는 단독의 법인수탁자에게 지급한 때는 X는 그 토지(또는 양도저당권)에 관하여 완전한 권원을 취득한다. 수익자의 권리는 그 권원에서 격리 "전환(overreach)"되어, 매각대금이나 양도저당을 담보로 한 차용금에 부착된다. 주택의 처분에 관해서 신탁조항이 특정 수익자의 동의를 명시적으로 요구하는 경우에 한하여, X는 이들 수익자의 동의를 얻어야 한다(신탁조항에서 3인 이상의 동의를 요구하더라도, 양도절차를 간소화하기 위해, 수익자 2인의 동의가 있으면 제정법에서 수익권대상의 전환을 인정하는 것이 보통이다).

X가 선의유상취득자로서도, 수익권대상의 전환을 정한 법률의 규정에 의해서도 보호되지 않는 경우, T의 신탁위반과 그에 따른 자기의 부당이득을 알면서 재산을 매각하고 대금을 소비해 버리면, 인도명령은 이제 불가능하고, X는 재산가치를 보상할 인적책임만을 부담하게 된다."

이와 같이 유럽신탁법원칙에 의하면 신탁위반으로 처분된 재산의 선의

유상취득자가 아닌 자는 신탁재산에 생긴 손해를 배상하거나, 그 재산을 신탁재산에 반환할 책임을 지게 된다. 이는 수탁자의 거래상대방 뿐 아니라 전득자에 대해서도 마찬가지다. 위 주석의 설명에서 보는 바와 같이, 이 법리에 의해 보호되는 자는 반드시 선의유상취득자에 한정되는 것은 아니다. 또한 영미신탁법에서와 같이 법률상 당연히 무상취득자 또는 악의취득자가 의제수탁자로 간주되는 것은 아니다. 그러나 그 내용에 있어서는 신탁위반처분의 상대방 또는 전득자가 위와 같이 처분된 재산을 자신의 고유재산과 구분하여 관리할 의무를 인정할 수 있고, 그 한도에서는 마치 분별관리의무가 부과된 것과 같은 결과를 얻을 수 있다. 주석의 설명에 의하면, 이것은 위와 같이 처분된 재산을 반환할 의무를 전제로 하는 것이다. 또한 어떤 경우에 상대방 또는 전득자가 손해배상책임을 지는가에 관해서 이 원칙은 말하고 있지 않으나, 일단 손해배상책임이 인정된다면 그 책임을 담보하기 위해 위 재산을 보유하도록 할 수도 있다. 이는 각국의 사정에 따라 법률 또는 판례에 의한 일종의 법정담보권을 인정하는 것으로 이 문제를 처리할 수도 있음을 밝히고 있는 것이다.

(3) 일본 신신탁법

일본의 구 신탁법은 현재 우리 신탁법과 같은 내용으로 신탁위반행위의 취소권을 규정하고 있었다. 이에 대해서는 ① 신탁의 등기 또는 등록을 할 수 있는 재산에 관하여 등기 또는 등록이 되어 있는 경우 수익자는 거래상대방의 주관적 요건을 묻지 않고 언제나 취소가 가능하도록 한 것은 거래안전에 대한 배려가 충분하지 못하다,27) ② "신탁의 본지"라는 기준이 명확성을 결하고, 언제나 적절한 기준은 아니다,28) ③ 수탁자의 "처분"만

---

27) 新井 誠, 306면.

을 취소의 대상으로 하고 있으므로, 수탁자가 신탁사무로서 권한을 넘어 자금을 차입한 경우를 포괄하지 못한다,[29] ④ 거래 상대방이 수탁자가 신탁재산을 위해 행위한 것을 알지 못한 경우의 취급이 명확하지 못하다는 비판이 있었다.[30] 그리하여 신신탁법에서는 ① 신탁의 등기 또는 등록을 할 수 있는 재산에 관하여 신탁의 등기 또는 등록이 되어 있는 경우에도, 신탁의 등기 또는 등록이 갖추어져 있지 않은 재산과 마찬가지로 거래 상대방이 수탁자가 그 권한 외의 권리설정이나 이전행위를 한 것에 관해 선의·무중과실인지 여부에 따라 수익자가 취소권을 행사할 수 있는지 여부를 결정하는 것으로 바꾸었다(제27조 제2항). 또한 위 ②에 관하여, "신탁의 본지"라는 용어를 버리고, "수탁자의 권한"의 범위를 기준으로 하였고(제27조), 위 ③에 관하여, 수탁자의 처분행위에 한정하지 않고 수탁자의 권한을 넘는 행위 일반을 취소권의 대상으로 하였으며(제27조), 위 ④에 관하여, 수탁자의 행위가 신탁재산을 위하여 한 것이라는 점을 상대방이 알지 못하고, 수탁자의 행위가 권한 외라는 점에 관하여 선의·무중과실인 경우, 수익자는 취소권을 행사할 수 없는 것으로 하였다(제27조 제1항). 이와 같이 일본 신신탁법에 의한 수익자취소권 규정의 개정은 채권자취소권의 형식을 따르는 골격은 그대로 유지한 채 세부적인 사항을 개선하는 데 그쳤다.

다. 구 신탁법 제52조의 입법경위

구 신탁법 제52조는 일본 구 신탁법 제31조를 본받아 제정되었다. 그런

---

28) 能見善久, 150-151면.
29) 能見善久, 153면.
30) 法務省民事局參事官室, 信託法改正要綱試案 補足說明, 70-74면.

데 일본 구 신탁법 제31조의 제정과정에서는 당초 영미신탁법의 추급법리
와 같은 내용의 초안이 제출되었다. 즉 1918년의 일본 司法省 原案에는,
"수익자는 신탁의 본지에 반하는 처분으로 인하여 신탁재산을 취득한 자에
게 그 권리를 대항할 수 있다. 이 경우 신탁재산의 취득자는 신수탁자가 선
임될 때까지 수탁자로서 재산을 관리하여야 한다. 전항의 규정은 신탁재산
의 취득자가 과실없이 그 재산의 처분이 신탁의 본지에 반하는 것을 알지
못한 경우에는 적용하지 않는다(강조는 필자)"고 되어 있었다.[31] 이것은
그 후 등기 또는 등록하여야 할 재산권에 관하여 신탁의 등기 또는 등록을
하지 않은 경우, 취득자가 중대한 과실없이 재산의 처분이 신탁의 본지에
반하는 것을 알지 못한 때에는 대항할 수 없는 것으로 수정되었다.[32] 그러
던 것이 1919. 12. 9. 司法省 信託法調査委員會에서 "수탁자가 신탁의 본지
에 반하여 신탁재산을 처분한 때에는 수익자는 상대방에 대하여 그 처분을
취소할 수 있다. 단 신탁의 등기 또는 등록 있는 때 및 등기 또는 등록을
하여야 할 신탁재산에 관하여 상대방이 그 처분이 신탁의 본지에 반하는
것을 안 때 또는 중대한 과실로 이를 알지 못한 때에 한한다"[33]고 수정되
어 의결되었고, 이것이 거의 그대로 입법화되었다.[34] 즉 당초의 초안은 영
미에서와 같은 追及效를 정한 것인데 비하여, 최종안은 민법상 債權者取消
와 유사한 것으로 바뀐 것이다. 이와 같은 중요한 변화의 경위에 관하여는
자세히 알려져 있지 않으나,[35] 학자들은 信託法調査委員會를 구성한 民商
法學者들이, 신탁의 본질에 관련되어 있는 追及效에 대하여 잘 이해하지 못

31) 1918(大正 7). 9. 10.자 信託法案 제26조. 山田 昭, 信託法立法過程の硏究, 勁
    草書房(1981), 305, 308면. 한편 1872년 캘리포니아민법 제2243조, 1882년 인도
    신탁법 제63조도 의제신탁법리에 따른 규정을 두고 있다. 이하 구법 제52조의 입
    법경위에 관한 설명은 李縯甲(주 14), 949~951면을 옮긴 것이다.
32) 1919(大正 8). 8. 13.자 수정안 제44조 제1항. 山田 昭(주 31), 331면.
33) 1919(大正 8). 12. 9.자 수정안. 山田 昭(주 31), 347면.
34) 1921(大正 10). 12. 23.자 수정안에서 轉得者가 포함되어 제정되었다.
35) 山田 昭(주 31), 153면.

한 채, 위법행위이므로 취소하는 쪽이 알기 쉽고 민법체계와도 조화된다고 생각하였을 것이라거나, 수탁자와 통모하여 신탁재산을 횡령하려 한 자 또는 부당히 신탁재산을 취득하려 한 자를 수탁자로 보는 것은 정책적으로 바람직하지 않다고 생각하였을 것이라고 추측하고 있다.36)

우리의 구 신탁법 제52조의 입법과정에 관해서는 이렇다 할 자료가 없으나, 우리 신탁법의 입법자들도 일본의 구 신탁법 입법자들과 유사한 생각을 한 것이 아닌가 짐작된다. 즉 영미신탁법에 관한 설명에서 본 것처럼 영미신탁법상 추급효는 의제신탁 법리와 밀접하게 결합되어 있다. 그러나 당사자의 의사에 의하지 아니한 일종의 법정신탁을 영미에서와 같이 광범위하게 인정하는 데에는 주저가 앞섰을 것이다. 또 의제신탁 법리는 신탁재산의 양도에도 불구하고 수익자의 권리가 존속하는 것을 전제로 하므로 채권설의 태도와 논리적으로 배치된다. 그렇다고 해서 수탁자의 신탁위반의 처분에 대한 사후적 구제수단으로서 수탁자에 대한 원상회복 또는 손해배상청구(제43조)만을 인정하는 것은 신탁재산에서 생기는 이익의 귀속자인 수익자의 지위를 충분히 고려하지 않는 것으로 보인다. 그렇다면 채권설의 태도를 기본적으로 유지하면서도 제3자에 대하여 수익권을 주장할 수 있게 하기 위한 법리는 무엇인가? 민법에는 이와 유사한 구조와 기능을 가지는 제도가 있는데, 바로 사해행위취소 제도이다. 사해행위취소에서 채권자와 채무자의 법률관계와 채무자와 상대방 사이의 법률관계는 서로 별개이다. 그러나 법은 사해성을 매개로 하여 채권자가 직접 상대방에 대하여 책임재산의 반환을 구할 수 있는 권리를 인정한다. 의제신탁법리에서도 수익자와 수탁자 사이의 법률관계와 수탁자와 상대방 사이의 법률관계는 별개이다. 그러나 신탁재산 보호를 위하여 수익자가 직접 상대방에게 신탁재산의 반환을 구할 수 있는 권리가 인정된다. 입법자들은 사해행위취소

---

36) 山田 昭(주 31), 153-154면; 大阪谷公雄, "信託法改正の基本問題," 信託法の研究(上), 信山社(1991), 124면.

제도와 의제신탁 제도가 가지는 구조 및 기능의 유사성에 주목하여, 사해
행위취소의 형식을 빌어 수익권의 대외적 주장을 가능케 하는 제도를 만들
었던 것이다.

라. 수익자취소권의 성격

(가) 학설의 대립과 평가

이와 같이 사해행위취소의 형식을 빌어 영미의 의제신탁에서와 같은 효
과를 얻으려 하였기 때문에, 수익자취소권의 법적 성질에 관하여 다툼이
있게 된 것은 너무나 당연하였다. 이에 관해서는 본조의 취소 제도가 사해
행위취소와 다른 것이라는 견해,[37] 영미법상의 의제신탁의 법리를 도입하
여 제3자가 그 취득한 신탁재산에 대하여 법률상 당연히 수탁자와 동일한
지위를 갖거나 그 지위를 승계한 것으로 보자는 견해,[38] 수익권을 일종의
사원권으로 보는 것을 전제로, 본조의 취소권을 수익자의 신탁대위권으로
보는 견해 등이 주장되었다.[39]

법 제75조의 수익자취소 제도가 사해행위취소 제도와 그 취지가 다른
점은 그다지 어렵지 않게 이해할 수 있다. 사해행위취소와 수익자취소는
이미 행하여진 재산처분행위의 효력을 부정하고, 수익자 또는 전득자로부
터 그가 취득한 재산을 회수하는 기능을 한다는 점에서 공통된 특징을 가
진다. 그러나 사해행위취소는 책임재산의 감소로 채권자를 해하게 되는 때

---

37) 崔東軾, 268면.
38) 李根瑩, "신탁법상 수익자의 신탁위반 처분행위 취소권," 財産法研究 제23권 제
   2호 (2006), 311-313면.
39) 李重基, 570면.

채무자의 재산상태를 원래의 상태로 회복하는 제도이다.[40] 따라서 사해행
위취소는 기본적으로 강제집행의 전단계로서 이용되는 제도라고 할 수 있
다. 이에 반하여 수익자취소 제도는 신탁재산을 원상으로 회복하여 신탁재
산을 유지하는 데 중점이 있지, 그 후 신탁재산에 대한 강제집행은 염두에
두고 있지 않다. 사해행위취소가 객관적 요건으로 법률행위의 사해성과 주
관적 요건으로 채무자의 사해의사를 요구하는 데 반하여, 수익자취소에서
는 이러한 요건이 필요하지 않은 것은 바로 제도의 목적에 차이가 있기 때
문이다.

의제신탁설은 다른 견해에 비하여 수익자를 더 강력하게 보호할 수 있
다는 장점이 있다. 즉 수익자와 제3자 사이에 신탁관계가 성립되는 것으로
의제하면, 제3자에게 이전된 재산 뿐 아니라 그 재산의 변형물에 대하여도
추급이 가능하고(제19조),[41] 제3자의 파산 또는 강제집행에서도 수익자에
게 우선적인 권리가 보장된다(제21, 22조).

반면 사해행위취소의 구성을 취하는 경우에는 수탁자의 법률행위를 취
소한 결과 수탁자와 상대방 사이의 법률관계가 상대적으로 무효가 되지만,
그 효과는 수탁자의 법률행위로 처분된 물건 또는 권리에만 미친다. 상대
방에 대하여 강제집행 또는 파산절차가 개시되면 상대방 명의로 되어 있는
재산이 신탁재산이라는 주장을 할 수 없다. 이와 같은 결과는 신탁대위권
설을 취한 경우에도 피할 수 없다.[42]

---

40) 일반적으로 郭潤直 편집대표, 民法注解 제9권, 798면 이하(金能煥).
41) 따라서 영미신탁법의 법리에 따르면, 예컨대 신탁재산인 금전이 주식에 투자되고
   이 주식의 가격이 오르면, 이 주식에 대하여도 신탁재산임을 주장할 수 있게 된다.
   Hanbury & Martin(주 34), p. 305.
42) 李重基, 584면.

(나) 의제신탁의 가능성

그렇다면 우리 신탁법에서도 의제신탁이 필요하고 가능한가에 관하여 검토할 필요가 있다. 우선 수탁자가 처분한 신탁재산을 제3자로부터 반환받는 문제에 관하여 의제신탁법리를 원용할 수 있는지에 관하여 살펴보자. 이에 관하여 일본에서도 논의가 활발한 편은 아니지만, 문헌상으로는 긍정설과 부정설이 존재한다. 긍정설은 제3자를 수탁자와 동일시할 수 있다거나,[43] 의사표시의 규범적 해석에 의하여 가능하다는[44] 등의 근거를 든다. 한편 부정설은 일반적으로 의제신탁이 인정되지 않는다고 하면서, 부당이득법리에 의해 의제신탁이 문제되는 경우를 해결할 수 있기 때문이라고 한다.[45]

생각건대, 우리 신탁법의 해석으로는 수익자취소의 사안에서 의제신탁은 인정되지 않는다고 보는 것이 옳다.[46] 첫째, 이를 인정할 명문의 근거가 없다. 또한 유추해석의 방법으로 인정할 근거도 없다. 둘째, 법률관계가 지나치게 불안정하게 된다. 추급의 방법에 의해 특정만 되면 의제신탁이 인정될 수 있다고 한다면, 아무리 여러 차례 신탁재산이 전매된다고 하더라도, 전득자의 채권자에게 불의의 손해를 입힐 수 있다. 셋째, 의제신탁에 대하여 신탁법의 규정이 어느 정도까지 적용되는지 분명하지 않기 때문에, 혼란을 피할 수 없다. 예컨대 신탁법상 수탁자의 계산의무(제63조)에 관한 규정은 의제수탁자에게도 적용되는지 분명하지 않다. 만약 계산의무를 진다면, 의제수탁자가 신탁재산을 이미 전매한 후에도, 그 전매차익이 있다면 이를 수익자에게 반환하여야 한다. 만약 계산의무를 지지 않는다면 그

---

43) 星野 豊, 信託法理論の形成と応用, 信山社(2004), 153면.
44) 道垣內弘人, "救濟面から見た信託," 信託法研究 제19호 (1995), 45면.
45) 분명하지는 않으나 四宮和夫, 39면이 그러하다.
46) 한편 李重基, 27면은 우리 신탁법에서 의제신탁이 인정되는지 아직 불분명하다고 한다.

는 전매차익을 수익자에게 반환할 필요가 없다. 이처럼 때로는 결과에 있어서 큰 차이가 생길 수 있는 사안에서 해석상 많은 문제를 야기하게 될 것이다.

(다) 의제신탁의 필요성

영미에서 의제신탁법리가 발달한 이유 중 하나는 부당이득법리가 발달하지 못하였기 때문이고, 다른 하나는 보통법원과 형평법원이 분리·병존하였기 때문이다. 보통법원에 소송을 제기하려면 소송허가장(writ)을 발부받아야 했고, 이 소송허가장은 일정한 방식을 갖추어야 했다. 그런데 17세기 영국에서는 부당이득반환과 같은 방식의 소송은 인정되지 않았다. 따라서 그 발생원인이 계약이 아니더라도, 사람들은 어떤 사람이 지급을 약속했으나 갚지 않았다는 사실을 주장, 입증해야 하는 채무인수소송(indebitatus assumpsit)의 방식에 의존하였다. 법원은 당사자의 의사에 의하여 채무가 발생한 것처럼 의제하기 위하여, 실제로는 계약이 존재하지 않는데도 존재하는 것처럼 법리를 구성하였다. 이것이 준계약(quasi-contract)이다. 이처럼 계약법리에 의존하여 부당이득의 문제를 해결하다보니, 부당이득법리의 독자적인 발달이 늦어졌다.47) 한편 보통법원에서는 금전배상만이 허용되었고, 물건 자체의 반환은 허용되지 아니하였다. 부당이득에 의해 피고가 취득한 것이 물건인 경우, 원고는 부득이 형평법원에 구제를 신청하였고, 이 때 형평법원은 신탁위반의 경우와 유사한 구조라는 사실에 착안하여, 부당이득의 수익자가 급여자를 위한 수탁자로서 부당이득한 물건을 보유하고 있다고 판단하였다. 이렇게 하여 의제신탁 법리가 발전하기 시작하였다.48)

---

47) Graham Virgo, *The Principles of the Law of Restitution*, 2nd ed., Oxford U. Press, 2006, pp. 19-21.

그러나 부당이득법리가 발달해 있는 우리나라에서도, 의제신탁의 사안을 부당이득 법리로 해결하는 데에는 한계가 있다. 신탁행위에서 정한 권한을 넘었다는 사정을 이유로 수탁자와 상대방, 또는 상대방과 전득자 사이의 법률행위에 법률상 원인이 없다고 할 수 없기 때문이다. 또한 상대방이 수탁자와 공모하여 신탁재산에 관한 계약을 공서양속에 반하는 것으로 보아(민법 제103조) 무효로 하거나, 상대방에 대하여 공동불법행위의 책임을 물을 수 있지만, 이 모두 채권적 효력밖에 가지지 못한다. 즉 상대방 또는 전득자에 대한 강제집행 또는 파산절차에서 신탁재산은 보호되지 않는다.

이 점에서, 우리 법에서도 특별한 경우에 한정하여 의제신탁에 관한 규정을 두는 것을 검토할 필요가 있다. 여기서 특별한 경우란 제3자가 신탁재산을 그대로 보유하는 것이 형평의 원칙상 도저히 용납될 수 없는 경우를 말한다. 예컨대 수탁자가 신탁의 본지에 반하여 처분하는 것을 알면서, 제3자가 수탁자로부터 신탁재산을 취득한 경우를 들 수 있다. 다만 이 경우에도, 제3자에게 신탁법상 수탁자로서의 의무와 책임이 부과되는 것은 아니고, 마치 대항력을 갖춘 임차인이 있는 주택의 양수인과 마찬가지로, 신탁의 부담이 있는 채로 신탁재산을 취득한 것으로 간주하면 족할 것이다.[49] 이렇게 할 경우의 문제점은 공시방법이 마련되어 있는 경우에는 법

---

48) Scott on Trusts, vol. V, § 461.

49) 비교법적으로 보면, 1872년 캘리포니아 주 민법, 1882년 인도 신탁법이 의제신탁을 법전화하였고, 이스라엘, 필리핀 등도 법률로 의제신탁을 인정하고 있다. Lupoi(주 4), pp. 277, 280. 한편 스코틀랜드는 법 제52조의 사안에서 의제신탁이 인정되는지 여부에 관하여 아직 정설이 없다. 남아프리카 공화국에서는 의제신탁을 인정하지 않는 것이 통설이다. M.J. de Waal & R.R.M. Paisley, *Trusts*, Reinhard Zimmermann, Daniel Visser & Kenneth Reid eds., *Mixed Legal Systems in Comparative Perspective*, Oxford U. Press, 2004, pp. 844-845. 또한 헤이그 조약 제3조는 이 조약이 비자발적 신탁(involuntary trust)에는 적용되지 않는다고 정하고 있다. Article 3. "The Convention applies only to trusts created

제3조에 의하여 제3자가 보호되나, 그렇지 않은 경우는 제3자가 보호되지 않는다는 것이다. 결국 수익자와 제3자 중 어느 쪽을 더 보호할 것인가, 정적 안전과 동적 안전 중 어느 쪽을 더 우선할 것인가의 문제이다. 그러나 공시방법이 마련되지 않은 신탁재산의 경우 언제나 제3자에 대하여 대항할 수 있는 것은 법 제3조도 예정하고 있는 것이고, 특별히 수탁자의 신탁위반처분의 상대방에 대한 채권자라고 하여 사정이 달라지는 것은 아니다.

마. 법 제75조의 해석론

(1) 해석의 방향

영미의 의제신탁과 동일한 효과를 가진 것으로 법 제75조를 해석하는 것은 우리 신탁법상 무리라고 생각된다. 법 제75조는 명백히 수탁자의 처분을 취소할 수 있다고 정하고 있을 뿐이므로, 이를 가지고 수탁자의 거래 상대방과 수익자 사이에 취소로 인하여 擬制信託關係가 성립한다고까지 보기는 어렵다. 위와 같은 주장은 해석론이라기보다는 입법론에 가까운 견해가 아닌가 생각된다.

반면 신탁재산 자체에 법적 주체성을 인정하거나 수익권을 물권적인 성질의 것으로 이해하는 것을 전제로 하여 본조의 취소권을 물권적 효력의 일종인 추급권으로 파악하는 견해 역시 찬동할 수 없다. 전술한 바와 같이 수익권은 채권으로서 다만 그 보호를 위하여 신탁법상 특별한 규율이 이루어지고 있는 것일 뿐이다. 따라서 본조의 취소권을 무권대리행위의 추인거절권의 일종으로 이해하는 것도 타당하지 않다.

---

voluntarily and evidenced in writing."

우리 법이 영미신탁의 추급 및 의제신탁 법리를 사해행위취소로 구성한 것은 수익권을 채권으로 이해하는 한 부득이한 선택이었다고 할 수 있다. 그러므로 유사한 구조와 기능을 가지고 있는 민법상 사해행위취소의 법리를 참고할 수는 있을 것으로 생각된다. 그러나 수익자 취소권을 채권자취소권과 유사한 형태로 규정함으로써, 영미에서와 달리 수익자가 보호되는 범위는 크게 축소될 수밖에 없게 되었다.50) 앞서 본 바와 같이 영미법의 추급법리는, 선의유상취득자가 아닌 자에게 신탁재산이 이전된 경우 그 신탁재산의 취득이 양심에 반하면 여전히 신탁재산으로서 수익권의 제한을 받는다는 원칙을 선언한 것이고, 신탁재산이 수탁자의 고유재산과 다른 특수한 성질을 가진 재산이라는 점을 분명히 한 것이다. 그런데 법 제75조를 보면, 수익자가 신탁재산에 대하여 어떤 특수한 권리를 가진다는 관념보다는, 수익자가 수탁자에 대한 채권자로서 그 채권을 보전하기 위하여 채무자인 수탁자가 한 행위를 취소한다는 관념이 더 강하게 드러나 있다. 그러므로 법 제75조가 영미의 추급법리를 채권자취소와 유사한 형식으로 규정한 것은, 전혀 성질과 내용이 다른 제도를 대륙법의 관점에서 변용한 것이라고 할 수 있다.51) 따라서 수익자취소 제도를 채권자취소와 같은 것으로 이해하고, 채권자취소에 관한 법리를 그대로 유추적용하는 것은 타당하지 않다.52) 보다 신탁의 법률관계 내지 이익상황에 적합한 법리의 構築이 필요하다고 생각된다.

---

50) 大阪谷公雄, "信託法改正の基本問題," 信託法の硏究, 信山社(1991), 149면.

51) 영미법의 추급법리와 가장 유사성이 많은 대륙법의 제도가 채권자취소 제도라고 할 수는 있을 것이다. 로슨(F.H. Lawson)도 영국신탁법을 대륙법국가에서 도입하는 경우 파울리아누스 소권(actio Pauliana)에 의하여 재산을 추급할 수 있으리라고 적고 있다. Lawson, A Common Lawyer Looks at the Civil Law, Reprinted ed., Greenwood Press, 1977, p. 201.

52) 四宮和夫, 252-253면; 松本 崇, 191면. 한편 田中 實·山田 昭, 93면은 사해행위취소와 유사한 효력이라고 설명하고 있다.

(2) 취소권 행사의 요건

(가) 객관적 요건

① 신탁의 목적 위반

수탁자가 "신탁의 목적"에 반하여 신탁재산에 관한 법률행위를 하여야 한다. "신탁의 목적"에 반한다는 것은 어떠한 의미인가? 구법에서는 "신탁의 본지"라고 표현하고 있었으나 신법은 "신탁의 목적"으로 바꾸었다. "본지"라는 개념은 민법 제681조의 "위임의 본지"에서 쓰이는 것과 동일하고, 민법 제390조와 제460조에서 말하는 "채무의 내용"과 같은 의미이다.[53] 또 민법 제390조와 제460조에서 말하는 "채무의 내용"은 계약의 목적과 그 성질을 고려하여 당해 계약의 해석에 따라 정해지는 것이므로, "본지"를 '목적'으로 바꾸었다고 해서 그 내용이 크게 달라지는 것은 아니라고 생각된다.

한편 신탁법 개정작업 과정에서 이 규정을 수탁자의 권한 외의 행위에 대해서 본조의 취소권을 인정하는 것으로 해야 한다는 주장이 있었으나,[54] 논의 결과 받아들여지지 않았다. 입법론적 차원에서 본조를 수탁자의 권한 외의 행위에 대해서 규율하는 데 대해서는 찬반 양론이 가능할 것이다. 우선 영미 신탁법에서는 수탁자가 대외적으로 신탁재산을 처분할 권한이 있는지 여부에 따라 경우를 나누어, 신탁재산을 처분할 권한이 있는 경우에는 제3자에 대하여 추급하지 못하고, 신탁재산을 처분할 권한이 없는 경우에만 선의유상취득자를 제외한 제3자에 대하여 추급할 수 있다고 한다. 또 우리 대리법에서 대리인이 한 행위의 귀속 여부의 판단은 대리인이 그 권

---

53) 郭潤直 편집대표, 民法註解 XV, 537면(李在洪); 朴駿緖 편집대표, 註釋民法 채권각칙(4), 389면(鄭賢壽).
54) 법무부, 신탁법 해설, 2012, 593-594면.

한을 가지고 있는가 또는 그 권한의 범위 내에서 행위하였는가가 일차적인 기준이 되고, 대리인이 그 권한을 가지고 있지 않거나 권한의 범위를 넘은 경우 이차적으로 상대방의 주관적 용태에 따라 대리행위의 효과 귀속 여부를 정한다. 이러한 법리는 대리법리가 적용되는 대표에 관해서도(민법 제59조 제2항) 마찬가지이다.

그러나 영미신탁법상 수탁자의 대외적 처분권 유무에 따라 규율을 달리하는 것은 수익자에게 신탁재산에 대한 형평법상 소유권을 인정하는 법리를 전제로 한 것으로, 수익자에게 그러한 권리를 인정할 수 없는 우리 신탁법의 기본적인 구조와는 맞지 않는다. 우리 신탁법에서 수탁자는 신탁재산에 관하여 대내외적으로 완전한 권리를 가지고, 신탁행위로 그의 처분권을 제한한 것은 위탁자 또는 수익자에 대한 채권적이고 대내적인 제한에 불과하다. 그러므로 수탁자가 제3자에 대한 관계에서 신탁재산에 관한 법률행위를 할 권한이 없는 경우란 있을 수 없다. 또한 수탁자가 위탁자나 수익자의 대리인이라고 할 수 없으므로 대리법리를 적용하거나 유추하는 것도 타당하지 않다. 그러므로 개정 신탁법이 수탁자의 권한을 기준으로 하여 수탁자가 한 법률행위의 대외적 효력을 규율하지 않은 것은 타당한 태도라고 생각된다.

한편 법인이 그 정관상의 목적 범위를 넘어 행위하는 경우 권리능력 밖의 행위로서 효력을 부정하는 법리가 우리 법에서도 인정되고 있으나(민법 제34조),[55] 이 법리 역시 법인과 달리 취급되어야 하는 신탁에 대하여 적

---

55) 대법원 2001. 9. 21.자 2000그98 결정(공 2002상, 513) 등. 통설은 민법 제34조의 해석상 정관의 목적에 의해 법인의 권리능력이 제한되므로 목적의 범위를 넘는 행위를 한 경우 법인의 행위로 귀속될 수 없어 법인에 대하여 효력이 없다고 한다. 한편 이에 대해서는 민법 제34조는 법인의 권리능력이 아니라 행위능력을 제한하려는 규정이고, 이는 결국 이사의 대표권을 제한하는 것을 의미하므로 법인이 목적의 범위를 넘는 행위를 하더라도 법인의 행위로서 귀속되고 표현대리의 법리나 무권대리행위의 추인 법리가 적용될 수 있다는 반론도 있다. 자세한 것은 郭潤直 편집대표, 民法註解 I, 584-585(洪日杓); 金龍潭 편집대표, 註釋民法 총칙(1), 제4

용될 것은 아니라고 생각된다. 신탁의 경우에도 그것이 수익자에게 이익을 급여하는 것이든 수익자가 존재하지 않고 특정한 목적을 위해서 성립되는 것이든 일정한 목적이 있고, 부동산등기법에서도 신탁원부에 이 목적을 기재하도록 되어 있다. 그러나 수탁자가 이러한 목적을 벗어나는 법률행위를 하였다고 하더라도 그 법률행위가 무효로 되는 것은 아니고 본조에 의해 취소될 수 있을 뿐이다.

본조는 이와 같이 수탁자와 상대방 사이에서는 완전히 유효한 법률행위를 수익자(신탁재산) 보호를 위해 예외적으로 취소할 수 있도록 만드는 것이므로, 그 요건을 엄격히 해석할 필요가 있다. 그러므로 본조의 "신탁의 목적"에 위반하였는지 여부를 판단할 때, 부동산등기법상 신탁원부에 기재하도록 되어 있는 "신탁의 목적"을 참조할 수 있지만, 엄격히 그 목적에 한정할 것은 아니고 그 목적의 달성에 직접 또는 간접적으로 관련이 있는 법률행위라면 이를 신탁의 목적에 반한다고 섣불리 판단할 것은 아니라고 생각된다. 따라서 단순히 신탁법이 정하는 의무에 반한다는 사정만으로 신탁의 목적에 반한다고 판단할 수는 없다.

② 신탁재산에 관한 법률행위

수탁자가 신탁재산에 관하여 법률행위를 하였어야 한다. 법률행위 외에 준법률행위도 취소할 수 있는가에 관하여 논의가 있을 수 있으나, 그로써 신탁재산의 감소를 초래하는 수탁자의 행위를 방지할 필요가 있으므로 준법률행위에도 본조가 유추된다고 보아야 할 것이다. 법률행위의 종류나 성질은 문제되지 않는다. 따라서 계약은 물론 권리의 포기나 채무의 면제와 같은 단독행위도 취소할 수 있다. 구법과 달리 단순히 신탁재산을 처분한 경우에만 취소할 수 있는 것은 아니고, 수탁자가 신탁에 부담이 될 자금을 차입하는 행위도 취소할 수 있다.

판, 618-622(宋鎬煐).

신탁재산에 관한 법률행위이어야 하므로 신탁재산과 관련이 없는 법률
행위는 본조에 의하여 취소할 수 없다. 수탁자의 신분행위를 그 예로 들 수
있다. 離婚에 따른 財産分割의 경우, 사해행위취소에서는 상당정도를 넘는
과대한 부분은 취소할 수 있다는 것이 판례이나,56) 신탁재산은 당초 수탁
자가 재산분할에 있어서 고려하여서는 아니되는 재산이므로, 상당한 정도
를 넘는지는 고려할 필요가 없다.

구법에서는 구법 제3조의 규정에 따라 信託의 公示를 하였거나(구법 제
52조 제1항), 公示方法이 규정되지 않은 재산에 관한 처분행위만을 취소할
수 있었다(같은 조 제2항). 그리고 명문의 규정이 없었기 때문에 信託의 公
示를 할 수 있는 재산인데 公示를 하지 않은 경우 수익자취소권을 행사할
수 있는가에 관하여 의문이 있었다. 그러나 개정법은 신탁재산이 공시되었
는지 여부를 묻지 않고 상대방이 신탁의 목적에 반한다는 사실을 알았거나
알지 못한 데 중대한 과실이 있으면 취소권을 행사할 수 있다고 정하였다.
구법의 태도는 "신탁의 본지"는 당사자가 자유로이 정할 수 있으나 거래의
안전은 제3자에 대한 대항력의 구비로 해결하고자 하였던 것으로, 민법의
기본원칙과 부합하는 것이었다. 그러나 본조가 이와 같이 개정됨에 따라
본조의 취소권은 민법의 공시원칙과는 절연되기에 이르렀다. 대신 거래의
안전은 상대방의 주관적 용태에 의해 확보하는 것으로 하였다. 이로써 일
반적으로 규율의 획일성과 예측가능성은 줄어들게 되었다고 할 수 있다.
반면 선의무과실인 상대방 또는 전득자의 보호가 강화되고, 신탁의 대항
문제와 수익자 취소권 행사의 문제 사이에 혼동이 생길 가능성은 줄어들었
다고 할 수 있다. 또 부동산의 경우는 신법 하에서도 신탁재산으로 되기 위
해서 신탁의 공시가 불가피하고 신탁의 공시가 된 경우에는 상대방의 악의
또는 중과실의 증명이 어렵지 않을 것으로 예측된다. 한편 동산의 경우는
구법과 규율내용이 동일하다. 그러므로 구체적으로 보면 부동산 등 신탁의

---

56) 대법원 2006. 6. 29. 선고 2005다73105 판결(공보불게재) 등.

공시가 되는 재산에 관하여 증명책임 전환의 효과가 있을 뿐 큰 변화가 있
는 것은 아니라고 볼 수도 있다.

사해행위취소의 경우에는 채무자의 법률행위 이전에 채권자의 피보전채
권이 성립되어 있어야 한다는 원칙이 인정되고 있지만[57] 수익자의 취소권
행사에 있어서는 그러한 법리가 논의될 여지가 거의 없다. 수익권은 원칙
적으로 신탁의 성립과 동시에 발생하는 것이므로(제56조 제1항 본문) 언제
나 수탁자의 법률행위 이전에 성립되어 있기 때문이다.

사해행위취소에서는 詐害性의 요건이 필요하고, 이에 따라 채무자의 총
재산에 감소를 가져오는 행위여야 하지만,[58] 본조의 취소권은 그러한 요건
이 필요하지 않다. 이는 규정의 문언에 의하여 명백하다. 따라서 사해성 판
단에 관한 일련의 기준들, 예컨대 사해행위 이전에 채무초과이거나 사해행
위로 인하여 채무초과 상태에 빠져야 한다거나, 유일한 책임재산을 매각하
여 소비하기 쉬운 현금으로 바꾸어야 한다거나 하는 등의 세부적인 규율은
필요하지 않다.

앞서 본 바와 같이, 영미법에서는 無償取得者의 경우는 선의무과실을 묻
지 않고 추급이 인정된다. 법 제75조의 해석으로는 유상/무상을 구별할 근
거는 없다. 그러나 무상행위의 경우 상대방의 이익을 보호할 필요성이 유
상행위의 경우보다 크지 않다는 점을 고려하면 무상행위를 유상행위와 달
리 취급하는 것이 공평하다고 생각된다. 무상행위의 경우 특별한 사정이
없는 한 신탁위반인 사실을 알았다고 사실상 추정하는 해석도 생각해 볼
수 있을 것이다.[59]

---

57) 채권자취소권의 피보전채권은 사해행위 이전에 성립되어 있어야 한다는 것이 통
    설, 판례이다. 郭潤直, 債權總論(제6판), 博英社(2006), 146면; 金相容, 債權總論
    (개정판증보), 法文社(2004), 255면; 金曾漢·金學東, 債權總論(제6판), 博英社
    (1998), 201면; 金亨培, 債權總論(제2판), 博英社(1999), 399면; 郭潤直 편집대
    표, 民法註解 제9권, 811면(金能煥).
58) 郭潤直(주 57), 143면; 金相容(주 57), 259면; 金曾漢·金學東(주 57), 196면.

(나) 주관적 요건

구법에서는 信託의 公示를 한 재산에 관하여는 상대방의 주관적 용태를 묻지 않고(제52조 제1항),[60] 공시방법이 규정되지 않은 재산은 상대방과 전득자가 그 처분이 신탁의 본지에 위반하는 사실을 안 때 또는 중대한 과실로 알지 못한 때에 한하여 취소할 수 있다고 정하고 있었다(법 제52조 제2항). 그러나 신법은 상대방이나 전득자의 주관적 용태를 기준으로 취소여부를 판단하는 것으로 바꾸었다. 여기에서 악의는 수탁자가 신탁의 목적에 반하여 신탁재산을 처분하는 것을 아는 것이고, 중과실은 현저히 주의를 결하여 이를 알지 못한 것을 말한다. 대리법리에 비하여 거래안전을 더 도모하고 있다. 이는 대리의 경우와 달리 수탁자가 대내외적으로 신탁재산에 관한 권리의 귀속자로서 그에 관한 법률행위를 할 완전한 권리를 가지고 있기 때문이다.

구법에서는 상대방"과" 전득자의 악의 또는 중과실이 요건이었는데, 신법에서는 상대방"이나" 전득자의 악의 또는 중과실을 요건으로 하는 것으로 바꾸었다. 따라서 문리상으로는 상대방과 전득자 모두 악의 또는 중과실인 경우 뿐 아니라 상대방은 악의 또는 선의·중과실이나 전득자가 선의·무중과실인 경우, 상대방은 선의·무중과실이나 전득자는 악의 또는 선의·중과실인 경우에도 취소가 가능하고, 상대방과 전득자 모두 선의·무중과실인 경우에만 취소할 수 없는 것으로 해석될 여지가 있다. 그러나 이러한 해석에 의하면 지나치게 거래안전을 침해하게 된다. 따라서 상대방이 선의·무중과실이고 전득자가 악의 또는 선의·중과실인 경우, 선의·무중과실인 상대방이 불측의 손해를 입게 되므로 취소할 수 없다고 해석해야 한다. 반

---

59) 독일신탁법에 관하여 코잉(Coing)도 같은 견해이다. Coing, S. 168.
60) 이에 관하여는 일본에서 입법론적인 비판이 많았고, 이것이 신신탁법의 제정과정에 반영되었다. 일본 신신탁법 제27조 제2항 참조. 新井 誠, 信託法(제3판), 239면.

대로 상대방이 악의 또는 선의·중과실이고 전득자가 선의·무중과실인 경우에도 취소할 수 없다고 봄이 타당할 것이다.

상대방 또는 전득자의 惡意 또는 重過失의 증명책임은 수익자에게 있다고 해석된다.[61] 본조의 문언상 악의 또는 중과실은 청구권 발생의 요건으로서 규정되어 있고, 상대방 또는 전득자가 본조의 책임을 면하기 위한 항변으로서 규정되어 있지 않다. 또 수탁자는 완전한 소유권자이므로 그와 거래하는 상대방이나 전득자 역시 특별한 사정이 없는 한 수탁자가 그 권한 범위 내에서 행위한다고 믿는 것이 일반적일 것이다. 따라서 일반적으로 상대방 또는 전득자의 선의·무중과실이 추정된다고 보아야 할 것이다.

(3) 취소권 행사의 방법

본조의 취소권의 성질은 형성권이므로 상대방에 대하여 취소의 의사표시를 함으로서 행사한다. 사해행위취소와 달리 재판 외에서도 행사할 수 있다.[62] 법은 취소의 의사표시의 상대방이 누군가에 관하여 정하고 있지 아니하여 해석상 논란이 될 수 있다. 구법에서는 "상대방 또는 전득자에 대하여 그 처분을 취소할 수 있다"라고 정하고 있었는데, 이와 동일한 규정을 두고 있던 일본의 구 신탁법 제31조의 해석상 취소의 의사표시의 상대방이 수탁자라는 견해, 수탁자와 수탁자의 상대방이라는 견해, 수탁자의 상대방과 전득자라는 견해 등이 있었고,[63] 이 중 수탁자와 수탁자의 상대방이라는 견해가 다수설이었다.[64] 그 근거는 수익자가 취소하는 수탁자의

---

61) 四宮和夫, 255면; 中野正俊, 信託法講義, 酒井書店(2005), 185면; 松本 崇, 195면. 미국의 판례는 통일되어 있지 않다고 한다. Bogert § 881 at 167-171.
62) 四宮和夫, 255면; 新井 誠, 236-237면; 松本 崇, 191면.
63) 자세한 것은 四宮和夫, 255면; 中野正俊(주 61), 186면.
64) 四宮和夫, 255면; 中野正俊(주 61), 186-87면.

법률행위를 취소하려면 취소될 법률행위의 당사자인 수탁자와 수탁자의 상대방에 대해서 취소의 의사표시를 해야 한다는 것이다. 타당한 견해라고 생각된다.

수익자가 원고가 되어 본조의 취소권을 행사하는 경우 그 소송의 성질에 관해서도 논의가 있을 수 있으나, 취소권 행사의 결과인 신탁재산의 반환을 구하는 이행소송 또는 신탁재산에 속함의 확인을 구하는 확인소송이라고 보아야 할 것이다. 본조의 취소권은 실체법상의 형성권으로서 소송외에서 이를 행사하면 즉시 취소의 효과는 발생하고, 그 후에는 원상회복의 문제만 남게 되기 때문이다. 따라서 이 경우 피고는 목적물의 반환의무를 부담하는 자인 수탁자의 상대방 또는 전득자가 된다. 한편 본조의 취소권은 소송상 방어방법으로도 원용될 수 있다. 예컨대 수탁자와 매매계약을 체결한 상대방이 수탁자에 대하여 매매계약에 기한 소유권이전등기 또는 인도의무의 이행을 구할 때 수탁자는 이미 수익자에 의해 위 매매가 취소되어 이행을 거절한다는 항변을 할 수 있다.

수탁자가 신탁재산에 관하여 신탁의 목적에 반하는 법률행위를 한 경우 그것은 곧 수탁자의 충실의무 또는 선관의무 위반에도 해당하므로 수익자는 법 제43조에 의하여 원상회복 또는 손해배상의무도 추궁할 수 있다. 이 경우 제43조의 권리와 제75조의 권리 중 어느 쪽을 먼저 행사하여야 하는가에 관하여 논의가 있으나,65) 반드시 어느 쪽을 먼저 선택하여야 한다고 해석할 근거가 없으므로, 신탁위반행위로서 취소할 것인지 아니면 제43조에 의한 원상회복 등을 구할 것인지는 전적으로 受益者의 自由에 속한다고 생각한다.

---

65) 中野正俊(주 61), 182면.

(4) 취소권 행사의 효과

사해행위취소의 경우 취소권 행사의 효과에 관해서 통설과 판례는 이른바 상대적 효력설에 따라 악의의 수익자 또는 전득자에 대한 관계에서만 상대적으로 취소되고 그 취소의 효과는 채무자에게 미치지 아니하며 채무자와 수익자 사이의 법률관계에도 미치지 아니한다고 한다.66) 수익자취소의 경우에도 이와 같이 해석할 것인가에 관하여 논의가 있을 수 있다. 사해행위취소에서 상대적 효력설의 근거는 채권자취소권의 목적이 취소권을 행사하는 채권자로 하여금 회복된 책임재산에 대하여 강제집행을 할 수 있는 상태를 만들려는 데 있다는 점에서 찾을 수 있다.67) 그러므로 그 이상으로 취소의 효과를 확장시키는 것은 이러한 목적에 비하여 과도하다고 평가될 수 있는 것이다. 그러나 신탁법상 수익자 취소권은 수익자로 하여금 회복된 신탁재산에 대하여 강제집행을 하게 하려는 데 그 목적이 있는 것이 아니라, 신탁재산을 원상으로 회복하는 것 자체에 목적이 있다. 따라서 수익자취소권 행사의 효과를 사해행위 취소의 경우와는 달리 보아야 할 것이다. 즉 수익자취소권 행사의 효과는 상대적이 아니라 절대적으로 발생한다. 따라서 이 취소의 효과는 법률행위를 한 당사자인 수탁자와 상대방 사이에서도 생기고, 수탁자에게 신탁재산의 소유권이 물권적으로 복귀하여 신탁재산으로서 회복되는 것이다. 본조의 취소권은 의사표시 취소의 경우와 달리 의사표시에 하자가 있어서 인정되는 것이 아니라 신탁재산의 보호를 위하여 법이 특별히 인정하는 것이므로 수익자의 취소권 행사에 의한 법률행위 취소의 효과가 수탁자에게 미치는 데에 문제가 없다.

취소권이 행사되면 수탁자가 처분한 신탁재산 및 그 代償의 소유권은 물

---

66) 郭潤直 편집대표, 民法註解 IX, 846면(金能煥). 대법원 1961. 11. 9. 선고 4293 민상263 판결, 1990. 10. 30. 선고 89다카34521 판결 등.

67) 金載亨, "채권자취소권의 본질과 효과에 관한 연구," 인권과 정의 제329호, 114면.

권적으로 受託者에게 복귀한다(물권행위의 유인성).68) 따라서 신탁재산의 점유자는 부당이득으로 신탁재산을 반환하여야 한다. 수탁자가 처분한 信託財産 자체 뿐 아니라, 그 代價도 반환하여야 한다(법 제19조 유추).69)

본조에 의한 취소의 효과는 다른 수익자에게도 미친다(법 제75조 제2항). 이와 유사한 규정이 민법 제407조에도 있고, 이에 관해서는 상당한 논란이 있다.70) 그리고 그 논란은 통설과 판례가 취하고 있는 상대적 무효설과 민법 제407조 사이의 부조화를 어떻게 이해할 것인가에 관한 것이다. 그러나 전술한 바와 같이 절대적 무효설을 취하는 경우 제75조 제2항은 그러한 무효의 효과, 즉 신탁재산의 회복이 모든 수익자를 위하여 발생한다는 것을 선언한 규정으로 이해할 수 있다.

(5) 취소권의 행사기간

취소권의 행사기간은 매우 단기간으로 되어 있다. 즉 법 제76조에 의하면 취소의 원인 있음을 안 때부터 3월,71) 처분 있은 때부터 1년을 경과하면 취소권이 소멸한다. 이 기간은 제척기간으로 보아야 할 것이다. 여기서 취소원인 있음을 안 날이란 수탁자의 처분행위가 신탁의 목적에 반하는 것이라는 사실을 안 날이고, 채권자취소의 경우와 같이 사해의사가 있음을 안 날이 아니다.

---

68) 同旨: 中野正俊(주 61), 188.
69) 四宮和夫, 256.
70) 상세한 내용은 오영준, "사해행위취소권과 채권자평등주의," 사법논집 제32집, 157-165면 참조.
71) 구법에서는 취소의 원인 있음을 안 때부터 1월, 처분 있은 때부터 1년으로 정하였는데 이에 관하여는 지나치게 단기간이어서 취소권의 실효성이 없다는 지적이 있었다. 신법은 이를 받아들여 1월을 3월로 연장하였다.

7. 수탁자의 채권자에 대한 수익권의 주장

가. 강제집행·파산절차에서 수익자의 지위

앞서 살펴본 바와 같이, 영미신탁에서는 수탁자의 채권자가 신탁재산을 강제집행할 수 없는 것이 원칙이고, 수탁자가 파산한 경우에도 파산재단에 속하지 않는다. 그 이유는 형평법상 신탁재산은 수익자에게 속하기 때문이라는 것이다. 즉 수탁자에게 신탁재산의 보통법상 소유권이 있지만, 그는 신탁재산을 사용, 수익할 권리가 없고, 따라서 수탁자의 채권자를 위한 책임재산이 되지 않기 때문이라는 것이다.

독일의 피두키아적 신탁의 경우, 신탁재산의 소유권은 완전히 수탁자에게 이전하고, 위탁자는 수탁자에 대한 채권만을 가진다. 그러나, 수탁자의 고유채권자에 의한 강제집행에서 위탁자는 제3자이의를 할 수 있고, 수탁자가 파산한 경우 신탁재산을 환취할 수 있다는 것이 판례·통설이다. 판례는 여기서 위탁자에게 실질적·경제적 소유권이 있다는 논리를 펼치고 있다. 그러나 그 범위는 대위금지 원칙과 직접성 원칙에 의하여 매우 제한되어 있다. 한편 수익자에게는 이와 같은 제한된 권리마저 인정되지 않는다.

우리 신탁법상 신탁재산에 관한 모든 권리가 수탁자에게 속하고, 수익자에게는 채권만 있다고 해석하는 것이 타당하다는 것은 앞서 본 바와 같다. 따라서 금전채권인 수익권에 기하여 개별집행 또는 포괄집행(파산절차)에 의한 신탁재산의 매각을 막을 수 없다는 것이 논리적인 귀결이다. 그러나 그렇게 해서는 영미 신탁법에서와 같은 효과를 얻을 수 없다. 그리하여 신탁법은 개별집행과 관련하여 제22조 제1항에서 수탁자의 채권자에 의한 신탁재산의 강제집행을 원칙적으로 금지하고 같은 조 제2항에서 위탁자, 수익자 또는 수탁자가 위 강제집행에 대하여 이의를 할 수 있다고 정하는 한편, 포괄집행과 관련하여 제24조에서 수탁자가 파산하더라도 신탁재산이 파산재단을 구성하지는 않는다고 하고 채무자회생법 제407조의2 제1항에서 수탁자가 파산선고를 받은 경우 신수탁자 또는 신탁재산관리인이 신탁재산을 환취할 수 있다고 정하였다. 이와 같이 우리 법은 영미에서와 같은 효과를 입법에 의해 해결하고 있다.

나. 제3자이의의 소와 환취권

(1) 제3자이의의 소

민사집행법 제48조는 제3자이의의 소[1]의 기초가 되는 권리를 "소유권 또는 목적물의 양도나 인도를 막을 수 있는 권리"라고 정하고 있다. 수익권은 여기에 해당하는가? 수익권이 특정물채권으로서 특정한 신탁재산의 인도를 내용으로 하는 경우와 수익권이 금전채권인 경우를 나누어 검토해야 할 것이다.

수익자가 신탁행위에 의하여 신탁재산인 동산을 점유할 권리가 인정되는 때에는 점유권에 기하여 제3자이의를 하는 것이 가능할 것이다. 이 경

---

1) 이 소송의 성질이 형성소송이라는 것이 다수설, 판례이다. 김능환 외 편집대표, 註釋 民事執行法 (2), 한국사법행정학회(2012), 278면(이승영). 독일에서도 우리와 마찬가지로 이 소송의 성질에 관하여 견해가 나뉘고 있지만, 형성소송설이 판례이자 다수설이라고 한다. MünchKommZPO-Karsten Schmidt § 771 Rn. 3; Zöller, § 771 Rn. 4; Baumbach/Lauterbach/Albers/Hartmann, Einf. §§ 771-774 Rn. 1.

우 수익자의 점유권이 침해될 뿐 아니라 집행채권자에 대한 관계에서 그 침해를 감수할 이유가 없기 때문이다.2) 그러나 부동산에 대한 강제경매는 그 부동산 점유자의 점유를 침해하지 않으므로(민사집행법 제83조 제2항) 수익자가 신탁재산인 부동산의 점유자라고 하더라도 점유권에 기한 제3자 이의는 할 수 없다.

수익자가 신탁행위에 의하여 특정의 신탁재산에 관한 인도청구권을 가지는 경우, 이 권리가 "목적물의 양도 또는 인도를 막을 수 있는 권리"에 해당하는가? 통설에 의하면 제3자가 채무자와 집행목적물에 대한 매매, 증여, 임대차 등의 계약을 체결한 경우 그 제3자가 채무자에 대한 채권적 청구권에 기한 제3자이의의 소를 제기하기 위해서는 (1) 집행의 목적물이 채무자에게 속하고, 제3자의 권리가 압류채권자에게 대항할 수 있는 경우 (2) 집행의 목적물이 채무자에게 속하지 않은 경우 중 하나여야 한다.3) 따라서 만약 신탁재산이 "수탁자에게 속한다"고 본다면 수익자가 특정 신탁재산에 대하여 인도를 구할 수 있는 권리가 공시되어 있는 경우가 아니면 제3자이의를 할 수 없다. 또 신탁이 종료된 후 신탁재산에 대하여 강제집행절차가 개시된 때에는 귀속권리자의 권리가 공시된 때에 한하여 귀속권리자가 제3자이의를 할 수 있다. 그러나 집행의 대상이 된 신탁재산이 "수탁자에게 속하지 않는다"고 본다면 수익권이 공시되지 않았다고 하더라도 제3자이의를 할 수 있게 된다. 그러므로 별도의 규정을 두지 않는다면 제3자이의가 가능한가의 문제는 신탁재산의 귀속주체가 누구인가, 나아가 신탁재산의 성질론의 문제로 귀결된다.

한편 수익권이 금전채권인 경우에는 민사집행법 제48조의 "양도 또는 인도를 막을 수 있는 권리"에 해당하지 않는다는 결론에 이를 수밖에 없다. 이는 신탁이 공시되어 있는지 여부에 관계가 없다. 그러므로 별도의 입법

---

2) 김능환 외 편집대표(주 1), 285면(이승영).
3) 김능환 외 편집대표(주 1), 290-291면(이승영).

이 없는 한 금전채권인 수익권에 기한 제3자이의는 어렵게 된다.

그렇다면 법 제22조 제1항, 제2항의 규정은 어떻게 이해할 것인가? 다시 제3자이의의 의미를 음미할 필요가 있다. 제3자의 개입권은 채권자는 채무자가 가지는 것보다 더 큰 권리를 가질 수 없고,[4] 따라서 채무자의 채권자를 위한 책임재산이 될 수 없는 재산은 집행에서 배제하는 것이 마땅하다는 취지에서 인정되는 것이다.[5] 따라서 어떤 권리가 목적물의 양도 또는 인도를 받을 수 있는 권리인가가 아니라, 채권자의 책임재산이 아닌 재산에 대하여 집행함으로써 객관적으로 위법하게 되고, 이와 같은 위법한 집행으로 인하여 원고의 법적으로 보호받을 가치가 있는 이익이 침해되는가가 판단의 기준이 되어야 할 것이다.[6] 즉 제3자이의권의 기초가 되는 권리에 해당하는지 여부는 형식적 관점에서가 아니라, 문제되는 목적물이 경제적 귀속의 관점에서 채무자의 재산인가 아니면 제3자의 재산인가에 따라 결정되어야 한다.[7]

이렇게 민사집행법 제48조를 해석한다면, 수익자는 제3자이의의 소를 제기할 수 있는가? 수익권이 특정물채권인 경우는 물론, 금전채권인 경우에도 긍정할 수 있을 것이다. 수탁자와 수익자 사이에서는 신탁재산의 모든 수익이 수익자에게 귀속되고, 따라서 수탁자의 채권자의 책임재산이 되지 아니하여야 하는 것이 옳다. 또한 수익자는 신탁재산이 경매됨으로써 수익의 원천이 되는 재산을 잃는 손해를 입는다. 그러므로 경제적 귀속의 관점에서 신탁재산은 "수탁자에게 속하는" 재산이 아닌 것이다.

그렇다면 수익자는 신탁의 공시가 없는 경우에도 제3자이의를 할 수 있는 것인가? 민사집행법상 집행의 목적물이 채무자에게 속하지 않는 경우

---

4) Baumbach/Lauterbach/Albers/Hartmann, Einf. §§ 771-774 Rn. 1.
5) 김능환 외 편집대표(주 1), 275면(이승영); 金祥源 외 편집대표, 註釋 民事執行法 II, 한국사법행정학회(2003), 271면(金龍德).
6) MünchKommZPO-Karsten Schmidt § 771 Rn. 1.
7) Baumbach/Lauterbach/Albers/Hartmann, § 771 Rn. 1.

그 목적물의 반환을 구할 수 있는 채권적 청구권을 가지고 있다면 집행에 의한 양도 또는 인도를 저지할 이익이 있으므로 제3자이의를 할 수 있다. 그러나 이 경우에도 이의원인이 되는 권리는 집행채권자에게 대항할 수 있는 것이어야 한다. 따라서 수익권의 경우에도 집행채권자에게 대항하기 위한 요건, 즉 신탁의 공시를 하지 아니하였다면 제3자이의를 할 수 없다고 보아야 할 것이다.

법 제22조 제2항은 위탁자, 수탁자 및 수익자에게 제3자이의를 할 수 있는 권리를 인정하고 있다. 우선 수탁자에게 제3자이의권을 주는 것은 다음과 같이 설명할 수 있다. 제3자이의의 원고적격은 집행권원 또는 집행문에 채권자·채무자 또는 그 승계인으로 표시된 자 이외의 자에게 있다.[8] 따라서 채무자 자신은 제3자이의를 할 수 없고, 이의원인이 있는 경우 청구이의를 할 수 있을 뿐이다. 그렇다면 법 제22조 제2항에서 수탁자에게 제3자이의권을 준 것을 어떻게 설명할 것인가? 이 역시 신탁재산이 수탁자의 고유재산과 분리된 책임재산이라는 점에서 근거를 찾을 수 있다고 생각한다. 즉 수탁자는 고유재산에 대하여 강제집행절차가 개시되었을 뿐이지, 그와 별개의 책임재산인 신탁재산에 대하여 강제집행절차가 개시된 것이 아니다. 따라서 고유재산에 대하여는 채무자이지만, 신탁재산에 대하여는 채무자가 아니라고 볼 수 있는 것이다.

위탁자는 신탁이 성립한 후에는 신탁행위로 정하지 않은 한 수탁자에 대하여 아무런 권리도 가지지 아니하고, 다만 신탁이 종료한 후 신탁재산의 귀속권리자로 될 수 있는 경우가 있을 뿐이다. 따라서 위탁자는 원칙적으로 신탁재산에 대한 강제집행절차에 개입할 수 있는 근거, 즉 이의의 원인을 가지지 않는다. 그런데도 법이 위탁자에게 제3자이의권을 인정한 것은 아직 수익자가 존재하지 아니하는 경우 장래 수익자의 보호를 위하여 또는 수익자가 존재하지 않는 경우, 나아가 수익자가 존재하더라도 수탁자

---

8) 대법원 1992. 10. 27. 선고 92다10883(공 1992, 3260).

가 제3자이의권을 행사하지 않는 경우 등을 대비하여 수익자 내지 신탁재산의 보호를 위해 필요하기 때문이다. 신탁법에는 위탁자가 위탁자의 자격으로서 수탁자의 사무집행에 대한 감독과 신탁재산의 보호를 위하여 일정한 권한을 행사할 수 있도록 한 규정들이 있다, 제22조 제2항도 그 중 하나이다.

그렇다면 수익자에게 제3자이의권을 인정한 것은 어떻게 설명할 수 있을까? 신탁이 설정된 후 신탁에 관계된 사람들의 이해관계를 보면, 수탁자는 신탁재산의 소유권자로서 신탁재산을 관리처분하고, 신탁사무의 처리에 관하여 위탁자나 수익자의 동의를 얻는 것도 아니므로, 본인이 원하기만 한다면 얼마든지 신탁재산을 임의로 처분한 다음 이를 은닉하는 것이 가능하다. 그리고 그러한 은닉의 방법으로서, 채권자와 공모하거나 허위의 채권자를 만들어 신탁재산에 집행하게 하는 방법을 이용할 수 있다. 이 방법을 이용하면, 외견상 수탁자 자신에게는 아무런 잘못이 없이 "법원의 결정에 의하여" 신탁재산에 대하여 강제집행이 되었다고 주장하기가 용이해진다. 이와 같이 공모집행 또는 부당집행의 방법으로 신탁재산이 감소될 위기에 처했을 때, 위탁자와 수익자 중 누가 보다 더 적극적으로 대응할 것을 기대할 수 있는가. 수탁자의 위탁자는 스스로가 수익자가 되는 경우를 제외하면 아무런 경제적 이익이 없으므로, 신탁재산의 보전에 대한 관심이 줄어들게 될 것이다. 그리고 위탁자가 사망한 후라면, 그 상속인에 대하여 신탁재산의 보전에 관심을 가져 줄 것을 기대하기는 더욱 어렵다고 할 수 있다. 그러나 수익자는 직접 신탁재산으로부터 창출되는 경제적 이득을 취하는 지위에 있으므로, 신탁재산의 감소에 많은 관심을 가질 수밖에 없게 된다. 그러므로 수익자에게 제3자이의의 소를 제기할 자격을 주는 것이, 가장 효과적으로 신탁재산을 보전할 수 있는 방법이라고 할 수 있다. 법 제22조 제2항이 수익자에게 제3자이의권을 부여한 데에는 이러한 의미가 있다고 생각된다.[9]

법은 신탁이 종료된 경우 제3자이의를 할 수 있는 자에 관하여 정하고 있지 아니하나, 신탁이 종료되면 더 이상 수익자는 관념될 수 없고 귀속권리자(제101조)만이 존재하게 된다. 따라서 이 경우에는 위탁자와 수탁자 외에 귀속권리자도 제3자이의를 할 수 있다고 해석된다.

(2) 환취권

개별집행에서 집행의 목적물을 집행대상에서 배제하는 제도가 제3자이의라면, 포괄집행에서 동일한 역할을 하는 제도가 환취이다. 일반적인 설명에 의하면, 환취권은 채무자에게 속하지 아니하는 재산을 파산재단으로부터 환취하는 권리(채무자회생법 제407조)로서, 그 기초가 되는 권리는 실체법에 의하여 인정되는 물건의 지배권이어야 한다.[10] 이에 따르면, 소유권 기타 물권, 그리고 채권적 청구권 중에서 파산관재인의 지배를 부정하고 자기에게 인도를 구할 수 있는 것을 가진 자만이 환취권을 행사할 수 있는 것이 원칙이다.[11] 그러므로 수익권과 관련하여 문제되는 것은 첫째, 신탁재산이 "채무자에 속하지 아니하는 재산"인가, 둘째, 수익자에게 환취권을 인정할 것인가이다. 차례대로 검토해 본다.

(가) 환취권의 인정 여부

채무자회생법 제407조는 "파산재단으로부터 환취하는 권리"라고 하고 있어, 마치 물권적 반환청구권을 행사하는 것만을 의미하는 것으로 읽힐 수 있다. 그러나, 환취권은 반드시 물권적 반환청구권(Vindikation)을 전제

---

9) 한편 법 제22조 제2항은 수탁자에게도 제3자이의권을 인정하고 있다.
10) 伊藤 眞, 311면.
11) 伊藤 眞, 312면; 宗田親彦, 447면; 齋藤秀夫 외 編, 566면 이하.

로 하는 것이 아니다. 환취권은 어떤 재산이 파산재단에 속하지 않는다고 파산관재인에 대하여 주장할 수 있는 권리일 뿐이다.[12] 그러므로 파산관재인이 제3자가 점유하는 목적물에 대하여, 그 인도를 구하는 소를 제기한 데 대하여, 이를 거절할 수 있는 권리도 역시 환취권이다.[13] 즉 환취권은 파산재단에 속하지 아니하는 목적물을 파산재단으로부터 책임법적으로 분리할 수 있는 권리이다.[14] 따라서 어떤 재산이 채무자의 책임재산에 속하는가 아닌가가 환취권 인정의 중요한 기준이 되는 것이다.

이것은 우리 채무자회생법 제407조의 기원이라고 할 수 있는 독일 파산법(KO) 제35조의 입법과정에서도 잘 나타나 있다. 즉 환취권을 주장하는 자가 물권을 가지든 채권을 가지든, 판단의 기준은 개별 사건에서 환취를 주장하는 물건이 파산자의 책임재산으로 볼 수 있는가 하는 데 있다는 생각이 반영되어,[15] 물권적 반환청구권(Vindikation)이 아니라 환취(Aussonderung)라는 용어를 채택하였다는 것이다.[16] 또한 독일 구 도산법의 입법에 관여하였던 골드슈미트(Goldschmidt)는, 독일 파산법(KO) 제35조가 추심목적 또는 담보목적으로 양도된 어음 기타 유가증권의 반환청구를 배제하는 취지는 아니라고 하였다.[17] 이것은 그 후 독일도산법상 환취권의 해석에 많은 영향을 미쳤고, 특히 위탁자에게 수탁자 파산시에 환취권을 인정하는 견해의 기초가 되었다.[18] 그러므로 수탁자에게 이전된 신탁

---

12) Uhlenbruck, § 47 Rn. 1.
13) 伊藤 眞, 315면; Uhlenbruck, § 47 Rn. 1.
14) MünchKomm-Ganter § 47 Rn. 12.
15) Martin Löhnig, *Treuhand : Interessenwahrnehmung und Interessenkonflikte*, Mohr Siebeck, 2006, S. 48.
16) Coing, S. 42.
17) Coing, S. 43.
18) 이에 관한 리딩케이스는 1899년의 제국법원 판례인데, 부동산의 지분의 처분을 위임하면서 이를 이전한 사안에서, 법원은 환취권의 인정 근거로서 신탁적 이전(fiduziarische Zuwendung)은 양수인의 재산 증가를 목적으로 하는 것이 아니므로 양수인의 개인채권자의 책임재산이 되지 않고, 도산법에서 파산자에게 속하지 않

재산이 특별재산으로서 수탁자의 고유재산과 분리된 책임재산을 이루고
있다고 본다면, 수탁자가 파산한 경우 신탁재산이 수탁자의 파산재단에 속
하지 않는다고 볼 수 있는 것이다.

(나) 환취권자

법 제24조는 신탁재산이 수탁자의 파산재단을 구성하지 않는다고 정하
고 있을 뿐이다. 신탁법은 제22조 제2항과 달리, 누구에게 환취권이 인정되
는지에 관하여는 아무런 규정을 두지 않고 있다. 여기에서 수탁자가 파산
한 경우 누구에게 환취권을 인정할 것인가의 문제는 해석에 의해 해결할
수밖에 없었다.[19] 그런데 최근 채무자회생법의 개정으로 이 문제를 입법적

는 재산에 대하여 환취권을 인정할 때, 파산자에게 속하는 재산이란 파산자가 형식
적으로 소유권을 가질 뿐 아니라 경제적으로도 마치 소유자인 것처럼 처분하는 것
이 허용되는 재산을 가리키는 것인데, 신탁의 본질은 이전된 재산을 파산자가 자기
의 소유물인 것처럼 다루는 것이 허용되지 않는 데 있으므로, 신탁적으로 이전된
재산은 파산자에게 속하는 재산이라고 할 수 없다고 하였다. RZ 45, 80. 이 판례
는 그 후 연방대법원에 의하여 답습되어, 오늘날 확고한 것이 되었다. BGHZ 11,
37; BGH WM 1969, 475.

[19] 이에 관하여 일본에서는 위탁자 및 수익자에게 인정되어야 한다는 견해, 신수탁자
에게 인정되어야 한다는 견해, 수익자에게 인정되어야 한다는 견해, 제3자이의의
경우와 같이 위탁자, 그 상속인, 수익자 및 신수탁자, 그리고 신탁이 종료된 경우에
는 귀속권리자에게 환취권이 인정되어야 한다는 견해 등이 있었다. 伊藤 眞, 破産
法(第4版補正版), 308면; 竹下守夫 編輯代表, 大コンメンタール破産法, 263
면(野村秀敏); 遠藤功, "更生手續における一般の取戾權とその行使," 判例タ
イムズ 866号, 216면; 三宅省三 外 編, 民事弁護と裁判實務 7권, 263면; 佐藤
鐵男, "一般の取戾權," 判例タイムズ 830号, 222면; 中野貞一郎·道下 徹 編,
基本法 コンメンタール 破産法, 133면, 能見善久, 46면, 四宮和夫, 185면 등.
우리나라에서는 수익자에게 인정되어야 한다는 견해, 수탁자의 파산으로 신탁관계
가 종료된다고 이해하고 위탁자 또는 수익자에게 인정되어야 한다는 견해, 신수탁
자 또는 귀속권리자에게 인정되어야 한다는 견해 등이 있었다. 崔東軾, 116면; 전
병서, 도산법(제2판), 法文社(2007), 291-292면; 李重基, 181-183면.

으로 해결함으로써, 더 이상 해석상의 논란은 불필요하게 되었다. 즉 채무
자회생법 제407조의2 제1항은 "신탁법에 따라 신탁이 설정된 후 수탁자가
파산선고를 받은 경우 신탁재산을 환취하는 권리는 신수탁자 또는 신탁재
산관리인이 행사한다."고 정하고, 제2항에서 "신탁이 종료된 경우에는 신
탁법 제101조에 따라 신탁재산이 귀속된 자가 제1항의 권리를 행사한다."
고 정하였다.

　채무자회생법 제407조의2에 의하면 신탁이 종료되기 전에 환취권을 행
사할 수 있는 자는 신수탁자 또는 신탁재산관리인이다. 수탁자가 파산선고
를 받으면 신탁은 그대로 존속하면서 수탁자의 임무만 종료하게 된다(제12
조 제1항 제3호). 그 후 수탁자의 임무는 파산선고와 동시에 선임된 신탁재
산관리인이 수행하게 된다(제17조 제1항, 제2항).[20] 만약 위탁자와 수익자
의 합의에 의해 또는 위탁자가 없는 경우 수익자에 의해 신수탁자가 선임
되거나 위탁자와 수익자 사이에 합의가 이루어지지 아니하여 이해관계인
의 신청과 법원의 결정에 의해 신수탁자가 선임되면(제21조 제1항, 제2항)
신탁재산관리인의 임무는 종료하고(제19조 제1항), 그 때부터는 신수탁자
가 수탁자로서의 임무를 수행하게 된다. 재산 귀속의 관점에서 보면 수탁
자에게 파산선고가 내려짐으로써 그가 파산선고 당시에 가지는 모든 재산
이 파산재단에 속하게 되고(채무자회생법 제383조 제1항), 파산재단에 관
한 관리처분권은 파산관재인에게 속하게 되지만(채무자회생법 제384조),
수탁자 명의의 재산 중 신탁재산은 파산재단에 속하지 않으므로(법 제24

---

20) 구법에서는 파산선고와 동시에 신탁재산관리인을 선임하여야 한다는 규정을 두지
아니하였다. 대신 신수탁자가 선임될 때까지 사이에 신탁재산의 관리는 파산관재
인에게 맡겨 두었다(제11조 제2항). 그런데 실무상 수탁자에 대하여 파산선고가 내
려진 경우 신수탁자를 선임할 때까지 장기간이 소요되는 경우가 많아서 파산관재
인의 관재업무에 상당한 부담이 될 뿐 아니라 이해상반의 위험성에 파산관재인이
장기간 노출되는 문제가 있었다. 신법은 이 문제에 대응하기 위해 파산선고와 동시
에 법원이 신탁재산관리인을 선임하도록 하고, 파산관재인이 신수탁자 선임시까지
신탁재산을 관리하도록 한 규정은 삭제하였다(제12조 제4항 참조).

조) 파산선고와 동시에 선임된 신탁재산관리인에게 귀속하였다가, 신수탁자가 선임되면 다시 그에게 귀속하게 된다. 이러한 권리귀속의 이전에는 등기 또는 등록이나 인도 등의 요건을 갖추어야 한다(민법 제186조). 이 요건을 갖춘 신탁재산관리인이나 신수탁자는 신탁재산의 소유권 기타 권리의 귀속자로서 환취권을 행사할 수 있다.

채무자회생법 제407조의2는 환취권자로서 신수탁자와 신탁재산관리인만 정하고 있고 그 밖에 신탁의 이해관계인은 명시하고 있지 않다. 그 중 파산선고를 받은 수탁자 본인이 환취권을 행사할 수 없는 것은 파산선고와 동시에 그의 임무가 종료하고(제12조 제1항 제3호) 신탁재산관리인에게 신탁재산에 관한 모든 권리가 이전되므로 당연하다. 파산선고를 받은 후 수탁자가 사망한 경우 수탁자의 상속인도 환취권을 행사할 수 없다.

수탁자가 여럿인 경우 파산선고를 받지 않은 다른 수탁자는 환취권을 행사할 수 있는가? 법문에는 누락되어 있으나 당연히 가능하다고 해야 할 것이다. 수탁자가 여럿인 경우 수탁자 중 1인의 임무가 종료하면 신탁재산은 당연히 다른 수탁자에게 귀속되기 때문이다(제50조 제2항).

위탁자 또는 그 상속인은 환취권을 행사할 수 없다. 위탁자는 신탁관계가 성립되면 신탁재산에 관한 모든 권리를 상실하고, 신탁행위로 정하지 않은 한 수탁자에 대하여 신탁재산의 반환을 구할 권리 등 어떠한 권리도 없기 때문이다. 다만 신탁행위에서 수탁자 파산시에 신탁도 종료시키고 자기 또는 그 상속인을 귀속권리자로 정한 경우에는 귀속권리자의 지위에서 신탁재산의 반환청구를 할 수 있으므로 이 때에는 귀속권리자로서 환취권을 행사할 수 있다. 법 제22조 제2항에서 위탁자에게 제3자이의권을 인정하고 있으므로 이를 유추하여 환취권도 인정될 수 있다는 주장도 생각될 수 있으나, 타당하지 않다. 전술한 바와 같이 위탁자는 신탁재산에 대하여 아무런 권리를 가지지 않고, 수탁자에 대해서도 어떠한 채권이 있는 것도 아니며, 단지 수익자 또는 신탁재산의 보호를 위해 수탁자를 감독할 권한

이 인정되어 있는 데 불과하다. 제3자이의는 그러한 권한의 하나로서 신탁법에 명시되어 있으므로 위탁자에게 제3자이의권이 있다고 해석할 수밖에 없으나, 환취권은 신탁법이나 채무자회생법에 위탁자가 이를 행사할 수 있다는 명문의 규정이 없는 이상, 환취권에 관한 파산법의 원칙에 따라 해석할 수밖에 없다. 신탁재산에 대한 물권 또는 수탁자에 대한 채권적 청구권의 어느 것도 가지지 아니하고 있으므로 위탁자에게는 환취권을 인정하기 어려운 것이 아닌가 생각된다.

신수탁자는 수탁자가 파산하는 경우 위탁자와 수익자의 합의로 또는 수익자에 의해 선임될 수도 있고(제21조 제1항), 위탁자와 수익자 사이에 합의가 이루어지지 않으면 법원에 의해 선임될 수도 있다(제21조 제2항). 수탁자가 파산하였으나 신수탁자가 선임되지 않으면 법원에 의해 신탁재산관리인이 선임될 수도 있다(제17조 제1항). 어느 경우든 수탁자로 선임됨과 동시에 신탁재산에 관한 모든 권리의무를 승계하게 되는데, 다만 권리의 변동에 등기 또는 등록이나 인도 등이 필요한 재산에 관해서는 그 요건을 갖추어야 한다.[21] 환취권의 행사는 수탁자의 파산관재인을 상대로 하여 그가 점유하고 있는 신탁재산의 인도를 구하거나 그 재산이 신수탁자나 신탁재산관리인의 소유라는 확인청구를 하는 등 적극적인 형태를 취할 수도 있고, 반대로 수탁자의 파산관재인의 인도청구에 대하여 신탁재산으로서 점유권원 있다는 항변을 하는 소극적인 형태를 취할 수도 있다.

(다) 환취권 행사의 대상

신탁재산 자체에 관하여 환취권을 행사할 수 있는 것은 당연하다. 그러

---

21) 수탁자가 파산한 경우 신탁재산관리인이나 신수탁자는 신탁재산인 부동산에 관하여 단독으로 소유권이전등기를 신청할 수 있다. 신탁등기사무처리에 관한 예규(등기예규 제1473호) 2.가.(1).

나 만약 파산관재인의 점유하에 있는 도중에 신탁재산이 환가되거나, 멸실·훼손된 경우는 어떠한가? 전자의 경우는 채무자회생법 제410조 제1항 후문, 같은 조 제2항에 의하여 그 반대급부의 이행청구권 또는 반대급부로 받은 재산의 반환을 청구할 수 있다. 이를 대체적 환취권이라고 하는데, 환취권의 행사를 할 수 없게 된 환취권자에게 가능한 한 그 완전한 가치의 대위물을 보장한다는 데 그 취지가 있다고 설명되고 있다.22) 후자의 경우는 채무자회생법에 규정이 없다. 이 때문에 우리와 같은 내용인 일본의 구 파산법 제91조(개정파산법 제64조)에 관하여, 제3자에 의하여 환취권의 목적물이 멸실된 경우 그로 인한 손해배상청구권에 대해서도 환취권을 행사할 수 있는가에 관하여 다툼이 있다. 환취권의 목적물이 제3자의 불법행위에 의해 멸실되면 바로 환취권자가 제3자에 대하여 불법행위로 인한 손해배상청구를 할 수 있으므로, 이 경우에까지 환취권을 인정할 필요는 없다는 견해가 다수설이다.23) 환취권을 인정하더라도 멸실·훼손된 데 따른 손해배상청구권의 이전을 구할 수 있는 것일 뿐이므로, 환취권자가 직접 제3자를 상대로 손해배상청구를 할 수 있다면 그와 별도로 손해배상청구권의 이전을 구하는 것은 무의미하다. 다수설에 찬동한다.

---

22) 齋藤秀夫 외 編, 642면; 伊藤 眞, 319면; 加藤哲夫, 143면.
23) 竹下守夫 외 編, 271면(野村秀敏); 伊藤 眞, 319면.

V. 결 론

1. 요 약

영미신탁의 장점은 첫째, 그 유연성으로 인하여 무한한 적용가능성을 보여준다는 점, 둘째, 수탁자에게 포괄적이고 독자적인 관리권을 부여하면서도 동시에 수탁자의 신탁위반행위와 제3자의 공취로부터 수익자를 효과적으로 보호한다는 데 있다. 영미신탁의 이러한 특징은 영미 특유의 물권법질서, 즉 다양한 방식으로 물권을 창설할 수 있다는 데에서 연유한다.

한편 대륙법에도 영미의 신탁과 동일하지는 않지만 그와 유사한 기능을 하는 다양한 형태의 제도가 존재해 왔고, 그와 동시에 영미신탁법리를 계수하는 움직임도 나타났다. 독일이나 스위스와 같은 나라는 내적인 필요에 의해서 독자적으로 신탁적 제도를 발전시켰다. 반면 루이지애나 주나 퀘벡 등 영미법계 국가와 지리적 또는 경제적으로 밀접히 결합되어 있던 법역에서는 영미신탁을 계수하였다. 최근에는 금융시장의 국제화에 따라 영미신탁을 계수하거나 이미 존재하는 신탁적 제도를 보완하고 더욱 발전시키려는 노력이 이루어지고 있다.[1]

대륙법 국가에서 영미신탁을 도입하는 경우, 그 법적 구성방법은 다음 다섯 가지로 집약될 수 있을 것이다. 첫째는 로마법의 fiducia에서와 같이

---

1) Donovan W.M. Waters, *Institution of the Trust in Civil and Common Law*, Recueil des cours: Collected Courses of the Hague Academy of International Law, Tomb 252, Martinus Nijhoff Publishers, 1995, p. 408. 일반적으로 Wolfgang Wiegand, *The Reception of American Law*, Am. J. Comp. L. vol. 39 (1991), pp. 229f. 참조. 또한 私法의 통일화가 미국의 각 주에 미친 영향에 관한 일반적인 소개로 Curtis R. Reitz, *Globalization, International Legal Developments, and Uniform State Laws*, Loyola L. Rev. vol. 51 (2005), pp. 301f.

수익자의 권리를 순수한 채권으로 하는 방법(fiducia 모델), 둘째는 수탁자의 권리를 일종의 제한된 소유권으로 구성하는 방법(신탁소유권 모델), 셋째는 수익자를 소유자로 하고 수탁자에게 물권적인 관리권을 주는 방법(신탁관리권 모델), 넷째는 신탁을 법인으로 하는 방법(신탁법인모델)이다.

우리 입법자는 이 중 fiducia 모델을 채택하였다. 이것은 대륙법계의 소유권 개념, 물권법정주의, 공시원칙 등이 이미 채택되어 있는 상태에서, 기존의 민법질서와 조화를 이루기 위해서 불가피한 선택이었다. 우리 신탁법에서는 위탁자는 신탁의 설정과 함께 신탁재산에 대한 소유권을 잃는다. 그는 신탁설정행위(계약 또는 유언)에서 신탁의 내용을 자유로이 정할 수 있고, 수탁자의 사무처리에 관하여 필요한 모든 사항을 지시할 수 있다. 수탁자는 신탁재산의 재산권을 이전받고, 독립적인 지위에서 자기의 이름으로 신탁재산을 관리·처분한다. 그에게는 신탁재산의 소유권이 귀속되지만, 이 소유권은 그러나 매우 제한된, 불완전한 소유권이다. 그는 신탁재산을 사용, 수익할 수 없고, 임의로 처분할 수도 없다. 그의 권한과 업무는 신탁설정행위에 의하여 상세히 정해진다. 그의 업무처리에 있어서의 재량권은 좁을 수도 있고 넓을 수도 있다. 신탁법은 수탁자의 업무처리에 관하여 필요한 사항을 정하고 있다. 한편 수익자는 수탁자에 대하여 채권을 취득할 뿐이고 신탁재산의 소유권은 가지지 아니한다. 그러나 수탁자를 보호하기 위한 다양한 장치에 의하여, 수익자의 지위는 물권에 가깝게 보호되고 있다. 수탁자가 신탁재산을 신탁위반의 처분에 의해 이전한 경우, 수익자는 악의 또는 중과실인 상대방 또는 전득자로부터 신탁재산을 반환받을 수 있다. 또한 신탁재산은 위탁자, 수익자, 수탁자의 채권자에 의한 공취로부터 보호된다. 이 점에서 수익자의 권리는 단순한 채권은 아니고, 수익자 보호를 위해 강화된 채권이라고 할 수 있다.

대륙법에서 영미신탁을 계수할 때 법이론적으로 문제되는 것이 로마법적 소유권 개념, 물권법정주의, 공시원칙, 물권의 양도성, 물상대위의 제한적 인정, 유류분 등이다. 이들 중 소유권 개념과 같은 것은 해석에 의해 극복할 수 없고, 법률로 이를 바꾸는 데에도 상당한 어려움이 따를 것으로 생각되지만, 다른 문제들은 해석에 의해 극복될 수 있거나, 입법에 의해 충분히 대응할 수 있다. 우리 신탁법은 전통적인 소유권 개념을 유지하면서, 이들 문제를 입법으로 해결하려고 노력하였다. 그러나 이로써 문제가 완전히 해결된 것은 아니다.

수탁자에게 소유권이 인정되고 수익자의 권리가 물권이 아니라면, 수익자의 보호를 위한 신탁법의 규정들을 어떻게 해석하여야 할 것인가의 문제가 생긴다. 특히 수탁자가 신탁재산을 처분하더라도 그 대가는 신탁재산에 속하고(제27조), 수익자는 수탁자가 신탁의 본지에 반하여 처분한 신탁재산을 회복할 수 있다(제75조). 또한 수탁자의 채권자에 의해 개시된 신탁재산에 속하는 재산에 대한 강제집행에서 제3자이의를 할 수 있으며(제22조), 수탁자에 대하여 파산절차가 개시되더라도 신탁재산은 수탁자의 파산재단에 속하지 않는다(제24조). 필자는 이들 규정은 모두 신탁재산이 수탁자의 개인재산과 구별되는 독립된 재산의 집합체로서 특별재산을 형성하고 있다고 보면 이해가 어렵지 않을 것이라고 생각한다. 과연 한 사람의 재산 중 일부가 그 자신의 책임재산이 되지 않게 할 수 있는가에 관하여는 권리의 본질과 관련하여 논의가 될 수 있지만, 우리 민법과 채무자회생법에서는 다양한 형태의 특별재산을 인정하고 있다. 다만 신탁법의 특별재산은 수탁자의 재산이 신탁재산과 고유재산으로 분리되고, 수탁자의 채권자는 신탁재산에 대하여 공취할 수 없지만, 신탁채권자는 수탁자의 고유재산에 대하여 공취할 수 있다는 점에서, 다른 특별재산과 다르다. 신탁재산을 수탁자가 소유하는 특별재산으로 이해하면, 물상대위나 수탁자의 채권자에 의한 공취의 배제를 잘 설명할 수 있다.

한편 수탁자가 신탁의 본지에 반하여 신탁재산을 처분한 경우, 수익자가 이 처분을 취소할 수 있는 권리(수익자 취소권)는 사해행위취소의 형식을 취하고 있으나, 그 실질은 사해행위취소와 다르다. 즉 수익자의 채권의 담보가 부족하게 되기 때문이 아니라, 신탁재산이 부당하게 처분되었다는 사실 자체만으로 수탁자의 처분을 취소할 수 있는 것이다. 그러나 사해행위취소의 형식을 취함에 따라, 상대방 또는 전득자의 개인채권자로부터의 공취에 대하여는 신탁재산이 보호되지 못하는 결과가 된다. 영미신탁에서는 이 문제를 의제신탁의 법리로 해결하고 있지만, 우리 신탁법에서는 의제신탁을 일반적으로 인정하는 데에는 주의하지 않으면 아니 된다. 그러나 예외적인 사안에서는 법률로 수익자가 상대방 또는 전득자에 대하여 신탁재산임을 주장할 수 있다고 규정하는 것은 가능하고, 입법론으로서 고려되어야 할 것이다.

우리 신탁법은 수탁자의 채권자의 공취로부터 신탁재산을 보호하는 규정을 두고 있다. 독일신탁에서와 같이 직접성원칙을 채택하지 않고 있기 때문에, 위탁자가 수탁자에게 이전한 신탁재산 뿐 아니라, 수탁자가 제3자로부터 취득한 신탁재산도 역시 보호된다. 또 수탁자의 채권자에 의한 강제집행이나 수탁자에 대한 파산절차에서 신탁재산을 보호하기 위하여 제3자이의나 환취권을 인정할 것인가의 문제도 이법에 의해 해결되고 있다. 이와 같이 제3자이의나 환취가 가능한 이론적인 근거는 역시 신탁재산의 특별재산성에서 찾아야 할 것이다.

2. 앞으로의 과제

　재산의 이전이라는 법형식을 이용하여 재산을 관리하려고 하는 거래상의 필요도 중요하지만, 수탁자의 채권자에 대한 기망을 방지할 필요성 역시 그에 못지않게 중요하다. 이것은 수탁자에 대한 신뢰를 기초로 하는 임의신탁에서도 그러하지만, 수탁자에 대한 신뢰를 기초로 하지 않는 신탁 유사의 법률관계에서 보다 큰 의미가 있다. 특히 서론에서 언급한 바와 같은 상속적 재산처분으로서의 신탁과, 당사자 사이에 명시적으로 신탁의 합의가 없으나 신탁법을 적용하는 사례 등에서, 대륙법계의 私法秩序와 신탁 사이의 긴장관계가 보다 분명하게 드러난다. 이들 법률관계에서는 결국 당사자의 의사를 존중하는 법률행위의 해석이 문제될 것이나, 대륙법계의 私法秩序의 안정성과 신탁의 효용성 사이에서 어느 쪽을 더 중시할 것인가의 가치판단이 그 해석에 영향을 미치게 될 것임은 분명해 보인다. 신탁의 민사적 이용을 확대할 수 있는 가능성 역시 여기에 좌우된다고 할 수 있다.

　지금까지의 신탁이론이 신탁 일반에 적용되는 기본적인 토대에 관한 것이었다면, 앞으로는 신탁의 유형에 따라 개별적인 법리를 탐구하는 데 역량을 집중해야 할 필요가 있다고 생각된다. 예컨대 종의처분에 의한 신탁은 유류분제도와 관련하여 별도의 연구가 필요한 분야이다. 투자신탁이나 부동산신탁 역시 신탁의 종료, 수탁자의 도산 등 개별 국면에 있어서 많은 문제가 발생하고 있지만, 아직 그에 관한 연구는 많지 않다. 더 나아가 일본의 개정 신탁법에서 신설한 후계유증형의 수익자연속신탁 등 새로운 유형의 신탁 역시 일반론으로서는 해결할 수 없는 많은 문제점들을 안고 있다. 앞으로 이들 문제에 관한 연구를 계속해 보고자 한다.

최근 신탁법 개정후 이에 관한 논의가 활발하다. 우리나라는 신탁법이 제정되었을 당시와는 비교할 수 없을 정도로 비약적인 경제발전을 이루었으므로, 변화된 환경을 반영한 새로운 신탁법이 필요한 것은 사실이다. 그러나 신탁법 내지 신탁이론의 본격적인 연구 성과가 그다지 많이 집적되었다고 할 수 없는 상황에서, 거래계의 요구에 지나치게 경도되면 대륙법적 사법체계와의 정합성에 대해 합당한 주의를 게을리하게 될 우려도 있다. 신탁에 관한 개별적 문제의 검토에 있어서, 우리가 당연히 여기는 민법의 기본원칙에 담겨 있는 가치를 소홀히 해서는 아니 될 것이다. 대륙법적 사법제도와 신탁 사이의 긴장관계는 앞으로도 해소되기 어려울 것이지만, 민법상 기본원칙의 외연을 탐색하고, 신탁법의 한계를 획정하는 작업은 신탁의 민사적 이용을 확대하기 위해서도 긴요한 일이 될 것이다.

참고문헌

國語文獻

姜台星, 物權法, 大明出版社, 2000.
高翔龍, 物權法, 法文社, 2001.
郭潤直, 民法總則, 제7판, 博英社, 2006.
_____, 物權法, 재전정판, 博英社, 1989.
_____, 物權法, 제7판, 博英社, 2005.
_____, 債權總論, 제6판, 博英社, 2006.
_____, 債權各論, 제6판, 博英社, 2005.
_____, 家族法, 개정판, 博英社, 2004.
_____, 相續法, 개정판, 博英社, 2004.
郭潤直 편집대표, 民法注解 제4권, 博英社, 1992.
_____, 民法注解, 제5권, 博英社, 1992.
_____, 民法注解, 제9권, 博英社, 1996.
_____, 民法注解, 제13권, 博英社, 1997.
_____, 民法注解, 제16권, 博英社, 1997.
_____, 民法注解, 제17권, 博英社, 2005.
金基善, 韓國物權法, 法文社, 1979.
金相容, 物權法, 개정판, 法文社, 1995.
_____, 債權總論, 개정판증보, 法文社, 2004.
金容漢, 物權法論, 博英社, 1975.
_____, 新親族相續法, 신판, 博英社, 2002.
金載亨, 民法論 III, 博英社, 2007.
金疇洙, 親族·相續法, 제6개정증보판, 法文社, 2005.
_____, 註釋民法 相續(2), 한국사법행정학회, 2005.
金曾漢, 物權法講義, 博英社, 1984.
金曾漢/金學東, 物權法, 博英社, 1996.

_____, 債權總論, 博英社, 1998.

金亨培, 債權總論, 제2판, 博英社, 1999.

朴東涉, 親族相續法, 개정판, 博英社, 2006.

朴秉濠, 家族法, 再版, 한국방송통신대학교 출판부, 1994.

朴駿緒 편집대표, 註釋民法, 總則(1), 제3판, 한국사법행정학회, 2002.

_____, 註釋民法, 物權(1), 제3판, 한국사법행정학회, 2001.

_____, 註釋民法, 債權各則(5), 제3판, 한국사법행정학회, 2004.

朴正基/金演, 家族法, 三英社, 2005.

白泰昇, 民法總則, 제3판, 法文社, 2008.

서울신탁은행, 서울信託銀行三十年史, 서울신탁은행, 1989.

서울중앙지방법원 파산부 실무연구회, 法人破産實務, 博英社, 2006.

孫珠瓚·鄭東潤 편집대표, 註釋商法(III) 會社(2), 한국사법행정학회, 1999.

梁彰洙, 民法硏究 제1권, 博英社, 1991.

梁彰洙 역, 독일민법전, 博英社, 2008.

吳始暎, 親族相續法, 학현사, 2006.

李庚熙, 家族法, 法元社, 2004.

李相泰, 物權法, 五訂版, 法元社, 2007.

李時潤, 新民事執行法, 제3판, 博英社, 2006.

李英俊, 民法總則, 개정증보판, 博英社, 2007.

____, 물권법, 신정판, 博英社, 2001.

李銀榮, 物權法, 제4판, 博英社, 2006.

李重基, 信託法, 三宇社, 2007.

장형룡, 신탁법개론, 육법사, 1991.

田炳西, 도산법, 제2판, 法文社, 2007.

崔東軾, 信託法, 法文社, 2006.

崔秀貞, 일본 신신탁법, 진원사, 2007.

崔秉祚, 로마법연구 제1권, 서울대학교 출판부, 1995.

崔秉祚, 로마법강의, 博英社, 2006.

로렌스 M. 프리드만, 安京煥 역, 미국법의 역사, 청림출판, 2006.

한봉희, 친족상속법, 푸른세상, 2005.

현승종/조규창, 게르만법, 증보판, 博英社, 1994.

洪裕碩, 信託法, 法文社, 1990.

日語文獻

靑木徹二, 信託法論(全), 財政經濟時報社, 1928.

新井 誠, 高齡社會の成年後見法, 有斐閣, 1999.

新井 誠, 成年後見法と信託法, 有斐閣, 2005.

新井 誠, 信託法, 第2版, 有斐閣, 2005.

新井 誠, 信託法, 第3版, 有斐閣, 2008.

新井 誠·佐藤隆夫, 高齡社會の親子法, 勁草書房, 1995.

伊藤眞, 破産法·民事再生法, 有斐閣, 2007.

大阪谷公雄, 信託法の研究(上)(下), 信山社, 1991.

加藤哲夫, 破産法, 新版, 弘文堂, 1998.

木下 毅, アメリカ私法, 有斐閣, 1991.

齋藤秀夫·麻上正信·林屋札二 編, 注解破産法(上), 靑林書院, 1999.

四宮和夫, 信託法, 有斐閣, 1958.

_____, 信託の研究, 有斐閣, 1965.

_____, 信託法(新版), 有斐閣, 1989.

宗田親彦, 破産法概說, 新訂第3版, 慶應義塾大學出版會, 2006.

池田寅二郎, 擔保附社債信託法論, 淸水書店, 1910.

入江眞太郎, 信託法原論, 巖松堂, 1933.

竹下守夫 編輯代表, 大コンメンタール破産法, 靑林書院, 2007.

田中 實, 公益法人と公益信託, 勁草書房, 1980.

田中 實·山田 昭, 信託法, 學陽書房, 1998.

寺本振透 編輯代表, 解說 新信託法, 弘文堂, 2007.

寺本昌廣, 逐條解說 新しい信託法, 商事法務, 2007.

松本 崇, 信託法, 第一法規, 1972.

道垣內弘人, 信託法理と私法體系, 有斐閣, 1996.

米倉 明, 信託法·成年後見の研究, 新靑出版, 1998.

中野正俊, 信託法講義, 酒井書店, 2005.

中田英幸, ドイツ信託法理 - 日本信託法との比較, 東北大學出版會, 2008.

能見善久, 現代信託法, 有斐閣, 2004.

樋口範雄, フィデュシャリー[信認]の時代, 有斐閣, 1999.

福田政之·池袋眞實·大矢日郎·月岡 崇, 詳解 新信託法, 淸文社, 2007.

星野 豊, 信託法理論の形成と応用, 信山社, 2004.

山田 昭, 信託法立法過程の研究, 勁草書房, 1981.

英語文獻

Bacon, Francis, Collected Works of Francis Bacon, Vol. II, Part 1, Routledge/ Thoemmes Press, 1996.

Bergin, Thomas F., & Haskel, Paul G., Preface to Estates in Land and Future Interests, 2nd ed., Foundation Press, 1984.

Birks, Peter & Pretto, Arianna (ed.), Breach of Trust, Hart Publishing, 2003.

Blackstone, William, Commentaries on the Laws of England, vol. 2, 1st ed., 1766.

Bogert, George Gleason & Bogert, George Taylor, The Law of Trusts and Trustees, West Publishing Co., 1984.

Burrows, A.S., Remedies for torts and breach of contract, 3rd ed., Oxford University Press, 2004.

Chambers, Robert, Resulting Trusts, Oxford U. Press, 1997.

Finn, P.D., Fiduciary Obligations, The Law Book Company, 1977.

Fitzgerald, P.J., Salmond on Jurisprudence, 12th ed., Sweet & Maxwell, 1966.

Fratcher, William F., Trust, International Encyclopedia of Comparative Law, Vol. VI, Ch. 11, J.C.B. Mohr, 1970.

Guest, A.G. (ed.), Oxford Essays in Jurisprudence, Clarendon Press, 1961.

Goff & Jones, The Law of Restitution, 5th ed., Sweet & Maxwell, 1998.

Graziadei, Michele & Mattei, Ugo & Smith, Lionel, Commercial Trusts in European Private Law, Cambridge University Press, 2005.

Hanbury & Martin, Modern Equity, 17th ed., Sweet & Maxwell, 2005.

Hayton, David (ed.), Modern International Developments in Trust Law, Kluwer Law International, 1999.

Hayton, David (ed.), Extending the Boundaries of Trusts and Similar Ring-Fenced Funds, Kluwer Law International, 2002.

Hayton, D.J., Kortmann, S.C.J.J. & Verhagen, H.L.E., Principles of European Trust Law, Kluwer Law International, 1999.

Hayton & Marshall Commentary and Cases on The Law of Trusts and Equitable Remedies, David Hayton & Charles Mitchell ed., 12th ed., Sweet &

Maxwell, 2005.

Helmholz, Richard & Zimmermann, Reinhard, Itinera Fiduciae: Trust and Treuhand in Historical Perspective, Duncker & Humbolt, 1998.

Hohfeld, Wesley Newcomb, Fundamental Legal Conceptions as Applied in Judicial Reasoning, Yale U. Press, 1923.

Johnston, David, The Roman Law of Trusts, Clarendon Press, 1988.

Lawson, F.H., A Common Lawyer Looks At the Civil Law, Reprinted ed., Greenwood Press, 1977.

Lawson, F.H. & Rudden, Bernard, The Law of Property, 3rd ed., Clarendon Press, 2002.

Lupoi, Maurizio, Trusts: A Comparative Study, Cambridge University Press, 2000.

MacQueen, Hector L. (ed.), Scots Law into the 21th Century, W. Green & Son, 1996.

Maitland, F.W., Equity and the Forms of Action, Cambridge University Press, 1929.

Megarry & Wade, The Law of Real Property, 6th ed., Sweet & Maxwell, 2000.

Milo, J.M. & Smits (ed.), J.M., Trusts in Mixed Legal Systems, Ars Aequi Libri, 2001.

Mitchell, Charles, The Law of Subrogation, Clarendon Press, 1995.

Moffat, Graham, Trusts Law, 4th ed., Cambridge University Press, 2005.

Morris, J.H.C. & Leach, W. Barton, Rule Against Perpetuities, 2nd ed., Stevens & Sons, 1962.

Oakley, A.J., Constructive Trusts, 3rd ed., Sweet & Maxwell, 1997.

Oakley, A.J. (ed.), Trends in Contemporary Trust Law, Clarendon Press, 1996.

Pearce, Robert & Stevens, John, The Law of Trusts and Equitable Obligations, 4th ed., Oxford U. Press, 2006.

Pettit, Philip H., Equity and the Law of Trusts, 10th ed., Oxford University Press, 2006.

Rabin, Edward H., Kwall, Roberta Rosenthal, & Kwall, Jeffrey L., Fundamentals of Modern Property Law, 5th ed., Foundation Press, 2006.

Rounds, Charles E., Loring A Trustee's Handbook, 2006 ed., Aspen Publishers, 2006.

Simpson, A.W.B., A History of the Common Law of Contract, The Rise of the Action of Assumpsit, Clarendon Press, 1975.

_____, A History of Land Law, 2nd ed., Clarendon Press, 1986.

Schwartz, Bernard (ed.), The Code Napoleon and the Common-Law World, New York U. Press, 1956.

Scott, Austin Wakeman, Fratcher, William Franklin & Ascher, Mark L., The Law of Trusts, Vols. 1 - 4, Aspen Publishers, 2006.

Scott, Austin Wakeman & Fratcher, William Franklin, The Law of Trusts, Vols. II - VA, Aspen Publishers, 1987.

Shepherd, J.C., The Law of Fiduciaries, The Carswell Company Limited, 1981.

Smith, Lionel D., The Law of Tracing, Clarendon Press, 1997.

Sonnenveldt, Frans & van Mens, Harrie L. (ed.), The Trust: Bridge or Abyss between Common and Civil Law Jurisdictions?, Kluwer, 1992.

St. Germain, Christopher, The Doctor and Student or Dialogues between a Doctor of Divinity and a Student in the Law of England, Robert Clarke & Co., 1874.

Tolmie, Fiona, Corporate and Personal Insovency Law, 2nd ed., Cavendish, 2003.

Underhill & Hayton, Law Relating to Trusts and Trustees, David Hayton ed., 15th ed., Butterworths, 1995.

Virgo, Graham, The Principles of the Law of Restitution, 2nd ed., Oxford U. Press, 2006.

Wilson, W.A. (ed.), Trusts and Trust-Like Devices, Chameleon Press, 1981.

Zimmermann, Reinhard et al. eds., Mixed Legal Systems in Comparative Perspective: Property and Obligations in Scotland and South Africa, Oxford U. Press, 2004.

獨語文獻

Allen, Archie J., Notwendigkeit und Einführungsmöglichkeiten des Trust in Continentalen Rechtssystemen, 1961.

Assfalg, Dieter, Die Behandlung des Treuguts im Konkurs des Treuhänders, Walter de Gruyter, 1960.

Baur, Fritz, Lehrbuch des Sachenrechts, 15. Auflage, C.H. Beck, 1989.

Becker, Rainer, Die fiducie von Québec und der trust, Mohr Siebeck, 2007.

Beck'sche Kurz-Kommentare, Zivilprozeßordnung, Band 1, 58. Auflage, C.H. Beck, 2000.

Beyerle, Franz, Die Treuhand im Grundriss des deutschen Privatrechts, 1932.

Bitter, Georg, Rechtsgeschäft für fremde Rechnung, Mohr Siebeck, 2006.

Coing, Helmut, Die Treuhand Kraft privaten Rechtsgeschäfts, C.H. Beck, 1973.

Hübner, Heinz, Allgemeiner Teil des bürgerlichen Rechts, 2. Aufl., Walter de Gruyter, 1985.

Kaser, Max, Das römische Privatrecht, Bd. 1, 2. Auflage, C.H. Beck, 1971.

_____, Das römische Privatrecht, Bd. 2, 2. Auflage, C.H. Beck, 1975.

Kötz, Hein, Trust und Treuhand: eine rechtsvergleichende Darstellung des anglo-amerikanischen Trust und funktionsverwandter Institute des deutschen Rechts, Vandenhoeck & Ruprecht, 1963.

Larenz, Karl & Wolf, Manfred, Allgemeiner Teil des Bürgerlichen Rechts, 9. Auflage, C.H. Beck, 2004.

Liebich, Dieter & Mathews, Kurt, Treuhand und Treuhänder in Recht und Wirtschaft: Ein Handbuch, 2. Auflage, Verlag Neue Wirtschafts-Briefe, 1983.

Löhnig, Martin, Treuhand : Interessenwahrnehmung und Interessenkonflikte, Mohr Siebeck, 2006.

Münchener Kommentar, BGB, 4. Auflage, C.H. Beck, 2001.

Münchener Kommentar, Insolvenzordnung, Band 1, 2. Auflage, C.H. Beck, 2007.

Münchener Kommentar, Zivilprozeßordnung, Band 2, 2. Auflage, C.H. Beck, 2000.

Otten, Giseltraud, Die Entwicklung der Treuhand im 19. Jahrhundert: die Ausbildung des Treuhandbegriffs des modernen Rechts, Musterschmidt, 1975.

Pluskat, Sorika, Der Trust im Recht von Québec und die Treuhand, Logos, 2001.

Rheinstein, Max, Die Struktur des vertraglichen Schuldverhältnisses im anglo-amerikanischen Recht, W. de Gruyter, 1932.

Rusch, Konrad, Gewinnhaftung bie Verletzung von Treupflichten: Eine rechtsvergleichende Untersuchung zum englischen und deutschen Recht, Mohr Siebeck, 2003.

Savigny, Friedrich Carl von, System des heutigen römischen Rechts, Band I (1840).

Siebert, Wolfgang, Das Rechtsgeschäftliche Treuhandverhältnis, Marburg, 1933.

Smid, Stefan (Hrsg.), Insolvenzordnung (Kommentar), 2. Auflage, Kohlhammer, 2000.

Uhlenbruck (Hrsg.), Insolvenzordnung (Kommentar), 12. Auflage, Franz Vahlen, 2003.

Walter, von Gerhard, Das Unmittelbarkeitsprinzip bei der fiduziarischen Treuhand, Mohr 1974.

Westermann, Harry, Sachenrecht, 7. Auflage, C.F. Müller Verlag, 1998.

Wilhelm, Jan, Sachenrecht, W. de Gruyter, 1993.

Wolff, Joseph, Trust, Fiducia und fiduziarische Treuhand : historisch-rechtsvergleichende Untersuchung mit einer Darstellung des Trust in Schottland sowie des römischen und österreichischen Fideikomiss, Peter Lang, 2005.

Zöller Zivilprozeßordnung, 16. Auflage, Dr. Otto Schmidt KG, 1990.

佛語文獻

Aubert, Jean-Luc, Introduction au droit et themes fondamentaux du droit civil, 7e éd., Armand Colin, 1998.

Bach, Louis, Droit civil. tome 1, Sirey, 1999.

Béraudo, Jean-Paul, Les trusts anglo-saxons et le droit français, LGDJ, 1992.

Carbonnier, Jean, Droit civil : introduction, 26e éd., Presses universitaires de France, 1999.

Carbonnier, Jean, Droit civil. 3, Les Biens, 19e éd., Presses universitaires de France, 2000.

Mazeaud, Henri & Mazeaud Jean & Chabas, Francois, Leçons de droit civil T.1, vol.1, Introduction a l'étude du droit, 12e éd., Montchrestien, 2000.

Terré, Francois & Simler, Philippe, Droit civil : les biens, 5e édition, Dalloz, 1998.

찾아보기

이 연 갑

법학박사(서울대학교)
전 서울고등법원 판사
연세대학교 법학전문대학원 부교수

신탁법상 수익자 보호의 법리

초판 인쇄 ┃ 2014년 3월 13일
초판 발행 ┃ 2014년 3월 20일

저   자 ┃ 이연갑
발 행 인 ┃ 한정희
발 행 처 ┃ 경인문화사
등록번호 ┃ 제10-18호(1973년 11월 8일)
주   소 ┃ 서울특별시 마포구 마포동 324-3
전   화 ┃ 718-4831~2
팩   스 ┃ 703-9711
홈페이지 ┃ http://kyungin.mkstudy.com
이 메 일 ┃ kyunginp@chol.com

ISBN 978-89-499-1014-7 93360
값 19,000원